위가를
극복한
세계의
리더들

위기를
극복한
세계의
리더들

강원택

김종법

배병인

신정완

신정화

안병진

안숙영

이남주

지음

북하우스

역사 속에서 21세기 대한민국의
새로운 리더십 모델을 모색하다

2012년은 동북아 질서가 지각변동하는 해다. 진앙은 동북아 국가들의 리더십 교체다. 예상치 못하게 2011년 말 북한에서 권력교체가 발생하면서 지각변동의 서막을 열었다. 타이완에서는 2012년 1월 총통선거가 있었다. 러시아, 중국, 일본, 미국, 한국 등에서도 권력이동이 있을 예정이다. 어떤 리더십이 등장하는가 그리고 리더십의 조합이 어떻게 만들어지는가에 따라, 특히 글로벌 정치경제위기를 겪고 있는 상황에서 쇠퇴하는 패권국가 미국과 부상하는 국가 중국의 선택은, 동북아 국가들의 국내질서는 물론 동북아 국제질서를 새롭게 구성하는 계기가 될 것이다. 중견국가 한국의 선택도 주목의 대상이다. 국내적으로는 복지와 평화가 쟁점이다. 어떤 복지와 평화를 선택하느냐에 따라 한반도를 포함한 동북아 질서에 영향을 미칠 수 있기 때문이다.

당대를 살아가는 사람들 대부분은 자신의 시대를 전환기이자 위기로 생각하는 경향이 있지만, 2012년 한국이 위기임은 분명하다. 위기를 '어떻게' 돌파할 것인가를 선거를 통해 묻는 작업이 진행될 것이다. 바로 이 '어떻게'가 응축되는 지점이 리더와 리더십이다. 2012년 한국은 어떤 리더와 리더십을 선택할 것인가. 4월 총선은 지나갔고 아직 그 여파가 수습되지 않은 상황이지만 한편에서는 대선을 향한 레이스가 본격적으로 시작되었다. 우리 앞에 닥친 위기를 수습하고 새로운 비전을 열어줄 리더가 등장할지, 아니면 이미 선택지는 모두 노출이 된 상황인지 자못 흥미진진한 순간이다.

우리는 어떤 리더십을 원하는가? 어떤 리더십에 지지를 보낼 것인가? 우리가 진정한 리더십을 원한다면, 그리고 2012년 그 원을 실현하고자 한다면, 다음과 같은 것들을 갖춘 리더를 찾아야 할 것이다.

첫째, 철학이자 비전이다. 리더라면 『무엇을 할 것인가』라는 소책자를 쓴 러시아 혁명의 지도자 블라디미르 일리치 레닌처럼 어떻게 할 것인가라는 방법이 있고, 방법과 목표가 둘이 아니라 하나라는 인식을 가지고 있어야 한다. 둘째, 공부하는 태도와 실력이다. 자신이 맡은 집단의 크기와 성격이 어떤 것이든 공부를 게을리해서는 좋은 리더가 되기 어렵다. 항상 집단의 특성과 나아갈 길을 찾는 데 골몰하지 않고서는 좋은 리더십을 구축하기 어렵다. 셋째. 철학과 실력을 바탕으로 팔로워(follower)를 공감하게 해야 한다. 소통 없이 훈련이 있을 수 없고 훈련 없이 한 집단이 그들 앞에 닥친 문제를 풀 수도 없다. 리더십은 긍정적 팔로워십 없이 작동하지 않는다. 넷째, 리더가 스티브 잡스 같은 편집증적 창조력을 갖춘다면 금상첨화다. 애플 i시리즈의 신도들이 느끼는 감흥을 팔로워가 느낄 수 있다면 리더십은 공고해질 수 있을 것이다. 물론 이런 리더십에 대해서는 이견이 있을 수 있다. 그 사실은 어떤 일이든 당파적일 수밖에 없다는 사실을 드러내주는 것일 수도 있다. 하지만 잡스도 당파적이기에 더 매력적이다. 다섯째, 권력에 저항하는 것이 중요하다. 리더십의 본질은 모든 권력에 저항하는 권력을 만드는 일이다.

리더십에 관한 많은 책들에서 우리가 발견하는 공통점은 리더십을 공학으로 생각한다는 것이다. 그러나 기업이든 시민사회든 정치든, 기술만으로 리더와 리더십을 만들지 못한다. '공유하고 소통하고 개방하는 것'은 부정할 수 없는 리더와 리더십의 필요조건이다. 그러나 리더와 리더십의 선택은 이 필요조건 이상을 요구한다. 리더십의 종류에는 보수적, 개혁적, 혁명적 리더십이 있다, 또는 리더십의 원천으로 카리스마 또는 전통 또는 합리성이 있다, 하는 논의가 의미를 가지려면, '지금-여기'서 우리가 왜 리더와 리더십을 원하는가 그리고 어떤 리더와 리더십을 원하는지를 먼저 말해야 한다. 그러기 위해서는 무엇보다도 '지금-여기'서 우리에게 필요한 것이 무엇인가에 대한 팔로워의 생각이 선행되어야 한다.

리더와 팔로워가 권력을 매개로 거래(transaction)하는 리더십-팔로워십 관계가 아니라 리더와 팔로워가 쌍방향의 관계를 통해 이념과 행동을 공유하며 권력에 접근하는 변혁(transformation)의 리더십-팔로워십 관계가 만들어져야 한다. 그래야만 때론 도덕적으로, 윤리적으로 용납할 수 없는 거짓말을 하는 리더와 리더십을 통제할 수 있다.

정치 영역에서의 리더십은 스포츠나 기업과 다른 목표를 갖는다. 스포츠와 기업은 승리와 이윤이란 목표를 가진다. 정치도 스포츠와 기업처럼 권력투쟁의 현장이지만 '공공성의 증진'이란 또다른 목표를 지향한다. 정치란 공과 사의 경계를 다시 긋는 작업이다. 정치를 통해 만들어지는 공공성은 당파성에 기초할 수밖에 없지만, 그 당파성을 공공성으로 승화시킬 수 있을 때 리더십과 팔로워십이 어우러진 정치권력이 탄생할 수 있다. 당파성만을 추구하는 리더십은 팔로워십이 없는 외곬의 권력일 뿐이다. 정치권력은 봉사이고 정치권력이 아름답다고 하는 것도 이 경우에만 가능할 수 있다. 배가 난파할 때, 산에서 내려올 때, 리더와 리더십의 진가가 드러난다는 주장은 정치 영역에서는 정말로 뚜렷이 드러난다. 위기야말로 리더십의 진짜 모습을 보여주는 계기다. 우리는 지금 바로 그 시점에 와 있다.

우리는 지금 양극화와 고용 없는 성장, 남북관계의 위기와 평화의 부재, 민주주의 위기를 경험하고 있다. 민주화 이후 총체적 위기다. '안철수 현상'은 리더와 리더십의 위기를 극복하기 위한 대안이 현실정치의 세계에 부재함을 보여주는 지표다. 시민국가·복지국가·평화국가를 향한 새로운 리더십이 필요한 시점이다. 민주화 이후 리더와 리더십에 관해 논하면서 "문제는 당선 이후의 통치력"이라고 일갈하는 한 저작의 다음과 같은 평가를 음미해볼 필요가 있다.

> 민주화 이후 우리는 전업 정치인, 전문가 출신 정치인을 두루 최고 지도자로 선택한 바 있다. 문제는 전업 정치인의 경우 정치적 기술은 뛰어나지만 복잡한 현대사회의 조직적·행정적 관리의 속성, 나아가 복잡한 국가의 본질과 작동원리를 이해하는 데 한계를 보여주었다는 점이다. 반면에 전문가 출신 정치인은 특정 분야에 대한 지식은 갖고 있었지만 국가의 총체성 특히 공공성에 대한 이해에서 적지 않은 문제점을 보여준 바 있다.
>
> 윤여준, 『대통령의 자격』, 메디치미디어(2011) 중

다시금 선택의 시간이 다가오고 있다. 시민의 의식전환과 참여 없이 정의와 실력을 함께 가진 국가와 국제체제를 만들 수 없다. 즉, 리더십과 팔로워십이 어우러진 선택이 다시금 요구되는 시점이다. 보수라면 통합

의 위기를 생각해야 한다. 복지와 평화가 성장의 동력임을 깨달아야 한다. 진보라면 연대의 위기를 생각해야 한다. 복지와 평화가 자유의 원천임을 생각해야 한다. 우리가 미래에 할 경험을 과거의 기억에서 배울 수밖에 없다면, 성공이든 실패든 위기를 돌파했던 리더와 리더십을 반추하는 작업이 필요할 것이다.

이 책은 문지문화원 '사이'에서 진행했던 〈위기를 극복한 리더십〉이라는 공개 강좌에 바탕을 두고 있다. 애초에 이 강좌를 기획했던 이유는 지금 우리 사회에서 진정한 리더십을 찾기 어렵다는 생각 때문이었다. 현재에서 찾기 어려워서 과거에서 배움을 얻고자 했다. 여러 역사적 국면에서 위기를 넘어서는 데 커다란 역할을 한 리더와 그의 리더십을 자세히 들여다보면 우리가 찾아야 할 새로운 리더십의 모델을 찾을 수 있을 것이라고 기대했다. 한편으로는 우리가 위기에 봉착해 있다는 생각도 있었다. 강연자들은 강연 내용을 한 주 전 《경향신문》에 실었고 그것을 보고 관심을 가진 청중이 매주 한자리에 모여 강의를 듣고 토론을 했다. 이 책에 담긴 내용의 대부분은 그 강연과 토론의 산물이다.

강연을 진행했을 때와는 또 다른 상황이지만 대한민국을 이끌 유력한 리더십은 여전히 오리무중이다. 국가적 위기상황을 극복하는 데 국가체제의 역할 못지않게 리더와 리더십이 중요하다. 따라서 역사 속 리더들이 치열한 고뇌를 통해 위기상황을 헤쳐나간 구체적 방법을 살펴보는 작업이 새로운 리더와 리더십을 모색해야 하는 우리 사회에 의미가 있으리라 생각한다. 이 책에는 이념적 성향에 관계없이 위기의 시기에 정치권력을 장악했던 8명의 리더와 그들의 리더십에 관한 글이 실려 있다. 미국의 존 F. 케네디, 영국의 벤저민 디즈레일리, 독일의 빌리 브란트, 프랑스의 프

랑수아 미테랑, 스웨덴의 페르 알빈 한손, 이탈리아의 로마노 프로디, 중
국의 덩샤오핑, 일본의 나카소네 야스히로 등이 그 주인공이다. 지금의
우리와는 다른 시간과 공간에 있었던 지도자들이지만, 그들이 위기를
어떻게 극복했는가를 살펴보는 것은 지금 우리의 선택을 위한 귀중한 준
거를 마련해줄 것이라고 생각한다.

2012년 8월

구갑우·주일우

차례

서문 역사 속에서 21세기 대한민국의 새로운 리더십 모델을 모색하다 4

일러두기

＊ 이 책에 쓰이는 외래어의 대부분은 국립국어원의 외래어 표기법을 따랐으나, 일부의 경우에는 현지 발음을 기준으로 표기하였습니다. (예. 세스 회그룬드 → 쎄스 회그룬드)

＊ 이 책의 내용 중 5장 페르 알빈 한손의 본문 내용은 〈스칸디나비아 연구〉 12호(2011년 8월)에 '페르 알빈 한손(Per Albin Hansssson)의 정치노선과 리더십'이라는 제목으로 게재된 논문을 단행본 형식에 맞춰 수정한 글임을 밝힙니다.

혁신적인
의사결정방식으로
쿠바 미사일 위기를
돌파하다

존 F. 케네디 John Fitzgerald Kennedy, 1917~1963

66 공포로부터 벗어나기 위해
협상에 나서지는 말자.
하지만 협상에 나서는 것을
결코 두려워하지도 말자. **99**

아마겟돈? 제2차 세계대전의 참화가 사람들의 가슴에서 채 사라지지 않았던 1962년 10월, 인류는 마치 최후의 전쟁에 직면한 공포에 휩싸였다. 이번에는 수백만의 목숨을 앗아갈 수도 있는 무시무시한 핵전쟁의 위협이었다. 당시 새로이 개발한 정찰 비행기로 쿠바를 공중에서 시찰하던 미국은 쿠바 내 소련의 미사일 기지 건설 현장을 발견하고는 충격에 빠졌다. 케네디는 자신을 철저히 기만한 후르시초프 소비에트 서기장에 대한 분노에 몸을 떨었고 핵 시설을 완성하기 전에 즉각 선제 공습이냐 아니면 굴욕적 타협이냐, 갈림길의 선택에 직면했다. 초반에 그는 핵폭탄을 실은 소련의 선박을 저지하면서도 동시에 대화의 시그널을 보낸 해상봉쇄라는 절묘한 카드로 위기를 탈출하는 것처럼 보였다.

하지만 당시 케네디는 설마 소련이 이미 전술핵 일부를 쿠바로 성공적으로 반입한 상태라는 사실을 전혀 알 수 없었다. 위기 국면의 마지막까지 부단히 공격의 유혹과 강경파의 압박에 시달린 케네디가 만약 당시 제한된 정보에 기초하여 침공으로 나아갔다면 최소한 수만 명의 미군이 전술핵에 의해 살상되는 미국 역사상 최악의 참극이 발생할 수 있었다. 또한 케네디와 후르시초프는 핫라인조차 존재하지 않은 암흑의 상황과 상대방이 군부 강경파에 의해 실각한 가능성까지 의심되는 최악의 조건에서 위험천만한 게임을 벌여야 했다. 당시의 상황은 인류가 생각했던 것보다 사실은 더 아슬아슬한 위기의 순간이었다는 말이다. 만약 케네디와 후르시초프라는 두 지혜로운 리더의 대결이 아니었다면 인류의 역사는 사뭇 다를 수도 있었다.

나비효과? 1962년 미국과 소련이라는 두 강대국은 쿠바라는 무대에서 서로 벼랑끝 전술을 통해 힘겨루기를 했다. 전 세계는 이 절체절명의 순간을 숨죽이며 지켜보았는데 그중에서도 가장 큰 충격에 빠진 국가가 있었다. 바로 태평양 반대편의 또 다른 격렬한 냉전의 무대인 북한이다. 이 사건의 충격은 북한이 '더 이상 강대국에게 자신의 안보를 맡길 수 없다'는 위기의식을 강화하는 계기로 작용했고, 1962년 '4대 군사노선'을 설정하는 등 국방에서의 자위를 채택했다.

쿠바 미사일 위기로 비롯된 일련의 핵 위기 상황이 보여주듯 역사는 서로 얽힌 채 전개되었다. 따라서 '쿠바 미사일 위기'에서 보여준 케네디의 리더십을 다시 성찰하는 것은 오늘날 전 세계 어느 나라보다 특히 우리에게 중요한 의미를 지닐 수밖에 없다. 이는 1994년 이후 아직도 진행 중인 한반도의 위기가 극한까지 치닫지 않기 위한 노력이기도 하고 제2의 쿠바 미사일 위기를 예방하기 위한 조치이기도 하다.

쿠바, 카스트로, 피그스 만의 늪에 빠진 대통령

1961년 1월 20일 미국의 제35대 대통령 취임식 전날 케네디는 인수위 모임을 가졌다. 이 회의에서 퇴임하는 아이젠하워 대통령은 도미노 이론을 강조했다. 그는 흐루시초프와 공산주의 세계가 공격적으로 나오고 있다고 진단하면서 "만일 라오스가 공산주의의 수중에 떨어진다면 남베트남, 캄보디아, 태국, 버마(지금의 미얀마)가 공산화되는 것은 시간문제"라며 도미노 이론을 강력하게 설파했다. 물론 쿠바의 정권교체[1] 또한 아이젠하워가 언급하지 않을 수 없는 중요한 아젠다였다. 아이젠하워는 "쿠바의 혁명정부가 지속되도록 놔둘 수 없다"고 강조했고, 케네디가 "우리가 쿠바에서의 게릴라 운동을 지원해야 합니까"라고 묻자 전임 대통령은 "할 수 있는 한 최대한!"이라고 대답했다.

아이젠하워의 강경한 발언은 이후 케네디의 피그스 만 침공작전[2] 결정에 자극제로 작용한 것으로 보인다. 하지만 아이젠하워의 발언이 과연 구체적으로 쿠바에 대한 침공의 주문이었는지는 확실하지 않다. 왜냐하

---

[1] 1959년 1월 1일 혁명을 통해 정권을 장악한 카스트로는 각종 개혁에 착수했다. 미국의 경제적 수탈로 어려워진 경제상황 속에서 1960년 2월 소련은 1억 달러의 차관을 쿠바에 지급하며 소련과 쿠바는 정식으로 국교를 수립했다. 쿠바가 미국의 경제봉쇄 위기를 극복하며 1961년 1월 미국과 국교를 단절하자 CIA는 쿠바의 체제전복 시도와 함께 카스트로의 암살을 수차례 시도했다. 한편 카스트로의 개혁으로 쿠바 내 기득권 세력은 해외로 대대적인 망명을 했다. 특히 미국에 망명한 이들은 미국과 협력하며 반카스트로 활동을 펼쳤다.

[2] 1961년 4월, 피델 카스트로의 쿠바 정부를 전복하기 위해 미국이 훈련시킨 1,500여 명의 쿠바 망명자들이 미군의 도움을 받아 쿠바 남부를 공격하다 실패한 사건. 미국 정부는 1960년부터 이 침공을 계획하고 자금을 댔다. 존 F. 케네디가 대통령직에 오른 지 석 달도 안 된 1961년 4월, 작전이 개시되었다. 케네디는 쿠바의 사회주의 정책이 쿠바에서의 미국의 영향력을 줄어들게 할 것으로 판단했으며, CIA의 주도로 쿠바 망명자들을 동원해 쿠바 침공에 나섰지만 쿠바군에게 격퇴당했다. 미군은 불과 사흘 만에 100여 명의 사상자를 내고, 1천여 명이 생포되는 참담한 패배를 맛봤다.

면 로스코프 교수의 최근 회고록에 따르면, 아이젠하워는 재임 중 카스트로를 전복하기 위해서가 아니라 단지 카스트로 정권의 붕괴에 대비한 우발계획으로서 군사 게릴라 팀을 창설했다고 한다. 하지만 아이젠하워의 측근인 굿패스터는 이 팀의 존재에 대해 우려하며 대통령에게 "이 계획은 자승자박이 될 겁니다"라며 위험을 경고했다. 이에 대해 아이젠하워는 "내가 대통령으로 재임하는 동안 그럴 리 없소!"라고 단호하게 응답했다고 한다. 만일 아이젠하워가 대통령이었다면 피그스 만 작전의 운명도 달라질 수 있었음을 의미한다. 하지만 쿠바에 얽힌 미국의 역사는 굿패스터의 경고대로 미국 스스로를 옭아매게 되었다. 더구나 케네디는 대통령 선거기간 동안 쿠바 공격에 대한 강경한 약속을 쏟아냈다. 케네디 스스로 발목 잡힐 빌미를 만들었던 것이었다.

예상대로 갓 취임한 케네디의 기조는 인수위에서 강경한 주문을 요구했던 전임 대통령을 실망시키지 않았다. 케네디 취임사의 핵심 내용은 '자유의 확산'이었다. 그는 "우리는 자유의 생존과 성공을 위해 어떠한 대가라도 치를 것이고 어떤 부담도 짊어질 것이며 어떠한 곤경에도 구애받지 않고 어떤 동맹국이든 지원하고 어떤 적이라도 반대할 것을 모든 국가에 주지시키고자 한다"고 선포했다. 또한 케네디는 취임 첫날 미국의 군비를 15% 증강함으로써 그의 주된 관심이 어디에 있는지를 분명히 했다.

공산화에 대한 우려는 케네디가 취임식 전날 측근들에게 연구할 것을 주문한 '흐루시초프의 연설'에 대한 반응을 통해서도 알 수 있다. 그는 이 연설을 "금세기의 가장 중요한 연설 중 하나"라며, 읽고 배우고 내적으로 소화할 것을 지시했다. 흐루시초프의 연설은 케네디를 근심하게 만들기에 충분했다. 흐루시초프는 제3세계 해방전쟁에 대한 지원을 약속했고 '얼마 안 있어 노동자계급이 전 세계를 지배할 것'이라고 공언했기 때문이다.

흐루시초프의 연설에 대해 《뉴욕타임스》의 프랑켈 기자는 "핵 위협에 대한 방어적 연설이며 공산권 내에서 그의 권위를 높이기 위해 민족해방운동을 강조했다"고 예리하게 지적했다. 하지만 케네디는 선입견에 사로잡혀 흐루시초프의 허장성세의 발언을 '공격적인' 것으로 오인했다. 흐루시초프가 연설에서 핵심적으로 강조한 것은 평화공존이었다. 그는 강경 볼셰비키나 중국공산당이 핵무기를 종이호랑이라고 보고 핵 위협에 굴복하는 온건파를 경멸하는 것과 달리, 핵전쟁의 위협을 실제로 심각하게 받아들였다. 즉, 흐루시초프는 무익한 핵 대결이 아니라 평화공존을 바탕으로 경제분야에서 우월하다고 그가 믿는 사회주의가 결국 자본주의 미국을 눌러야 한다고 역설했던 것이다. 프랑켈 기자가 보기에는 평화공존을 역설하는 흐루시초프의 방어적 연설이 공산권 내에서 자신의 권위를 깎을 것으로 염려해 권위를 높이기 위한 방어책으로 민족해방운동을 강조하면서 동시에 세계지배 약속을 첨부했던 것이다.

하지만 흐루시초프의 이중성을 놓쳐서는 안 된다. 흐루시초프는 기본적으로 두려운 힘을 가진 미국과의 공존을 추구하면서 동시에 제3세계에서의 혁명 가능성에 고무되어 있었다. 그리고 그가 미국과 공존을 추구하기 위해 핵심적으로 선택한 전술은 후대의 고르바초프식 평화공세가 아니라 미국에게 위협을 돌려주기였다. 케네디는 모순적 측면이 강한 흐루시초프의 연설을 복합적으로 인식하기보다는 강압적으로 진군해오고 베를린 장악에 혈안이 된 불량국가로서의 소련만을 읽어냈다. 그 근저에는 케네디도 아이젠하워처럼 공산권의 팽창주의와 도미노 가능성에 대한 심각한 공포감을 공통적으로 갖고 있었기 때문이다.

아이젠하워 정권 말기에 거의 매일 침공의 악몽에 시달려야 했던 쿠바의 카스트로는 케네디의 취임사에 온 신경을 곤두세웠다. 하지만 케네디의 취임사에는 쿠바를 공격하겠다는 직접적인 강력한 메시지는 없었고 '평화추구'라는 말이 그의 귀에 강하게 들려왔다. 따라서 카스트로는 민병대에게 "이제는 집으로 돌아갈 수 있게 되었고 참호를 떠나 직장으로 돌아갈 수 있을 것"이라고 말했다고 한다. 하지만 카스트로는 케네디의 평화추구정책의 전제조건을 제대로 읽어내지 못했다. 케네디는 같은 연설에서 "미국은 본질적으로 평화를 추구하지만, 우리 모든 이웃에게 남미나 북미 어디에서도 공격과 전복에 반대하기 위해서라면 그들에게 즉시 합류할 것임을 알리겠습니다"라고 말했다. 케네디에게 쿠바는 소련과 밀접한 관계에 있는 공산주의의 전초기지로 인식되었기에 결코 평화공존의 대상이 될 수 없다는 점을 카스트로는 안이하게 판단했던 것이다.

아니나 다를까 일주일도 채 못 되어 케네디는 1월 25일 첫 기자회견에서 '쿠바와 외교관계를 회복할 것인가'에 대한 질문에 한마디로 "지금 당장은 아니다"라고 싸늘하게 답변했다. 이후 케네디는 카스트로 같은 공산주의자들을 고립시키기 위해 '진보를 위한 동맹(Alliance For Progress)'[3] 정책을 천명했다. 그는 무조건 군사적 강압을 선호하는 국방부 관계자들과는 달리 쿠바의 카스트로 혁명이 경제적 불평등 등 구조

---

3 케네디가 제창한 동맹으로, 1961년 8월 미주기구(Organization of American States: OAS)에서 채택한 「푼타델에스테 헌장」에 따라 미국과 22개 중남미 국가의 국제경제사회 발전 10개년 계획. 이 동맹으로 미국은 중남미 국가들에게 향후 10년 동안 200억 달러의 경제원조와 민간투자를 제공해야 했으며, 중남미 국가들은 생활수준 향상, 물가안정, 주택개선, 문맹 일소, 공업화 촉진 등의 의무를 지게 되었다. 본래 이 계획은 쿠바혁명이 다른 나라로 퍼지는 것을 경계했던 케네디가 중남미의 정치적 상황을 안정시킬 목적으로 실시한 것이나, 이후 쿠데타가 연이어 발생하게 되어 그 목적을 이루지 못했다.

적 모순의 산물이라고 인식하고 있었다. 따라서 케네디는 군사력을 이용한 압력보다는 개혁 프로그램 지원 같은 소프트파워를 통해 민심을 얻고 친미 온건세력을 강화하기 위한 포석을 염두에 두었다. 케네디의 프로그램이 누구를 겨냥하고 있는가는 기자회견에서도 분명히 드러났다. 케네디는 5억 달러 이상을 지원하는 당근 정책을 발표하면서도 "그러나 쿠바는 여기에 포함되지 않을 것"이라며 단호하게 선을 그었다.

이렇듯 쿠바를 개혁의 대상이 아닌 공산주의진영의 기지로 구분하는 케네디에 대해 카스트로의 응답은 다소 희극적이기까지 했다. 그는 이탈리아 공산주의 신문인 《우니타》와의 인터뷰에서 "우리는 인간에 의한 인간의 착취를 완전히 끝장내기 위해, 그리고 새로운 계급이 지배하는 새로운 사회를 건설하기 위해 투쟁하고 있다. 미국인과 가톨릭 신부들은 이것이 공산주의라고 말하지만, 우리는 이것이 공산주의가 아니라는 사실을 너무나 잘 알고 있다. 우리는 그런 말을 조금도 두려워하지 않는다"고 했다. '인간에 의한 인간의 착취 종료'라는 말로 미국이 정의한 '공산주의자'보다 더 분명하게 스스로 공산주의자임을 증명하면서도 공산주의자임을 부정하는 카스트로의 어법은 당시 공산주의자로서의 정체성을 확립해가는 단계에 있던 카스트로의 혼란을 잘 보여준다. 분명한 공산주의자인 카스트로와 이를 절대로 용납할 수 없음을 공언한 케네디 사이에는 오직 대결만이 남아 있었다.

비록 민주당 자유주의자들에게 존경받고 있던 풀브라이트 상원의원이 쿠바를 '심장을 겨누는 칼이 아니라 몸의 가시 정도'로 다루어야 하며 침공과 같은 어리석은 시도를 경계하라고 충언했지만, 당시 케네디는 시간은 미국편이 아니라며 조급해하고 있었다. 어쩌면 그런 조급함은 선거를 통해 케네디 스스로 자초한 결과이기도 했다. 왜냐하면 선거 캠페인

기간 동안 케네디는 국민에게 쿠바 문제에 대해 아이젠하워의 무기력한 모습과 대비되는 신속한 해결책을 공언한데다가, 카리스마적 지도력을 가진 카스트로가 집권한 쿠바는 남미 전역으로 빠르게 확산될 수 있는 바이러스 같다고 생각했기 때문이다. 더구나 새로 취임한 케네디에게 미국중앙정보국(CIA) 국장 덜레스는 시간이 없다고 부단히 압력을 가하고 있었다. 케네디로서는 다행스럽게도 선거 이후 아이젠하워 정부에서부터 쿠바에 대해 준비해온 비밀계획이 있었음을 알게 되었다. 미국으로 망명한 쿠바인 중 1,500명으로 구성된 군대를 조직해 쿠바를 공격할 계획을 세우고 있었던 것이다.

이러한 계획이 무엇보다도 케네디에게 안도감을 주었던 이유는 비밀작전의 총책임자가 전설적인 명성을 지닌 리처드 비셀이었다는 점 때문이었다. 비셀은 특히 소련에 대한 고공 사찰에서 엄청난 위력을 발휘한 U-2 정찰작업을 총지휘하면서 미국의 정보전에 큰 업적을 남긴 바 있다. 케네디는 그를 조지타운 시절부터 사귀어왔고, 워싱턴 정가에서는 케네디가 그를 CIA 국장으로 임명할 것이라는 소문까지 돌았다. 하지만 건드리는 것마다 황금으로 변화시키는 비셀의 전설적인 능력에도 치명적인 단점이 있었다. 비셀은 이후 베트남 전쟁에서 맥나마라 국방부 장관이 그러했듯, 미국의 수재답게 제3세계 혁명의 질긴 생명력을 과소평가하고 미국의 기술적 우위를 과장하는 버릇이 있었다. 그는 과테말라에서 비밀리에 용병을 훈련시키면서도 쿠바의 지형이나 저항의 정도에 대한 생생한 현지 정보를 가지고 있지 않았다. 더구나 어처구니없게도 과테말라에서의 망명자들에 대한 훈련 정황은 특수부대라고 하기에는 엉성하기 그지없었다. 미국 교관 중에 스페인어를 하는 이가 아무도 없어 쿠바의 용병들과 대화조차 통하지 않았다. 더욱 놀라운 점은 그들에게 최소한의 식수조차 제대로 공급되지 않은 지원 상황이었다.

이런 점 때문에 국무부 일부 관리들이 비밀작전의 실효성에 의문을 제기하자 케네디는 합참본부 등에 작전의 평가를 지시하며 맥조지 번디 국가안보 보좌관의 자문을 요청했다. 하지만 합참본부가 한 것이라고는 훈련 상황을 평가하기 위해 과테말라에 잠시 들렀을 뿐, 용병들조차 만나지 않고 돌아간 것이었다. 그들은 워싱턴에 귀국해 비밀작전이 승패를 결정지을 것이라고만 보고했다. 더구나 번디는 스스로 자세한 검토도 없이 비셀의 평가서와 이에 반대하는 국무부의 토마스 만의 보고서를 케네디에게 올렸을 뿐이었다.

비셀은 과테말라에 우기가 다가오고 있기에 용병들을 빨리 이동시켜야 한다고 재촉하고 있었고, 시간에 쫓기던 케네디는 여전히 미심쩍었지만 정권 초기부터 우유부단한 모습을 보이고 싶지 않았다. 나중에 동생 로버트 케네디가 회고하듯이 만약 케네디가 계획을 취소시켰다면 그의 취약점을 호시탐탐 노리고 있던 강경보수파에 의해 결국 '유약한 자유주의자'로 낙인찍혔을 것이다. 더구나 케네디는 만약 작전을 취소하고 용병을 해산한다면 마치 한국의 '실미도 사건'과 같이 그들이 미국에서 난동을 일으킬 수도 있음을 우려했다. 고심 끝에 케네디는 비셀 작전에 두 가지 전제조건을 부가하면서 승인했다. 하나는 쿠바에 상륙하는 시점은 저항이 최소화될 수 있는 야밤에 비밀스럽게 이루어져야 한다는 것이었고, 다른 하나는 미국이 주도해 침공한다면 잘못될 경우 정치적 파탄으로 이어질 수도 있으므로 쿠바인들의 자작극으로 보여야 한다는 것이었다. 케네디는 만일 공군의 지원이 필요하다면 미국의 비행기가 아니라 쿠바 내 비행기지에서 반카스트로 운동을 펼치는 쿠바인이 직접 조종한 비행기가 출격해야 한다고 지적했다. 일이 잘못될 경우 당연히 미군의 지원이 있을 것이라고 예상했던 CIA 관련자들의 입장과 달리 케네디는 외형적으로 미군에 의한 쿠바 사태 개입은 안 된다는 입장을 고수했던 것이다.

그가 두 가지 전제조건을 강조한 이유는 분명했다. 그것은 취임사에서 진보를 위한 동맹을 강조하면서 평화의 사도로서 이미지를 강조했는데, 이러한 침공에 직접적으로 연루됨으로써 취임 시작부터 호전적인 강경파로 보이고 싶지 않았기 때문이다. 하지만 케네디의 전제조건은 의도하지는 않았지만, 그렇지 않아도 불안한 요소가 많은 쿠바 침공작전에 한층 더 심각한 문제를 만들고 말았다. 케네디가 제시한 전제조건을 위해 변경된 상륙지점은 비록 공군 지원이 필요 없을 정도로 안전한 지점으로 보였지만, 원래의 장소와 달리 상륙한 후 게릴라전을 수행할 수 있는 험한 산악지대 등이 주변에 존재하지 않았다. 만에 하나 해변 상륙에서 적의 강력한 저항을 받는다면 그대로 고립될 수밖에 없는 지극히 위험천만한 작전이었다. 더 큰 문제는 도심에서 멀리 떨어진 해변에서의 전투가 카스트로의 학정에 신음하는 민중에 의해 쿠바 전 지역의 봉기로 이어질 것이라는 터무니없는 가정이었다. 비록 국무부의 토마스 만은 보고서에서 대규모 항쟁 발생은 비현실적인 가정이라고 지적했지만 당시 큰 반향을 일으키지는 못했다. 케네디 행정부는 그 당시 간혹 일어난 반혁명 인사들에 의한 설탕공장 테러 같은 조그마한 사건을 마치 민중항쟁의 전조나 되는 것처럼 오인했다. 하지만 실상은 정반대였다. 쿠바의 민중은 카스트로와 강력한 연대감을 가지고 있는데다 반카스트로 세력은 대중적 기반이 없거나 감옥에 있었다. 더구나 쿠바의 역사를 조금이라도 아는 사람이라면 쿠바 역사상 그러한 민중항쟁이 발생한 전례가 없었다는 점에 주목했을 것이다. 사실 카스트로의 혁명도 소수 전위들의 돌격투쟁과 같은 형태로 이루어진 것이었다.

1962년 4월 15일 쿠바 출신 조종사가 운전하는 B−26기 8대가 카리브 해 연안에서 발진해 쿠바 영내 비행장 세 곳에 폭탄을 투하하며 '피그스 만 침공'은 시작되었다. 하지만 '역사상 유례가 드문 완벽한 실패'라는 기록을 남기며 피그스 만 작전은 참혹하게 실패했다. 상륙을 지원하기 위해 출동한 쿠바 망명자들이 조종한 몇 기의 B−26 전투기들은 무력하리라 예상됐던 쿠바 공군에 의해 격추되었고, 출동한 두 대의 함대는 상륙조차 못하고 진압되었다. 해변에서 상륙부대가 고립되자 비셀은 케네디에게 추가 공습을 요구했지만, 이미 작전 시작부터 문제가 발생했기에 케네디는 요구를 거절하고 단지 작전이 실패로 끝나는 것을 지켜볼 도리밖에 없었다. 결국 14명의 용병들만 구출되었고 1,189명은 생포되었다. 생존한 포로들은 쿠바 텔레비전 앞에 전시되어 미국의 만행을 폭로하는 카스트로의 선전 제물로 활용되었다. 또한 카스트로는 영악하게도 그들을 공개처형하지 않고 미국에게 몸값을 요구해 결국 총 6,200만 달러의 엄청난 거금까지 부수적으로 얻어냈다.

피그스 만 작전의 처참한 실패 후 눈물을 흘렸다는 케네디는 기자회견에서 "승리하면 백 명의 아버지가 있지만 패배하면 한 명의 고아뿐"이라며 패배를 우회적으로 표현했다. 그는 전쟁의 패배로 인한 희생양을 만들어내기보다 자신의 책임을 인정했다. 케네디는 이후 인사 개편에서도 자신을 피그스 만의 벼랑 끝으로 몰고 간 책임자들에게 보복하지 않았다.

흥미로운 것은 피그스 만 작전의 진정한 아버지는 케네디가 아니라 그와 경쟁하고 증오했던 닉슨이었다는 점이다. 『쿠바, 카스트로 그리고 미국』을 쓴 필립 본살은 닉슨을 '작전의 아버지(Father of the Operation)'로 불렀는데 이는 닉슨의 최측근인 핼더만조차 인정하는 사실이었다. 결국 케네디는 아이젠하워와 닉슨이란 전임 보수정권의 아젠다를 그들보다 더 철저히 실행하다가 모든 오물을 뒤집어쓴 셈이다.

케네디는 피그스 만 침공작전의 실패로 민주당 내 진보와 보수 양 진영 모두로부터 고립되었다. 진보진영은 '진보를 위한 동맹국'으로 미국의 이미지를 긍정적으로 바꾸고 있던 상황에서 이런 비열한 작전을 케네디가 주도했다는 사실을 도저히 용납할 수 없었다. 많은 진보적 학자들이 항의하는 뜻에서 연대 성명서를 제출했고 배링턴 무어 같은 좌파 학자는 "뉴프런티어는 사기이며 자유주의로 포장한 군사주의이며 반동적인 정부"라고 비난했다. 피그스 만 침공의 실패는 국제연합(UN) 무대에서도 케네디 행정부의 위신을 땅에 떨어뜨렸다. 당시 미국 UN 대사이며 미국 자유주의자들과 전 세계 오피니언 리더의 존경을 받았던 아들라이 스티븐슨은 영문도 모르고 CIA 각본대로 이 작전의 존재를 부인하다 하루 아침에 거짓말쟁이로 전락했다. 이는 후일 이라크 침공에서 초당파적 존경을 받던 콜린 파월 국무무 장관이 CIA 정보에 의존해 대량살상무기에 대해 거짓말한 사건[4]으로 다시 반복된다.

물론 사건의 부정적 여파는 국내 좌·우파에게만 국한된 것은 아니었다. 더 중요한 것은 외교관계의 악화였다. 피그스 만 작전 직전에 케네디

---

4   2001년 9월 11일, 9·11 테러 사건이 발생하자 미국은 이듬해 1월 북한과 이라크를 '악의 축'으로 규정했다. 그 후 2003년 2월 콜린 파월 미 국무부 장관은 국제연합에서 CIA의 정보에 입각해 이라크에 대량살상무기가 개발·은폐되고 있다며 위성사진을 증거로 이라크를 침공할 명분을 강조했다. 그리고 3월 20일, 미국과 영국 등의 연합국은 '대량살상무기 제거를 통한 세계평화 이바지'라는 명분으로 이라크를 침공했다. 이 전쟁으로 미군 117명, 영국군 30여 명이 전사했다. 이라크 민간인은 1,230명 이상이 사망했고, 부상자는 5천여 명에 달했다. 하지만 이라크를 점령하고 아무리 수색을 해도 대량살상무기는 나오지 않았다.

는 기자회견에서 쿠바에 대한 불가침을 약속했다. "어떤 조건에서도 미국 군대에 의한 쿠바 개입은 없을 것이다"라고 강하게 설파했지만 이 침공으로 향후 미국이 공언하는 불가침 약속에 대한 신뢰를 잃어버리기에 충분했다.

후일 아바나 회의에서 카스트로는 "나는 피그스 만 작전에 대해 케네디를 비난하지는 않는다. 그는 이 작전을 전임 정권으로부터 물려받았기 때문이다"라고 너그럽게 이해하는 제스처를 취했다. 하지만 어쩌면 카스트로는 케네디의 실패한 작전을 즐기고 있었는지 모른다. 체 게바라는 케네디의 특사인 리처드 굿윈과의 비밀회동에서 미국인들에게 피그스 만 사건에 대해 감사를 표했다. 그 작전으로 카스트로 정권을 공고히 할 수 있는 정치적 승리를 가져왔기 때문이었다. 사실 카스트로는 피그스 만 사건 덕분에 더욱 공공연하게 쿠바를 사회주의로 이끌 수 있었다. 더구나 쿠바를 강력한 경찰국가로 전환시키고자 하는 라울[5]의 프로젝트에 대해 다소간 주저하고 있었던 카스트로는 미국의 침공을 계기로 확실한 안보 강화에 힘썼다. 쿠바는 위기감 속에서 북한식 선군정치로 전환했던 것이다. 그리고 피그스 만 사건을 통해 카스트로 정권과 사회주의 정권의 존립이 완전히 동일시되어 카스트로를 제거하는 일은 더욱 어려워지고 말았다. 이런 일련의 움직임은 미국과 쿠바의 적대적 상호의존관계를 잘 드러내는 것이었다.

쿠바 침공 실패로 인해 케네디가 더욱 곤혹스러웠던 것은 강경보수파의 분노였다. 비록 자유주의자인 케네디가 강경보수파인 닉슨의 프로젝트를 시도했지만 강경보수진영은 케네디가 작전을 중도에서 지원하지 않

---

5   피델 카스트로의 동생 라울 카스트로를 말한다.

고 종료시킨 것을 결코 용서할 수 없었다. 그들은 케네디가 중도에 발을 뺀 사실에서 그들이 선거 때 공격했던 '유화주의자인 케네디의 본질'을 재확인했다고 생각했다. 극도로 분노한 양 진영의 압력에 직면한 케네디는 "만약 의원내각제였으면 나는 사임했어야 했다"라고 침통해했다.

강경파와 온건파 사이에서 해법을 찾다

'역사상 유례가 드문 참혹한 실패'로 끝난 피그스 만 사건의 맥락과 케네디의 한계를 깊이 이해하려면 먼저 케네디의 정치 이데올로기적 성향을 살펴볼 필요가 있다. 민주당은 기본적으로 그간 공화당의 외교안보전략을 주도해온 덜레스의 '강경한 군사주의적 관점'에 반대한다는 점에서 일치하지만 그 대안에서는 '강경'과 '온건' 두 기류로 나뉘어 있었다.

딘 애치슨이 주도하고 종종 폴 니츠에 의해 뒷받침되는 노선이 그중 하나인데, 그들은 기본적으로 트루먼 시절 남한에 대한 남침을 주도한 '소련의 패권주의적 본질이 스탈린 사후에도 전혀 변하지 않았다'고 생각했다. 따라서 그들은 제3세계 민주화를 추구하는 미국의 외교안보노선이 유럽에서 소련과의 핵심적 대결 에너지를 분산시킬 수 있다고 우려했다. 비록 애치슨은 유럽의 경제적 재건을 주도한 마셜 플랜의 아버지였지만 '부드러운' 경제적 프로그램보다는 '단단한' 군사방법을 냉전에서 더 중요한 것으로 간주한다는 점에서는 강경파라 할 수 있다.

반면에 민주당 내 다른 흐름은 온건한 경향으로 아들라이 스티븐슨, 윌리엄 해리먼, 체스터 볼스, 조지 케넌 등으로 구성되어 있었다. 애치슨이 소련의 패권주의를 강조하는 반면, 이들은 '세계가 변해 소련과 중국

간 갈등이 존재하고 유럽에서의 군사적 위협은 감소했다고 봤다. 따라서 제3세계는 새로운 전장이며 강경한 군사적 방법 대신 정치·경제 프로그램 지원을 강조했다. 온건주의 그룹 내에도 다양한 기조가 존재했는데, 해리먼은 좀 더 강압적인 정책을 선호하는 반면 볼스 등은 더 유연한 편으로 공화당 강경파의 집중공격의 대상이 되곤 했다.

케네디는 이러한 민주당 내 두 가지 조류에서 한발 거리를 두었지만, 강경한 애치슨노선보다는 후자의 온건파에 속한다고 할 수 있다. 케네디는 소련의 패권주의를 절대불변으로 보는 애치슨 같은 회의주의자는 아니었다. 그러하기에 그는 상원의원 시절인 1960년 U-2 정찰기가 소련에 의해 격추되었을 때 비교적 유연한 태도를 취할 수 있었다. 하지만 케네디는 유연하고 실용적인 해결책을 추구하면서도 공산주의와의 대립에서는 단호한 태도를 견지하고자 했다. 그런 점에서 그는 온건파 중에서 좀 더 강압적인 것을 선호하는 해리먼에 가깝다고 할 수 있다. 케네디의 유연함과 단호함은 그의 유명한 취임사에서 극적으로 드러났다. 케네디는 특유의 유려한 수사를 동원해 "공포로부터 벗어나기 위해 협상에 나서지는 말자. 하지만 협상에 나서는 것을 결코 두려워하지도 말자"고 호소했다.

특히 케네디의 유연함 속에는 신중함이 있었는데, 그의 참전 경험이 그런 성향을 형성했으리라 짐작된다. 제2차 세계대전의 영웅인 케네디는 전쟁에서 바로 옆에 있던 전우의 몸이 순식간에 두 동강 나는 것을 수없이 목격하면서, 신중하지 않은 호전적 표현에 대한 경계심을 가지게 되었다. 그는 전쟁 당시 아버지에게 보낸 편지에서 다음과 같이 한탄했다.

사람들은 수천만 달러와 수백만 달러에 대해 하도 쉽게 말하는 습관이 생겨서 수천의 시체를 마치 '새 발의 피'처럼 말합니다. 하지만 이 수천의 주검들도 내가 목격한 열 명의 군인들과 똑같이 살아남기를 원했다는 것을 생각한다면 그들은 말을 정말, 정말 신중하게 해야 할 것입니다.

이러한 신중함의 미덕은 전쟁의 참화를 겪은 이들에게서 쉽게 발견된다. 예를 들어 부시 행정부 시절 합창의장을 지낸 콜린 파월은 전장에서 총 한 번 쏘아보지 않고서 무턱대고 군사적 발언을 내뱉는 국가안보회의나 국무성의 매파인 네오콘(신보수주의자)들에게 경멸감을 표시하곤 했다.

하지만 케네디는 유연함과 단호함을 동시에 간직한 사람이라는 것을 기억할 필요가 있다. 이는 영국 대사로 재직했던 자신의 아버지로부터 비롯된 뮌헨의 악몽이 주는 트라우마에 기인하는 것이기도 했다. 뮌헨회담[6] 당시 케네디는 하버드 대학에 재학 중인 스물한 살의 풋내기 대학생이었다. 그 기간 동안 그는 자신의 아버지처럼 히틀러에 대한 유화책에 찬동한 것으로 알려졌다. 하지만 이후 히틀러의 패권주의적 전쟁에 충격을 받아 입장을 180도 전환해 아버지에 대한 비판적 시사점을 담은 졸업논문을 작성했다. 「뮌헨에서의 유화책」이라는 제목의 이 졸업논문

---

6 1938년 9월 29~30일 독일의 뮌헨에서 나치 독일의 수데텐란트(체코슬로바키아의 독일인 거주지) 병합문제를 수습하기 위해, 영국·프랑스·독일·이탈리아 4개국이 개최한 정상회담. 1938년 3월 오스트리아를 점령한 나치 독일이 다음의 침략목표를 체코슬로바키아 쪽으로 돌려, 그 해 9월 체코슬로바키아에 대해 독일계 주민이 많은 수데텐란트를 할양할 것을 요구하였다. 이에 대해 영국은 체코슬로바키아 정부에 타협을 권고, 프랑스와 함께 9월 27일 히틀러에게 그 요구를 받아들이는 타협안을 제시했다. 9월 28일 이탈리아 총리 무솔리니에게 열국회담 개최를 의뢰해 뮌헨회담이 열렸으나 당사국인 체코슬로바키아나 동맹국인 소련도 초청되지 않았다. 회담 결과 수데텐란트를 무혈로 독일에게, 그리고 기타 소수민족 지방을 폴란드·헝가리에게 할양하는 뮌헨협정이 체결되어 독일은 전략상 유리한 발판을 얻게 되었다.

은 이후 『왜 영국은 잠자고 있었는가』라는 도발적인 제목으로 출간되어 베스트셀러가 되었다.

히틀러에 대한 유화책 때문에 '히틀러에게 속은 조 케네디의 아들'이라는 주홍글씨는 두고두고 케네디를 괴롭힌 끔찍한 낙인이기도 했다. 케네디는 이후 한 여대에서 있었던 강연에서 학생들에게 '유화책과 고립주의의 유혹에 빠지지 말 것'을 호소하며 눈물까지 흘렸다. 비록 케네디는 졸업논문을 통해 아버지의 그늘로부터 벗어났지만 사람들은 그를 보면 먼저 조 케네디를 떠올리지 않을 수 없었다. 더구나 '케네디 대통령 만들기 프로젝트'는 아버지의 천문학적인 자금과 노력이 없었다면 불가능했다는 점에서 케네디가 아버지로부터 정신적으로 완전히 독립했다고 볼 수는 없었다. 스스로 이러한 약점을 아프게 생각하는 케네디는 선거 캠페인 동안 아버지의 그늘을 벗어나지 못한 자신에 대해 비하하는 냉소적 유머를 즐긴 것으로 알려졌다.

이러한 맥락에서 보면 케네디가 아버지의 낙인으로부터 벗어나기 위해 스탈린 공산주의에 대해 단호하고 강경한 태도를 보이려고 얼마나 노력했을지는 쉽게 짐작할 수 있다. 따라서 민주당 내 전통적인 자유주의자들에게 케네디는 항시 불신의 대상이었다. 특히 그들 자유주의자들의 심기를 불편하게 한 것은, 트루먼 정부 시절 매카시즘의 광풍 속에서 그에 대한 견책 조치에 투표하지 않은 유일한 민주당 의원이 케네디였다는 사실이다. 비록 의회 투표 당시 케네디는 지병인 척추퇴행증 때문에 입원 중이었지만 평소 매카시 집안과 가까웠던 케네디에 대한 자유주의자들의 의혹을 잠재우지는 못했다.

자유주의자들을 더욱 불편하게 한 것은 그가 대선 캠페인에서 보여준 강경한 발언이었다. 사실 케네디 캠프로서는 전략적으로 전통적인 자유주의자보다 더 강경한 태도를 취하는 것이 합리적 선택일 수밖에 없었다. 왜냐하면 그가 상대하는 공화당 후보인 닉슨은 공산주의에 대한 강경한 태도로 인기를 끌어왔고, 닉슨이 부통령으로 재직한 아이젠하워 정부는 전쟁영웅 아이젠하워가 상징하듯이 풋내기 자유주의자 정치인에 불과한 케네디가 쉽게 비판하기 어려울 정도로 오랜 외교·군사적 경험을 가지고 있었기 때문이다. 이러한 선거지형에서 케네디를 부각시킬 수 있는 유일한 방법은 강경한 노선을 통해 상대의 강점을 중화시키고 심지어는 더 강경한 태도를 취하면서 상대의 가장 강점인 외교노선에서 상대를 수세에 몰아넣는 것이었다. 만일 반대로 그가 전통적인 자유주의자 노선을 취했다면 공화당은 그를 외교안보의 통수권자로서는 부적격하다는 공격을 구사할 것이 뻔했다. 더구나 그는 유화책의 상징인 조 케네디의 아들이었기 때문에 이런 공격은 먹혀들기가 쉬웠다. 따라서 케네디의 선제공격 대상은 아이젠하워 행정부의 국제외교정책에서 가장 큰 약점을 찌르는 것이었다. 그것은 다름 아닌 쿠바 정책의 실패[7]였다.

케네디는 이러한 전략적 판단에서, 특히 여론조사 결과 닉슨에게 근소하게 뒤지고 있다는 보고가 있자 연일 아이젠하워 행정부의 쿠바 정책 실패에 대해 맹공을 퍼부었다. 케네디는 닉슨이 자신의 핵심 지지기반인

---

[7]   미국이 쿠바에서 군정을 실시한 것은 메인 호 사건을 계기로 16세기부터 통치해오던 스페인을 몰아낸 1899년부터다. 이후 미국은 쿠바인을 대통령으로 내세웠으나 쿠바는 정치적 혼란을 겪었고 1934년 중남미의 전형적인 독재자 바티스타의 시대를 맞았다. 바티스타 시대의 쿠바는 미국자본에 종속된 사탕수수 경제가 호황을 이루었으나 경제적 이익은 미국과 바티스타가 나눠가지는 형국이었다. 카스트로와 체 게바라 등이 1959년 1월 바티스타 정권을 몰아내고 혁명정부를 수립했고, 당시 미국의 대통령이었던 아이젠하워는 점차 공산화 되어가는 쿠바를 막기 위해 해상봉쇄 조치 등을 취하고 급기야 쿠바와 국교 단절을 선언하기에 이른다. 케네디는 점점 악화되어가는 쿠바에 대한 외교정책을 강하게 비판하며 자신의 입지를 굳혔다.

가톨릭 진영에 반공산주의 이슈를 가지고 파고드는 것이 무척 불안했다. 그래서 쿠바를 "미국 외교정책의 가장 눈에 띄는 실패작"이라고 규정하며 "쿠바같이 작은 나라의 무모한 도전에도 제대로 대응하지 못하는 인물은 미국 대통령이 될 자격이 없다"며 아이젠하워 행정부의 일원인 닉슨의 약점을 파고들었다. 더불어 케네디는 자신이 집권하면 당장 쿠바를 구하는 정치·경제·군사적 조치를 취하겠다고 호언장담했다. 케네디는 쿠바에 대해 어떤 명확한 행동계획도 가지고 있지 않은 닉슨을 맹공하며 "미국이 쿠바에 맞설 수 없다면 어떻게 흐루시초프에게 맞서리라고 기대하는가"라며 통수권자로서 닉슨의 자질을 문제 삼았다.

케네디의 강공책이 호전적인 공산주의 정권(쿠바)을 발아래 둔 미국 유권자의 공포심을 효과적으로 자극하는 것이 분명해지자 닉슨 진영은 조바심을 냈다. 닉슨은 CIA의 알렌 덜레스에게 좀 더 신속한 행동을 취하도록 연일 재촉했고 그의 참모들은 선거 전까지 해병대를 보내서라도 쿠바를 쑥대밭으로 만들어야 한다는 소위 미국판 북풍인 '10월의 충격'[8]을 건의했다. 하지만 닉슨 진영이 10월경 북풍을 기획한다는 첩보를 입수한 케네디 진영은 다시 닉슨에 대한 선제조치의 일환으로 쿠바를 침공하기 위한 망명자들을 칭하는 '자유의 전사'들을 닉슨이 지원하는 데 실패했다고 유세 과정에서 치고 나왔다. 물론 당시 케네디는 닉슨이 실제로 자유의 전사들을 비밀리에 조직하고 있는 것을 알지 못했다. CIA가 야권 후보인 케네디에게도 철저히 비밀에 부쳤기 때문이다. 흥미로운 점은 닉

---

8 당시 닉슨 진영에 의해 '쿠바 공격'이라는 놀라운 뉴스가 예상된 이후, 미국 정치에서는 선거가 임박한 10월에 국제적 뉴스들을 드라마틱하게 양산해내어 선거 결과에 영향을 미치려고 하는 시도를 '10월의 충격'이라 부른다. 말하자면 '미국판 북풍'이라 할 수 있다. 예를 들어 지난 2004년 10월, 미국의 정가에서는 '북한의 핵실험'이 등장해 당시 선거를 앞둔 존 캐리 후보와 부시 후보 사이에 '10월의 충격' 논란이 등장하기도 했다.

슨이 실제로는 비밀리에 북풍을 기획하면서도 공개적으로는 자신의 아이디어와 같은 케네디의 제안에 대해서는 '무책임한 제안'이라고 일축했다는 것이다.

케네디의 도를 넘어선 강경한 발언에 충격을 받은 민주당 자유주의자들은 캠페인 과정에서 최대의 실책이라고 평가하며 선거에서 그가 패배하리라 예상했다. 이러한 자유주의자들의 격렬한 반응에 마음 상한 케네디는 특유의 냉소적 태도로 "만약 선거에서 승리한다면 나 혼자서 승리를 만들어낸 것"이라며 쏘아붙였다. 물론 케네디는 자유주의자들과의 갈등에도 불구하고 강경한 외교노선을 고집했고 결국 '자신의 힘'으로 승리했다. 하지만 케네디의 강경한 발언은 비록 선거에서의 승리를 가져오는 데 기여했을지는 몰라도 의도하지 않은 여러 가지 부정적인 파장을 양산했다.

사실 케네디는 선거 기간 훨씬 이전부터 자유주의자 내 강경파로서 명성을 떨치며 결과적으로는 아이젠하워 행정부의 강경한 대외정책노선에 기여했다. 특히 의미심장한 것은 '스푸트니크 논쟁'[9]에서 케네디가 보인 태도였다. 1957년 소련은 인류 최초로 스푸트니크 인공위성을 우주 궤도에 쏘아 올리는 데 성공했다. 이는 곧 소련이 미국 본토에 수십 분 만에 도착할 수 있는 대륙간탄도미사일(ICBM) 능력을 갖추었음을 의미하는

---

9 소련은 1957년 10월 인공위성 스푸트니크 1호를 우주에 발사해 지구 궤도를 돌게 하는데 성공한다. 미국인은 경악했고, 일각에서는 방위비 지출을 대폭 확대해야 한다는 목소리가 거세게 일었다. 당시 상원의원이었던 케네디는 '위태로운 시국'을 거론하며 미·소간 핵 장착 미사일의 보유수에서 소련이 우세함에 따른 '미사일 갭'의 쓴맛을 보게 될 시기가 임박했다고 강조하며 백악관의 방위정책을 비판했다. 이러한 비판은 국가안보에 이바지하는 이미지를 높임과 동시에 정치적 실리를 챙기려는 의도가 있었다. 케네디는 의도한 바와 같이 정치적 실리를 챙기지는 못하였지만 일반 국민들 사이에서 '참신한 유명인사'의 표상으로 점점 자리매김 하게 되었다.

것이었다. 스푸트니크의 성공이 미국 국민에게 준 공포감과 열등감은 거의 심리적 공황 수준이었다. 케네디는 이러한 분위기에 편승하면서 아이젠하워 정부의 무능을 공격하고 소련이 1960년대 중반이 되면 수천 기의 대륙간탄도미사일로 미국을 압도적으로 위협할 것이라는 '공포 소구(Fear Appeal)'[10]를 구가했다. 그는 선거 캠페인에서 가장 효과가 높은 것이 공포 소구임을 잘 알았기 때문에 이미 수차례 재미를 본 이 '미사일 갭' 개념을 반복해서 강조했다.

1957년 스푸트니크 논쟁에서 대중적 공황에 직면했던 아이젠하워 정부는 필사적으로 소련의 능력에 대항하는 기술 개발에 돌입했으며 동맹국들을 안심시키기 위해 영국과 이탈리아 등에 중거리미사일 배치를 준비했다. 하나는 베를린을 향하는 토르 미사일이고 다른 하나는 이탈리아와 터키로 향하는 주피터 미사일이었다. 그런데 주피터 미사일은 소련에 인접한 지역에 배치되었기 때문에 흐루시초프는 자신의 목에 겨누어진 칼처럼 소름끼쳐 하며 대응방안에 고심했다. 결국 아이러니하게도 흐루시초프가 쿠바 미사일 반입이라는 아이디어를 얻은 계기가 바로 주피터 미사일이었다. 이후 주피터 미사일의 철수는 이후 쿠바 미사일 위기를 결정적으로 해소하는 주요 해법으로 등장하게 된다. 노후한 한 기의 미사일이 위기의 시작과 끝을 장식하는 중요한 의미를 지녔던 셈이다.

---

10 공포의 상황 속에서 무조건적으로 수용하려는 인간의 심리를 이용한 설득 방법. 소련의 스푸트니크 1호가 성공적으로 지구의 궤도를 돈지 한 달 후 소련은 다시 개를 실은 스푸트니크 2호를 쏘아 올렸다. 반면에 미국이 쏘아 올린 뱅가드 위성은 엄청난 굉음과 함께 폭발하고 만다. 이후 미국에서는 소련이 과학과 교육에서 미국을 앞질렀다는 충격과 함께 소련에 군사적으로도 뒤지고 있다는 심리적 충격에 휩싸였다.

물론 위기의 계기가 된 주피터 미사일의 배치 고려는 아이젠하워의 작품이었고 '스푸트니크 공황'은 케네디가 촉발시킨 것은 아니었다. 하지만 케네디는 스푸트니크 공황을 진정시키기보다 확산시키는 데 기여했고, 이는 결과적으로 주피터 미사일의 배치 결정으로 이어졌다는 점에서 인과 고리의 연쇄에 일정한 효과로 작용했다고 볼 수 있다.

케네디의 강경한 발언은 미국 행정부의 강경한 태도뿐만 아니라 흐루시초프와 카스트로의 위기감을 자극해 향후 자신이 한복판에 뛰어들게 될 위기를 스스로 창출했다고도 볼 수 있다. 예를 들어, 집권하면 쿠바를 당장 구하는 조치를 취하겠다는 케네디의 강경한 발언에 카스트로는 신경질적으로 반응했다. 카스트로는 연일 아바나 텔레비전에 출연해 "케네디는 야비하고 비열한 개"라고 극언을 퍼부었다. 그리고 쿠바 군사법정으로 하여금 혁명정부 전복 혐의로 세 명의 미국인에게 사형을 선고하게 했다. 나아가서 그는 미군의 침공이 임박했다는 확신과 미국 때리기를 통한 체제결속의 목적으로 쿠바 전체를 전쟁에 대비한 병영으로 만들어 갔다.

소련 또한 쿠바에서 주장하는 논리를 받아들였다. 이미 소련국가보안위원회(KGB) 파리 지국 등은 미국 비밀작전계획의 냄새를 맡고 있었기 때문이다. 쿠바를 상실할지도 모른다는 위기감에서 소련은 미국이 쿠바를 침공할 경우 핵 보복을 경고하고 어떻게든 미국의 공격을 막아보려고 했다. 10월 29일 흐루시초프는 타스 통신과의 인터뷰에서 미국에 대해 "쿠바 방어를 위해 핵무기 사용이라는 극단적 실력행사로 상황이 진전되기를 바라지 않는다"는 경고를 보내기도 했다.

물론 쿠바와 소련의 위기에도 불구하고 선거 기간에는 아무 일도 일어나지 않았다. 이는 선거 결과를 불안해했던 닉슨의 재촉에도 불구하고 쿠바 침공을 실제로 준비하려면 오랜 시간이 걸리기 때문이었다. 하지만 위기의 해소가 곧 미국과 쿠바, 소련 간의 대결의식을 해소하는 것은 아니었다. 반대로 카스트로는 11월 9일 연설에서 소련의 핵우산 선언이 미국의 쿠바 침공을 막았다고 아전인수 격으로 해석했다. 이렇게 카스트로가 나름의 자기 교훈으로 받아들인 '강대국의 압력을 이용한 대외 문제 해결' 방식은 이후 쿠바 미사일 위기 과정에서 벼랑 끝 외교라는 쿠바의 대외정책으로 나타나면서 미국과 소련 간 핵무기 대치라는 위기로 사태를 악화시키기도 했다.

또한 주목할 점은 게바라가 11월 7일 소련 방문에서 흐루시초프에게 소련 미사일의 쿠바 배치를 타진했다는 것이다. 이는 미국 선거 기간 북풍의 위협에 대한 게바라 나름의 대응방안이었다. 물론 게바라의 소련 미사일 쿠바 배치에 대한 의사 전달이 흐루시초프로 하여금 쿠바에 미사일을 반입한 이유가 되었다는 직접적인 증거는 없지만, 한 가지 분명한 것은 미국 선거 기간에 나왔던 케네디의 강경한 발언이 게바라와 흐루시초프를 더 강경하게 만들었다는 사실이다.

무엇보다도 케네디의 강경한 선거 발언으로 빚어진 치명적인 부산물은 선거 캠페인 기간의 공약을 지켜야 하는 부담이었다. 이는 궁극적으로 케네디 최대의 실책으로 기록되는 피그스 만 침공이라는 결과로 나타났다. 아이러니한 사실은 피그스 만 작전의 부정적 결과에 대해 닉슨처럼 작전 실패를 잘 예측한 사례도 없었다는 점이다. 닉슨은 비록 스스로 비밀 전복 음모를 꾸미고 있었지만 공개석상에서는 그러한 작전을 제안하는 케네디를 무책임한 자라고 몰아붙였다. 토론석상에서 닉슨은 다음과 같이 기묘하지만 통찰력 있게 케네디를 공격했다.

만약 우리가 그 제안을 따른다면, 우리는 남미에서 모든 친구들을 잃을 것이고, 국제연합에서 비난받을 것이며, 우리의 목표도 달성하지 못할 것이다. 그것은 흐루시초프에게 남미 대륙으로 공개적인 초청장을 보내는 것과 같은 것이다.

닉슨의 예언은 본심과는 다르게 그대로 실현되었다. 피그스 만 작전을 통해 미국은 만천하에 불량국가의 호전적 이미지로 비춰졌고 쿠바 방어에 불안해진 흐루시초프가 쿠바에 대한 지원 의사를 더욱 강하게 표명했기 때문이다. 물론 피그스 만 작전이 부정적인 결과만 낳은 것은 아니었다. 그런 점에서 역사는 참으로 아이러니하게 진행된다. 비록 피그스 만 사건을 통해 흐루시초프에게 남미로 오게끔 하는 공개적인 초청장을 보낸 결과를 낳았지만, 다른 한편으로 케네디는 이 사건을 통해 향후 전개될 위기의 정점에서 절대적으로 필요한 지혜를 얻었다.

전문가에게 의존하지 말라, 다면적이고 효율적으로 토론하라

케네디가 얻은 교훈은 크게 두 가지로 압축된다. 하나는 각 부서의 전문가들에게 과도하게 '의존'하는 문제이고, 다른 하나는 의사결정에서 '숙고(deliberation)'의 중요성이다.

첫 번째 교훈에 대해 우선 살펴보자. 막 취임한 케네디는 외교안보 등에서의 경험 부족으로 수십 년간 외교 라인에서 명성을 떨쳐온 관리들에게 다소 주눅이 들어 있었다. 특히 그는 명성이 자자한 덜레스 CIA 국장의 판단 등을 과도하게 신뢰하고 있었다. 하지만 피그스 만 위기를 겪으면서 케네디는 각 부서의 전문적 판단에 오류가 많으며 때로는 그들이 자신의 부서 이익이나 관성적 판단에 지나치게 함몰되어 있음을 발견했다. 특히 강경파는 애초에 위기를 해결하기보다 지속시켜 자신이 속한 부서의 역할이 부각되는 것을 즐기기까지 한다는 것을 뼈저리게 깨달았다. 그리고 그는 합참본부가 그토록 무성의하게 피그스 만 계획을 검토한 것에 분노를 금하지 않을 수 없었다. 위기 직후 그는 "저 개자식들은 그저 과일 샐러드나 먹으며 앉아 고개를 끄덕이며 '성공할 거요'라고 주절거렸다"고 강하게 불신감을 드러냈다.

이러한 경험을 통해 케네디는 각 부서의 이익에 기초한 협소한 전문성보다는 자신을 중심에 놓고 전체적으로 사고하는 측근 소렌슨과 동생 로버트 케네디에게 강하게 의존하게 되었다. 그들은 비록 전문성은 각 부서의 관리들보다 떨어지지만 과감하게 도발적 질문과 창조적 견해를 던지며 의사결정의 질과 활력을 높였다. 이는 나중에 벌어지는 쿠바 미사일 위기에서 무조건 강경한 조언만으로 오히려 위기를 악화시키려고 한 국방부나 CIA의 강경파에게 케네디가 휘둘리지 않고 로버트 케네디를 통해 위기 탈출의 핵심 해법을 모색하는 요인이 되었다. 특히 위기의 교훈을 통해 케네디가 새로 임명한 합창의장 맥스웰 테일러는 향후 위기에서 군부의 강경한 의견만 무조건 대변하지 않고 신중한 조언으로 케네디의 의사결정에 적지 않은 도움을 주었다. 그의 당시 역할은 오늘날 초당적인 존경을 받고 있는 신중함의 아이콘인 콜린 파월 전 합참의장을 연상시킨다.

제도적 개혁으로 또한 주목할 필요가 있는 것은 전문가에 의존하는 경향을 줄이고 대통령 자신의 신경망이라고 할 수 있는 상황실을 창설한 것이었다. 이 상황실은 제2차 세계대전 당시 프랭클린 루스벨트의 상황실 역할을 했던 맵 룸(Map Room)의 부활이기도 했다. 그때부터 케네디는 전 세계에서 일어나는 일들에 대해 즉각적으로 정보를 제공받을 수 있게 되었다. 시간이 지나면서 상황실의 기술적 설비는 진화했지만, 대통령에게 귀중한 눈과 귀의 역할을 제공하는 핵심 기능은 그대로 이어지고 있다.

두 번째 교훈은 의사결정의 질에 대한 것이었다. 그는 위기 후 극소수의 전문가들에게 과도하게 의존하는 문제 말고도 의사결정에 소요되는 시간과 의사결정의 질에 큰 문제가 있음을 발견했다. 위기에 대한 성찰의 시간을 가지면서 아이젠하워 전임 대통령은 케네디에게 통찰력 있는 질문을 던졌다. "대통령께서 이 계획을 승인하기 전에 모든 이들을 불러다놓고 토론을 통해 대통령 스스로가 계획의 찬반 논리를 확인하고 나서야 결정을 내렸습니까?" 물론 케네디의 대답은 "아니오"였다.

하지만 쿠바 미사일 위기를 겪으면서 케네디는 180도 변모해 심의적 의사결정(Deliberative Decision Making)[11]이란 측면에서 탁월한 전형을 보여주었다. 그는 쿠바 미사일 위기가 발생하자마자 다양한 성향의 자문관들을 불러다놓고 매일 각 논리의 찬반과 예상 시나리오를 예리하게 벼리도록 했다. 백악관 비밀 테이프에 기록된 13일간 케네디의 의사결정 양식을 보면 지도자로서 탁월했던 그의 면모를 제대로 알 수 있다. 지금까지도 쿠바 미사일 위기에서 케네디가 보여준 의사결정 양식은 미

---

11 사회의 다원화와 복합화가 심화되면서 사회구성원들의 신념과 의견의 불일치로 인해 공동선에 입각한 공공정책의 확립은 더욱 어려워졌다. 뿐만 아니라 대의민주제는 인종, 여성, 안락사 등 사회의 복합성과 다원성을 제대로 반영하지 못하는 한계를 지닌다. 따라서 심의적 의사결정은 사회 전반에 걸친 공공포럼의 활성화 등 의사결정의 심의화를 통해 의사결정 단계에서 공적토론과 인식의 장을 넓히며 시민들의 참여와 지속적인 토론을 통한 합의를 전제하고 있다.

국 대통령 역사상 가장 모범적인 것으로 기록되기도 한다. 아이러니하게도 1961년 쿠바에서의 실패가 1962년 쿠바에서의 성공의 아버지였던 셈이다.

케네디의 심의적 의사결정의 꽃은 그 유명한 '집행위원회(ExCom, 엑스콤)'다. 케네디는 참가자 수가 많고 회의가 비효율적인 국가안전보장회의(National Security Council: NSC)는 최소화하고 그 대신 이 공식 회의의 집행위원회(Executive Committee: ExCom)를 자주 개최하기로 결정했다. 엑스콤 회의는 바로 피그스 만 사건 등의 실패를 겪으면서 케네디가 만들어낸 진화된 모델이었다.

사실 그는 각 부서의 대표자들이 대규모로 방만하게 모여 모든 안건에 대해 비전문적인 견해들을 쏟아내는 것에 진력이 나 있었다. 대신 그는 사안별로 관련된 주요 인사들이 태스크포스 시스템과 같이 신속하고 효율적으로 토론하는 것을 선호하게 되었다. 또한 공식적인 국가안전보장회의 인사가 아니라 하더라도 필요하다면 참여시키는 실용주의적 스타일을 추구했다. 이러한 그의 종합적 판단의 결과를 반영하는 조직적 구현물이 바로 엑스콤이었다.

이후 케네디의 리더십이 돋보인 것은 회의를 주도하면서 보여준 심의적 토론능력이었다. 케네디는 극단적 견해들을 견제해가면서 다양한 견해가 가진 장단점을 정교하게 도출하도록 회의를 이끌었다. 예를 들어, 케네디는 쿠바의 미사일 위기 초기에 강경파와 온건파의 절묘한 절충안으로서 해상봉쇄의 장점을 지적하면서, 위기를 확대하거나 베를린과 쿠바·체코 등지에서의 전략 불균형으로 벌어질 수 있는 핵전쟁을 방지할 수 있음을 지적했다. 하지만 이러한 절충과 합의의 심의적 방식에 대한 케네디의 선호는 군부가 보기에 전형적인 자유주의자들의 일처리 방식이었다. 쿠바 미사일 위기 이후 매일 반복되었던 엑스콤의 회의가 끝나고 케네디가 자리를 떠난 직후 여전히 비밀 테이프가 돌아가고 있는 줄 몰랐던 슈프 장군 같은 군부 인사들은 노골적으로 케네디 행정부를 욕해대기 시작했다.

> 누가 좀 그들(케네디 행정부 자유주의자들)이 그 짓을 조금씩 하지 못하도록 해야 해. 참 그게 문제야. 일단 시작해가지고 미사일 가지고 지랄거리고 있어. 그딴 식이면 일을 망쳐. (또) 일단 시작해가지고 지랄거리고. (그러면 또) 망치게 되지. 망한단 말이야. (⋯⋯) 정말 생각이 있으면 미사일 제거 가지고 뭉그적거리면 안 돼. (⋯⋯) 무력으로 쿠바를 공습해서 미국을 위협하고 있는 미사일 기지를 제거해야 해.

케네디는 당시 군부의 호전적인 관점을 잘 알고 있었다. 하지만 사태의 운명을 책임진 그로서는 핵전쟁의 위험을 마치 종이호랑이처럼 생각하는 군부의 호전적 해결방식을 선호하기는 어려웠다. 무책임한 군부에 대한 케네디의 경멸적 태도는 측근 오도넬에게 했던 냉소적 유머에서도 잘 드러났다.

> 이 금테 두른 작자들이 선호하는 (무력)방식에는 그들에게 유리한 한 가지 큰 장점은 갖고 있는 셈이지. 만약 우리가 그들에게 귀 기울이고 그들이 원하는 대로 해준다면 우리 중 그 누구도 그들이 잘못했다고 살아서 말하는 사람은 없을 테니 말이야.

엑스콤 회의에서 케네디는 다양한 의견의 예리한 대립을 통해 창조적 방안을 만들어낼 수 있었다. 결국 역사는 케네디가 제시한 강온 양 입장의 융합에 의거해 점진적인 압력을 소련에 가하는 해결방식이 군부가 단칼에 해결하려는 방식보다 더 현명했음을 증명했다. 당시는 몰랐지만 이미 핵탄두까지 쿠바에 반입되었던 상황이었기 때문이다.

흥미로운 것은 앞에 언급된 군부의 관점은 향후 미국의 점진주의적 전략에 대한 강경보수주의자들의 강한 비판의식을 잘 보여준다는 점이다. 이후 베트남 전쟁을 거치며 신화화된 점진적 해결정책이 실패를 보이자 강경보수주의자들은 이를 자유주의자들의 유약함을 상징하는 대표적인 사건으로 치부했다. 베트남 전쟁 실패 이후 보수주의자들은 커티스 르메이 공군 사령관처럼 선제공격이나 '충격과 공포'에 의한 '단칼의 해결방식'을 선호하게 되었다. 바로 이 점이 후일 미국의 네오콘이 9·11 테러 이후 영향력을 확대해나가는 배경이 된다. 지나친 호전성으로 당시 경멸당한 르메이가 21세기에 네오콘의 이름으로 극적으로 부활한 셈이다. 하지만 그들은 결국 이라크 전쟁 등에서 수렁에 빠지면서 부시 행정부 후반기에 급속히 영향력을 잃고 말았다.

케네디 리더십의 진화와 한계, 그리고 역사의 반복

결국 지금까지의 논의를 종합하면 피그스 만의 실패는 케네디에게 불행이 아니라 축복이었다. 케네디는 피그스 만의 실패, 그에 이은 쿠바 미사일 위기의 성공을 통해 조금씩 진화해갔다. 이후 케네디는 1963년 6월 아메리칸 대학에서 야심 찬 향후의 평화 비전을 제시했다. 연설의 주요 목적은 냉전적 사고에 젖어 있는 국민에게 '햇볕정책'의 일보를 내딛을 필요성을 설득하는 것이었다. 케네디로서는 미국 국민이나 엘리트에게 만연된 '악마의 제국'이라는 소련의 이미지가 그간 어떤 유연한 정책을 시도하더라도 유화책으로 비난받게끔 하는 장애가 되었음을 뼈저리게 느꼈을 것이다. 따라서 그는 "어떠한 정부나 사회체제도 덕을 결여하고 있다고 간주할 만큼 완전히 사악한 것은 없다"고 지적하며 소련을 절대적으로 배타하지 말 것을 강조했다. 이어 케네디는 냉전 종결을 위한 점진적 접근방안으로 우선 포괄적 핵실험 금지조약 체결에 나설 것을 선언했다.

물론 케네디만큼 평화공존의 중요성을 더욱 절감한 흐루시초프도 이에 적극적으로 반응했다. 흐루시초프는 케네디의 햇볕정책 연설을 케네디의 개혁적 자유주의자로서의 면모가 전면에 드러난 계기로 생각했다. 비록 흐루시초프는 미국 강경파가 핵실험 금지를 확인하기 위한 사찰을 트로이의 목마처럼 활용할 것이라는 의구심을 여전히 가지고 있었지만 최소한 사찰이 필요 없는 대기실험 금지[12]에는 합의할 수 있었다. 이는 전면적 상호 무장해제나 교착상태라는 극단적 입장을 보였던 소련의 모습과 비교할 때 큰 진전이라 할 수 있다. 그런 점에서 케네디나 흐루시초

---

12 핵실험 중단과 금지의 문제는 1954~1956년 국제사회의 군축교섭 주제 중 하나였다. 소련은 핵실험 금지 문제를 별도로 해결할 것을 주장했으나, 다른 군축 문제와 함께 일괄처리를 원하던 미국·영국과 의견충돌이 생겨 진전을 보지 못했다. 1958년 소련이 일방적으로 핵실험 중단을 선언한 것이 계기가 되어 미국·영국도 자발적으로 핵실험을 중단하게 되면서 제네바에서 핵보유국이었던 미·영·소 3개국 간의 핵실험 금지회의가 열렸다. 하지만 지하 핵실험의 관리 문제와 사찰 문제에 대한 이견으로 회의는 진전을 이루지 못하다가 1961년 소련이 사상 최대의 핵실험을 재개함으로써 회의는 중단되었다. 그 후 1963년 3개국은 '대기권 내, 우주 공간 및 수중에서의 핵무기 실험을 금지하는 조약'을 비준했다. '부분적 핵실험 금지 조약'으로 부르는 이 조약은 지하를 제외한 모든 공간에서의 핵폭발을 금지했다. 하지만 이 조약의 체결로 핵보유국은 지하실험을 통해 핵무기 개발을 계속할 수 있었던 반면, 비핵보유국은 대기권 실험이 금지됨으로써 핵개발은 사실상 불가능하게 되었다. 대한민국은 1964년 서명·가입했다.

프는 역사의 교훈을 인식할 줄 아는 실용주의자라고 할 수 있다.

또 하나의 중요한 진전은 두 정상 간에 최초로 핫라인이 설치된 것이었다. 급박한 위기상황에서 몇 시간이나 걸리는 메시지 전달과정과 그 해석을 둘러싼 소동 때문에 두 정상은 진저리를 쳤다. 이제 극도로 난해하고 초조한 퍼즐 풀기 대신에 손쉬운 전화 한 통화로 서로 오해를 줄일 수 있게 된 셈이었다. 물론 두 정상은 상호 체제를 언젠가 무너뜨릴 수 있다는 믿음과 제3세계 전선의 전략적 거점에 대한 지원을 완전히 포기한 것은 아니었다. 흐루시초프는 나름대로 여전히 알제리를 지원했고, 케네디는 여전히 도미노 이론을 맹신하며 남베트남을 지원하고 있었다. 냉전의 리더들이기에 그들은 두려움의 악순환 대신에 상호공존과 상호이익관계 구축의 필요성이라는 위기의 가장 본질적 교훈을 선명히 깨닫지는 못했다. 하지만 두 정상은 모두 과거와 같은 강경한 대응보다는 좀 더 평화적인 방법을 선호했다. 조금씩은 달라졌던 것이다. 그런 점에서 비록 위기의 극한까지 갔지만 두 정상에게는 얻은 것도 많은 기회였다.

케네디의 진화는 단지 소련과의 관계에만 국한된 것은 아니었다. 물론 케네디는 카스트로 정권을 교체하기 위해 제한적이지만 전복활동을 준비하고 있었다. 케네디는 미사일 위기 해소과정에서 핵전쟁까지 불사하려는 카스트로의 극단적 행동에 진저리를 친데다 위기 이후 쿠바의 '혁명 수출 전략'[13]에 극도의 반감을 가지고 있었다. 하지만 그는 소련을 '악의 제국'이라고 부르는 것을 거부한 실용주의자로서 언제든지 카스트로

---

13 쿠바 혁명이 성공을 거둔 이후 카스트로를 비롯한 혁명 주역들은 국내 개혁에 집중했으나, 게바라는 쿠바를 기지로 남미와 아프리카에 혁명을 수출하는 데 큰 관심을 기울였다. 이후 쿠바의 외교정책으로 '혁명 수출 전략'이 자리 잡았다. 쿠바는 1990년대를 지나면서 앙골라, 모잠비크, 콩고, 에티오피아 등에 쿠바군을 파견해 민족해방전쟁을 지원했다.

와 만나 문제 해결의 실마리를 풀고자 하는 태도를 가지고 있었다. 기회는 1963년 10월에 찾아왔다. 쿠바와 미국 사이에 채널을 만들려는 움직임이 프랑스 시사주간지 《렉스프레스》의 편집장 다니엘을 중심으로 모색되기 시작한 것이다. 다니엘은 케네디와의 회견에서 자신이 특사 역할을 할 용의가 있음을 밝혔다. 그러자 놀랍게도 케네디는 "당연히 만나겠소. 돌아오면 내게 말해주시오"라고 응답했다.

11월 20일, 특사로서 카스트로를 만나 6시간 동안 장시간 회견을 한 다니엘은 희망의 빛을 발견했다. 카스트로가 케네디의 제안을 진심 어린 것으로 판단하고 정상회담 제의를 수용했기 때문이다. 카스트로는 심지어 케네디를 위해 다음과 같이 북풍까지 제안했다고 한다.

> 당신이 케네디를 다시 만나게 되면, 내가 골드워터를 내 친구라고 선언할 의향이 있다고 말하시오. 그것이 그의 재선을 보장한다면 말이오!

골드워터는 공화당의 강경보수주의 후보였다. 카스트로의 제안은 골드워터의 극단적인 보수주의 성향을 고려할 때 유권자에게 별반 먹히기 어려운 제안이었다. 하지만 이 제안의 현실성보다 더 중요한 것은 여기에 담긴 카스트로의 절박한 진심이었다. 케네디와 같은 영민한 지도자라면 이런 황당한 제의에 담긴 진의를 읽어내기가 매우 쉬운 것이었다. 하지만 아바나에서 다니엘을 접견하고 있을 때 카스트로는 라디오를 통해 케네디 저격의 비보를 들었다. 아쉬운 기회를 날려버린 카스트로는 역사의 짓궂은 장난에 대해 대단히 애석해했다.

물론 케네디가 살아 있었다고 해서 역사가 어떻게 달라졌을지 아무도 장담할 수는 없다. 쿠바가 혁명 수출 전략을 포기하지 않은 그 당시 조건을 고려하거나 미국의 관타나모 기지 등에 대해 완고한 입장을 취했던 케네디의 태도를 생각한다면 양자 사이에서 획기적인 해결책이 도출되기는 어려웠을 것이다. 더구나 베트남 문제의 처리에서 보이듯이 여전히 케네디가 도미노 이론에 심취해 이후 베트남 비극의 씨앗을 잉태시킨 점을 고려한다면 더욱 그러하다. 하지만 실용주의자였던 케네디의 기질이나 절실한 안전보장이 필요했던 카스트로의 처지를 고려할 때 긴장완화를 향한 작은 주춧돌은 놓았을 가능성을 배제할 수는 없다.

이후 역사는 비극적으로 서거한 케네디 대신 대통령직을 계승한 부통령 린든 존슨을 선택했다. 남부 텍사스 출신인 존슨 부통령은 케네디보다 더 강경한 마초주의자로 유명하다. 케네디가 그를 항상 따라다녔던 아버지에 얽힌 트라우마와 신체적 질환, 강경한 언사를 던져야 했던 선거지형 등의 이유로 마초가 아니면서 마초처럼 보이고자 했다면, 존슨은 마초 그 자체였다. 비록 그는 부통령이란 허울 좋은 감투 때문에 미사일 위기 기간 동안 주요한 역할을 거의 수행하지 않았지만 항상 케네디와 같은 좋은 집안과 학벌을 갖춘 자유주의자들의 유약함을 경멸해왔다. 그러하기에 쿠바 미사일 위기 당시에도 일관되게 공습 등 강경한 입장을 주장했다. 아나나 다를까, 그는 대통령직을 승계한 1963년 12월 쿠바를 더욱 옥죄는 강경한 법령에 사인했다. 이후 역사는 우리가 알고 있듯이 미국과 쿠바 간에는 상호 두려움의 공포가 저변에 깔린 악순환이 지속되고 있다.

이후 존슨은 쿠바는 물론이고 베트남에 대한 무조건적인 강경노선을 고집함으로써 결과적으로 그의 국내 진보노선은 물론이고 향후 미국의 국제적 리더십에 결정적 타격을 가했다. 9·11 테러 이후 이라크 전쟁은 베트남 전쟁에 이어 미국의 헤게모니에 치명타를 가했고 오늘날 미국은 점진적으로 퇴조하고 있다. 베트남과 이라크 전쟁의 실패는 아직도 미국이 케네디의 리더십이 준 명암에 대해 정확하게 평가하고 있지 못함을 시사한다. 더 섬뜩한 사실은 오늘날 한반도를 무대로 한 핵위기는 너무나도 쿠바 미사일 위기와 닮아 있다는 점이다. 쿠바에서의 소련 핵미사일 철수가 북한을 소위 '선군국가'로 가속화시킨 이래로 우리는 여전히 쿠바 미사일의 그림자 속에 살고 있다. 만약 케네디가 살아 있다면 어떤 생각을 하고 있을지 무척 궁금하다.

안병진 서강대학교 사회학과를 졸업한 뒤 서울대학교 정치학 석사과정을 거쳐, 미국 뉴스쿨에서 미국정치학으로 정치학 박사학위를 받았다. 현재는 경희사이버대학교 미국학과 교수로 재직 중이다. 뉴스쿨 재학 시절 최우수박사논문상인 한나 아렌트 상을 수상한 바 있다. 저서로는 백산출판문화상을 수상한 『좌우파 사전』(공저, 2010), 『민주화 이후 민주주의와 보수주의 위기의 뿌리』(2008) 등이 있다.

개디스, 루이스. 『새로 쓰는 냉전의 역사』. 박건영 옮김. 사회평론. 2002.

글로버, 조너선. 『휴머니티: 20세기의 폭력과 새로운 도덕』. 김선욱·이양수 옮김. 문예출판사. 2008.

남궁곤. 「외교정책결정 이론」. 강정인 외. 『현대 국제관계이론과 한국』. 사회평론. 2004.

댈럭, 로버트. 『케네디 평전』 I·II. 정초능 옮김. 푸른숲. 2007.

레이놀즈, 데이비드. 『정상회담: 세계를 바꾼 6번의 만남』. 이종인 옮김. 책과함께. 2009.

마이어스, 토니. 『누가 슬라보예 지젝을 미워하는가』. 박정수 옮김. 앨피. 2003.

바네스, 존. 『케네디 리더십』. 김명철 옮김. 마젤란. 2007.

본, 마이클 K. 『백악관 상황실』. 신현돈 옮김. 북키앙. 2003.

아벨라, 알렉스. 『두뇌를 팝니다』. 유강은 옮김. 난장. 2009.

아들러, 빌. 『케네디 유머와 화술』. 김민아 옮김. 민중출판사. 2005.

안병진. 『노무현과 클린턴의 탄핵정치학: 미국적 정치의 시대와 민주주의의 미래』. 푸른길. 2004.

_____. 「62년 쿠바 핵 미사일 위기의 역사적 교훈과 위기의 한반도」. 《역사비평》, 2005 여름호.

_____. 「쿠바 미사일 위기와 베를린 가설: 케네디의 개념들에 대한 비판적 고찰」. 《동향과 전망》, 통권 81호. 2011.

앨리슨, 그래엄. 『결정의 엣센스: 쿠바 미사일 사태와 세계핵전쟁의 위기』. 김태현 옮김. 모음북스. 2005.

에마뉴엘, 람. 브루스 리드. 『더 플랜』. 안병진 옮김. 리북. 2008.

와이너, 팀. 『잿더미의 유산』. 이경식 옮김. 랜덤하우스코리아. 2007.

존슨, 찰머스. 『제국의 슬픔』. 안병진 옮김. 삼우반. 2004.

주트, 토니. 『포스트워 1945~2005』. 조행복 옮김. 플래닛. 2008.

캐럴, 제임스. 『전쟁의 집: 펜타곤과 미국 패권의 비극』. 전일휘·추미란 옮김. 동녘. 2009.

크라우프웰, 토마스 J. & M. 윌리엄 펠프스. 『대통령의 오판』. 채은진 옮김. 말글빛냄. 2009.

Allison, Graham T. *Essence of Decision: Explaining the Cuban Missile Crisis.* Boston: Little, Brown. 1971.

_____. and Philip Zelikow. *Essence of Decision: Explaining the Cuban Missile Crisis.* 2nd ed. New York: Longman. 1999.

Berstein, Barton J. "Essence Of Decision." *Foreign Policy*, 114, Spring. 1999.

Blight, James G. *Colloquy Live: Critical Oral History as a Scholarly Tool.* 2004. Available at http://chronicle.com/colloquylive/2002/10/blight

_____ and David A. Welch. *On the Brink: Americans and Soviets Reexamine the Cuban Missile Crisis.* New York: Hill & Wang. 1989.

_____, Bruce J. Allyn and David A. Welch. *Cuba on the Brink: Castro, the Missile Crisis, and the Soviet Collapse.* New York: Pantheon Books. 1993.

Dobbs, Michael. *One Minute to Midnight: Kennedy, Khrushchev, and Castro on the Brink of Nuclear War.* New York: Alfred. K. Knopf. 2008.

Frankel, Max. *High Noon In the Cold War: Kennedy, Khrushchev, and the Cuban Missile Crisis.* New York: Ballatine Books. 2004.

Fursenko, Aleksandr and Timothy Naftali. *One Hell of a Gamble: Khrushchev, Castro, and Kennedy, 1958-1964.* New York: W.W. Norton & Co. 1997.

Gaddis, John Lewis. *We Now Know: Rethinking Cold War History.* Oxford: Clarendon Press. 1997.

Garthoff, Raymond L. *Reflections on the Cuban Missile Crisis.* Washington, DC: Brookings Institution. 1989.

Janis, Irving Lester. Groupthink: *Psychological Studies of Foreign Policy Decisions and Fiascoes.* Boston: Houghton Mifflin. 1982/1983.

Khrushchev, Nikita. *Khrushchev Remembers: The Glasnost Tapes*. Boston: Little, Brown & Company. 1990.

Krasner, Stephen. "Are Bureaucracies Important? (Or Allison Wonderland)." *Foreign Policy*, 7. 1972.

May, Ernest R. and Philip D. Zelikow. eds. *The Kennedy Tapes: Inside the White House During the Cuban Missile Crisis*. Cambridge: The Belknap Press Of Harvard University Press. 1998.

Rasenberger, Jim. *Brilliant Disaster: JK, Castro, and America's Doomed Invasion of Cuba's Bay of Pigs*. New York: Scribner. 2011.

Renshon, Stanley. "Psychological Sources of Good Judgment in Political Leaders: A Framework for Analysis." Stanley Allen Renshon and Deborah Welch Larson. *Good Judgment in Foreign Policy: Theory and Application*. New York: Rowman & Littlefield Publishers. 2003.

Zubok, Vladislav and Constantine Pleshakov. *Inside the Kremlin's Cold War: From Stalin to Khrushchev*. Boston: Harvard University Press. 1996.

보수적 이념에
개혁의 요구를 조화시키다

벤저민 디즈레일리 Benjamin Disraeli, 1804~1881

"진보하는 나라에서 변화는
언제나 계속되는 것이다.
변화는 불가피한 것이다."

산업혁명 이후 19세기 영국 사회는 상공업자와 노동자 등 새로운 계층과 기득권 등 각 계층의 이해관계가 뒤엉키며 혼돈과 변화에 직면해 있었다. 특히 1832년 1차 선거법 개혁을 시작으로 영국 사회는 정치적으로 일대 변혁의 시기를 맞고 있었다. 각 정당은 변모되는 사회에 적합한 새로운 가치와 방향을 제시해야 했다.

그러나 당시 영국 보수당은 곡물법 파동으로 갈등과 분당의 위기에 놓여 있었다. 그러한 때 시대가 요구하는 새로운 질서와 대안을 제시하며 당을 재정비했던 디즈레일리는 '유대인이면서 가장 영국적인 총리', '보수당의 아버지'로 불리며 오늘날의 보수당으로 성장할 수 있는 정치적·이념적 초석을 뿌리내렸다. 생존조차 불투명했던 당의 위기를 극복하고 보수당을 새롭게 정립한 디즈레일리의 중심에는 시대를 읽는 통찰과 부단한 개혁을 통한 유연한 정치적 리더십이 있었다.

변화의 패러다임 그리고 보수와 생존

1867년 자유당의 실각으로 새로 집권하게 된 보수당에게 가장 시급한 과제는 선거법 개혁이었다. 1866년 자유당은 개혁법[1]을 의회에서 통과하려 했으나 당내 갈등만 커져가는 상황이었고, 결국 보수당의 반대로 개혁법은 의회에서 부결되었다. 영국 사회는 산업혁명 이후 도시지역 상공업 종사자의 영향력이 커진 상태였고 노동자의 수도 크게 증가했지만, 정치적 권리는 여전히 귀족 등 소수에 한정되어 있었다.

1820년대 나폴레옹 전쟁으로 불안정한 시기를 겪은 영국은 보다 자유주의적인 입장을 취했던 토리당[2]의 시대를 통해 재정 개혁, 형법 개혁 등 상당한 개혁을 이뤄냈다. 그러나 국왕과 귀족은 여전히 강력한 정치권력을 유지하고 있었고, 보수당 내 주류 의원들은 농촌에 넓은 토지를 소유한 채 그들의 지지기반을 움켜쥐고 있었다. 이러한 소수에 의한 권력구조는 앙드레 모루아가 '사나운 사자'라고 표현한 것처럼 영국 국민을 선거권 확대와 참정권 부여라는 정치 개혁에 대한 성난 요구로 들끓게

1　1865년 자유당 파머스턴 수상의 뒤를 이어받은 러셀 백작은 글래드스턴과 함께 의회 의석을 재조정, 선거권 확대를 골자로 하는 개혁법을 도입하고자 했으나, 자유당 내부 반발과 함께 러셀 반대파 의원이 보수당에 합류하면서 개혁법은 부결되고 자유당 정부는 1866년 6월 실각한다. 선거법 개혁은 이미 1832년 1차 개혁법(선거법 개정안)이 의회를 통과했는데, 이를 통해 영국은 '식민지 내 노예 활용 금지', '공장법 개정을 통한 노동자 환경 및 처우 개선', '지방자치제 시작' 등 정치적 변동이 일고 있었다.

2　영국 의회의 역사는 토리당과 휘그당의 역사와 맥을 같이한다. 찰스 2세의 뒤를 이어 동생 제임스가 왕위 계승자가 되자 가톨릭으로 개종한 제임스를 놓고 의회는 '가톨릭을 믿고 로마 교황을 따르는 국왕하에서 영국의 헌정체제와 국교인 성공회는 절대로 보존될 수 없다'는 휘그 정파와 '제임스가 가톨릭 신자라 해도 그가 국왕직에 오르는 권리는 신으로부터 내려진 천부의 권한이라 침해할 수 없다'는 토리 정파로 나뉘었다. 이후 토리당은 보수당이, 휘그당은 자유당이 되었다.

했다. 하지만 정치권의 반응은 소극적이었고 이에 따라 시위는 거세어졌고 군대는 무력으로 소요를 진압해야만 했다.

자유당에 이어 더비 경과 디즈레일리를 중심으로 내각을 꾸린 보수당의 고민은 여기에서 시작되었다. 어설픈 정치 개혁은 자유당이 추진하려 했던 개혁법과 같이 당내 갈등과 시민의 불만을 키울 것이고, 잘못될 경우 당의 존립마저 위협받는 상황이 빤했다. 디즈레일리는 의회 지역구 재조정과 선거권 확대라는 정치 개혁의 범위를 놓고 참정권을 요구하는 시위에 대해 '보수'라는 당의 입장과 '새로운 계층의 수용'이라는 문제를 함께 풀어야 하는 고민에 빠졌다. 당시 보수당의 정치적 기반은 토지소유계급과 농업종사자였기 때문에 상공업자와 노동자 등 도시민을 수용할 경우 자칫 전통적 지지기반을 잃을 수도 있었다. 하지만 새로운 계층을 수용하지 않는다면 보수당은 소수 정당으로 전락할 수밖에 없었다. 또한 선거구는 의원들과 각 당의 이해관계가 얽혀 있는 민감한 사항이었다. 각 당이 만족할 만한 선거구 조정이 이루어지지 않는다면 당내 불신은 물론 개혁은 반쪽짜리에 그치거나 의회에서 부결될 수 있었다.

1867년 더비 경과 디즈레일리는 마침내 정치 개혁에 대한 보수당의 안을 의회에 제출했고, 그 개혁안은 모든 의원을 깜짝 놀라게 했다. 이전에 자유당이 제출한 개혁법보다 더욱 급진적인 내용을 담고 있기 때문이었다. 이 법안에서는 선거권을 갖는 유권자의 비율을 88%까지 늘렸는데, 특히 도시지역 유권자의 수가 배로 늘어나게 되었다. 디즈레일리는 노동자계층에게 집중적으로 선거권을 주었는데[3], 당시 노동자계층은 자유당이 고수하고 있는 지지층이었기에 그들에 대한 대폭적인 참정권 부여는

---

3   2차 선거법 개정으로 공장노동자 300만 명이 선거권을 갖게 되었다.

자칫하면 보수당에게 독이 될 수 있는 상황이었다. 민감한 선거구의 경계도 재조정되었다. 새로운 개혁법은 주택을 가진 남성이나 10파운드 이상을 가임지대(家賃地代)로 물고 있는 남성 거주자 등에게 투표권을 부여했으며, 거주민이 1만 명 이하인 선거구는 과감하게 폐지해버렸다. 또한 그동안 대표자가 없던 15개의 타운에 선거구를 신설해 소외지역에 대한 정치적 포용을 이루었으며, 리버풀과 맨체스터처럼 과소평가되어온 대도시에 추가로 의석을 부여해 도시민의 개혁에 대한 욕구를 충족시키고자 했다.

디즈레일리가 이와 같은 급진적 개혁을 단행한 배경은 무엇일까? 곡물법[4] 폐지 이후 보수당은 토지소유계급과 농업 등에 더욱 보호주의적인 입장을 취할 수밖에 없었다. 곡물법을 고수하지 못해 지지층의 비난에 직면했기 때문이다. 한편 점점 확장일로에 있던 대도시 중심의 상공업 종사자들은 여전히 보수당에 등을 돌리고 있었고 시골 선거구 몇몇으로 지지층이 축소되고 있었다. 이런 상황에서 당내 의원들은 소수당으로 전락할 수밖에 없다는 회의감과 절망감에 젖어 있었다.

디즈레일리에게 난국을 타개할 만한 대안은 혁신적인 개혁, 상대방보다 더욱 개혁적인 법안을 통한 당의 외연 확대였다. 어차피 자유당이 집권한다면 당수인 글래드스턴은 개혁법을 다시 추진할 것이며, 그렇게 되면 보수당은 시민의 뜻을 거스르는 '소수의 정당'으로 전락할 운명이었

---

4 곡물의 수출입을 규제하기 위해 제정한 영국의 법률. 지주계급이 다수파를 이룬 영국 의회에서는 그들의 이익을 보호하기 위해 소맥 1쿼터(약 12.7kg)당 80실링이 될 때까지는 외국산 소맥의 수입 금지를 규정했다. 1846년 수상이었던 로버트 필이 곡물법 폐지를 결정했던 이유는 2차 내각을 시작했을 당시 영국이 불황의 늪에 빠져 있었고 식량 부족으로 인심이 흉흉해진 상태였기 때문이다. 필은 이런 상황을 넘길 방법은 오직 곡물법에 의해 독과점의 이익을 누리고 있는 자국 내 농업보호주의를 철폐하는 것이라 생각했고 관세 법안을 하나씩 철폐했다.

다. 디즈레일리가 보기에 시대는 이미 변화하고 있었고, 그것이 요구하는 것은 기득권의 안정적 체제 유지가 아니라 신분적·경제적 질서의 파기와 새로운 계층의 수용을 통한 사회적 질서의 재정립이었던 것이다.

그는 오래전부터 노동자계급에게 투표권이 확대되어야 한다고 믿고 있었다. 소설가이기도 했던 그는 소설 『시빌(Sybil)』에서 귀족제도와 민중의 이상적인 조화를 시도하고 있는데, 노동자계급에 대한 투표권 확대야말로 가장 이상적인 선택이며 '가장 보수적인 것'이라 생각했다. 또한 그는 10파운드, 7파운드 따위의 가임지대로 참정권 부여를 차별하기보다 주거와 거주기간에 합당한 제한을 붙여 '한 집마다 한 표'를 줘야 한다고 생각했다. 집세를 얼마나 내는가에 따라 투표권을 줘야 한다는 당시의 논쟁에 비하면 그의 생각은 일찍부터 시대를 뛰어넘고 있었다.

개혁적이고 초당적인 개혁이었다고 하지만 디즈레일리의 개혁안이 보수파 내에서 쉽게 통과된 것은 아니었다. 크랜본 경은 "우리 의회 역사에서 유사한 예를 찾아볼 수 없는 정치적 배신"이라며 매우 강력한 비판을 쏟아냈다. 이렇게 그의 개혁법안은 보수당 내 대다수인 우파 의원들로부터 '배신자'라는 낙인과 비판을 불러일으켰지만, 당이 처한 현실 타파와 이듬해에 있을 선거에서의 승리를 위해 결국 받아들여졌다.

디즈레일리의 정치개혁안은 논란 끝에 결국 의회에서 통과되었다. 자유당의 전신인 휘그당 정부가 1832년 1차 선거법 개정 이후 30년 동안 통과시키려다 관철하지 못해 시위와 진압 등으로 상징되던 사회적 갈등을 더비 경과 디즈레일리가 의회에서 통과시킴으로써 1차 선거법 개정 이후 요청되었던 정치개혁을 한 번에 해결한 셈이었다. 투표 후 디즈레일리에 대한 보수진영의 갈채는 계속되었고, 그는 명실상부한 당의 지도자로 자리를 잡아가게 되었다.

흔히 '보수'에는 변화에 대한 두려움이 내재해 있다고 말한다. 변화는 보수층의 신앙과도 같은 굳건한 질서와 확보된 이익에 대한 파괴를 동반하는데, 지켜야 할 것이 많은 계층에게 위협을 가하는 변화는 곧 두려움과 기피의 대상이라는 것이다. 하지만 폭풍우처럼 몰아치는 역사의 거친 변화는 때론 어느 계층을 막론하고 생존의 문제를 위협할 만큼 가차 없는 무조건적인 수용을 요구하기도 한다. 한편으로 생각해보면 무서우면서도 매정한 역사 속 현실 앞에서 그동안 유지해온 기득권이야말로 대단한 생존기술인 셈이다. 변화에 대한 시기적절한 통찰과 이에 대한 과감한 수용이야말로 '생존의 문제'라는 선택지 앞에서 디즈레일리가 보여준 뛰어난 리더십은 아니었을까?

"진보하는 나라에서 변화는 언제나 계속되는 것이다. 변화는 불가피한 것이다"라며 '진보 속 불가피한 변화'를 지적한 디즈레일리의 말과 같이, 보수당은 때론 시대적 요구에 대한 강한 저항을 보였다가 때론 순응해가며 오늘날까지 생존해왔다. 물론 그의 '결단'은 보수당의 이해관계와 맞물려 의원들 간의 갈등과 보수당의 정체성에 대한 팽팽한 긴장을 유발할 수밖에 없었을 것이다. 하지만 그는 버릴 것은 버리고 새로운 것은 받아들이며 사회 속에 보수당이 뿌리를 내릴 수 있도록 했다.

그렇다면 과연 보수를 하나의 이념이라고 할 수 있는 것일까? 디즈레일리가 내린 정치적·이념적 결정을 보면 그에게 '보수'란 그동안 인정되던 이념적 가치에 대한 승계라기보다 '경험이나 현실적 체험에 의해 형성된 그 무엇'으로 보인다. 더 축약해서 '보수주의는 곧 하나의 생활양식'이라고 해석한 듯하다.

명분과 신념, 주의와 정신이 강조되었던 중세를 넘어 근대로 이행하는 과정에서 이러한 디즈레일리의 변화에 대한 수용은 곧 시대정신에 대한

'실용'적인 수용이었다. 곡물법 폐지를 반대했을 만큼 지독한 보수주의자이며 도시민보다 농민을 우선시했던 보호주의자였지만, '당의 외연을 넓히기 위해 보수당이 정치개혁의 주도권을 가져야 한다'는 현실적 인식으로 시대가 요구했던 정치적 변화를 적극적으로 수용했다고 볼 수 있다.

물론 근대적 의미에서 디즈레일리가 민주적인 의식을 지녔다고 보기는 어렵다. 그는 왕과 귀족 등의 상층계급이 사회 전체의 이익을 대표한다는 전제하에 정치가 이루어져야 한다고 믿고 있었다. 그는 기득권인 재산권의 보호를 강조했을 만큼 강렬한 보수주의자였지만 시대가 필요로 하는 변화의 방향을 읽었고 그 이슈를 과감하게 추진해나갔다. 디즈레일리가 지금까지 높은 평가를 받고 있는 것은 바로 그 때문일 것이다. 이념에 앞서 유연하게 대처했던 현실감과 시대정신에 적극적으로 접근했던 리더십이 있었기에 가능했던 일이다.

미끄러운 장대의 정상에 서다

놀랍게도 디즈레일리는 영국 의회의 역사에서 오늘날까지도 유일한 유대인 출신 수상이다. 그의 출신이 말해주듯 디즈레일리의 삶은 순탄하지만은 않았다. 이탈리아에서 이민 온 유대인 집안 출신이었던 그는 어린 시절 영국 국교회로 개종[5]했지만, 유대인이라는 사실은 그의 정치 여정

---

5   당시 영국은 가톨릭(아일랜드계) 신자들을 대하는 것과 같이 유대인의 시민권을 빼앗는 등 이민족에게 차별과 억압을 가하고 있었다. 따라서 영국 내 이민족들의 미래는 불확실한 상황이었다. 그래서 디즈레일리의 아버지 아이작 디즈레일리는 벤저민이 13살 되던 해에 개종을 결심하게 된다.

내내 상당한 부담으로 작용했다. 하루는 아일랜드 정치지도자였던 다니엘 오코넬이 그에게 결투를 신청할 정도로 언쟁이 붙기도 했는데, 오코넬이 디즈레일리의 출신을 문제 삼자 "예. 저는 유대인입니다. 그분(오코넬)의 조상께서 이름이 알려지지 않은 섬에서 짐승 같은 야만인으로 살고 있을 때 저의 조상은 솔로몬 신전의 제사장이었습니다"라며 화려한 말솜씨를 드러내기도 했다.

소설가이기도 했던 디즈레일리는 귀족과 노동자계급의 조화를 시도한 정치소설『시빌』, 재능과 웅변의 힘이 넘치는 정치적 인물을 그린『비비안 그레이』, 연애소설『헨리에타 사원』, 바이런과 셸리의 생애에 관한 소설인『베네치아』등의 작품을 남기기도 했다. 그중『헨리에타 사원』은 그가 사랑하던 여성 '헨리에타'에게 바치는 소설로, 기혼녀였던 헨리에타는 디즈레일리가 좋아하던 어느 살롱[6]에 속해 있었다.

디즈레일리는 남편과 사별한 지 얼마 되지 않은 메리 앤 루이스와 결혼했는데, 그녀는 그보다 12살 연상이었다. 당시 12살 연상과 결혼하는 디즈레일리를 놓고 영국 사교계에는 많은 소문이 나돌았는데, 신문 창간 사업에 뛰어들었다가 실패해 커다란 부채를 안고 있었던 그를 두고 연금으로 4천 파운드를 받는 재산 때문에 결혼했다는 풍문이 자자했다. 결혼 당시 그의 나이는 33살이었고 그녀는 45살이었다. 하지만 4천 파운드의 연금은 손님을 초대하기에는 충분한 정도였지만 부채를 탕감할 만한 막대한 돈은 아니었다. 두 사람의 결혼 생활은 원만했다.

하지만 디즈레일리의 정계 진출은 순조롭지 못했다.

정치가가 되어 자신이 그리던 세상을 펼쳐보겠다는 뜻을 가진 디즈레

---

[6] 당시 영국에서는 살롱이 사교의 장으로서 역할을 했다.

일리는 1832년 6월 선거법 개혁을 통한 정치적 대변동을 주시하고 있었다. 1833년 그는 무소속으로 선거에 참여했다. 구 선거법으로 치러진 선거라 당시 선거구에는 약 30명의 유권자밖에 없었다. 휘그당은 수상의 아들 그레이 대령을 후보로 내세웠다.

선거 결과, 그레이 대령이 20표를 얻은 반면 화려한 연설로 유권자의 마음을 사로잡았던 디즈레일리는 12표를 얻어 선거에서 패하고 말았다. 그리고 그해 10월에 또 총선거가 실시되었다. 이렇다 할 정치가의 눈에 들지 못해 여전히 당적이 없는 상황이었기에 그는 다시 한 번 무소속으로 출마했다. 새로운 선거법하에서 실시된 선거에서 그는 휘그당의 그레이 후보에게 21표 차이로 또다시 지고 말았다. 휘그당은 그에게 두 번에 걸쳐 패배의 쓴잔을 선사했다.

이후 이곳저곳의 살롱에서 기회를 엿보던 디즈레일리에게 토리당의 대법관 린드허스트 경 옆자리에서 만찬을 들 수 있는 기회가 왔다. 그는 그 기회를 놓치지 않았다. 대법관은 화려한 말솜씨와 정치에 대한 깊은 생각을 지닌 디즈레일리에게 호의를 보였고, 그 일을 계기로 그는 정계의 무대 뒤를 드나들 수 있게 되었다. 그는 보수파 클럽에 입회했고 이후 토리당에 가입할 수 있었다.

토리당에 입당은 했지만 의원이 되는 길은 멀어보였다. 토리당의 상황을 유심히 지켜보던 그는 또 한 번의 기회를 만들었다. 디즈레일리는 당시 수상이었던 로버트 필에게 「어느 기품 있는 귀족에게 주는 서간 형식의 영국 정체옹호론」이란 글을 써서 보냈다. 당시 보수당의 지도자였던 로버트 필은 그 글을 읽고 그의 정치철학과 사상적 성숙함을 보고 의석을 줄 필요성을 느꼈다. 마침내 그는 세 번째 선거에 나섰고 잘 알지도 못하는 지역에서 치열한 경쟁 없이 의석을 얻었다.

정치 입문이 힘들었던 것처럼 그의 정치 초년병 시절도 순탄하지 않았다. 1837년 그는 의회에서 첫 연설을 했으나 관심 대신 조롱과 소란 속에 "지금은 내가 그냥 자리에 앉습니다. 그러나 당신들이 내 말에 귀 기울일 날이 올 것입니다"라며 연설을 마쳤다. 이후 1841년 총선에서 보수당이 승리하면서 로버트 필은 다시 수상이 되었지만 디즈레일리는 내각에 부름을 받지 못하면서 둘의 관계는 멀어졌다.

1841년 필 내각이 출범한 이후 보수당은 곡물법 파동으로 심각한 당내 갈등과 분열을 겪었다. 필 수상을 중심으로 한 토지를 소유한 계급 출신 의원들은 곡물 보호정책을 펼침으로써 자신의 지지기반을 다지고 있는 상황이었다. 따라서 곡물법 폐지를 놓고 토지소유계급 의원과 상공인계층 의원의 이해관계가 맞물리면서 당은 곡물법 폐지에 찬성하는 이들과 반대하는 이들로 나뉘게 되었다.

곡물법 폐지 반대파를 이끌던 인물은 더비 경과 조지 벤팅크 등 토지소유계급 그리고 필의 내각에 부름을 받지 못한 후 필의 철저한 비판자가 되었던 디즈레일리였다. 그들은 곡물법 유지야말로 보수당이 1841년 총선에서 승리하게 된 가장 중요한 이유라고 믿었다. 그들은 상업가와 중산층이 요구하던 자유교역을 위해 보호주의 정책을 버리는 것은 농업과 토지에 기반해 있는 당의 전통적인 지지층을 버리는 것이라고 생각했다.

거대한 농장 소유주였던 더비 경이 내각에서 떠나자 필은 빅토리아 여왕에게 사임 의사를 밝혔다. 그때 휘그당의 당수 존 러셀이 곡물법 폐지에 찬성의 뜻을 비치자 빅토리아 여왕은 그에게 내각을 구성해줄 것을 당부했다. 그러나 러셀은 '곡물법 폐지에 동의하지만 독배를 마실 수는 없다'며 거절했다. 러셀의 표현에서 알 수 있듯이 그 당시 곡물법은 복잡한 이해관계가 얽힌 '독배'였던 것이다.

그 후 필은 다시 수상이 되었고 곡물법 폐지를 둘러싼 논쟁과 갈등이 지속되다가 필의 입장을 지지하는 보수당 의원들과 휘그당의 대부분 의원들이 곡물법 폐지에 찬성함으로써 1846년 6월 곡물법 폐지 법안은 최종적으로 의회를 통과했다. 자유교역을 옹호하는 의원보다 보호주의교역을 옹호하는 의원이 더 많은 보수당으로서는 치유할 수 없는 상처를 남긴 결과였다.

곡물법을 둘러싼 당내 갈등의 후유증은 컸다. 필 반대파 의원들은 필 내각이 제출한 아일랜드 치안 강화를 의도한 '아일랜드 강제법'을 야당인 휘그당과 결탁해 부결시켰다. 곡물법 파동 이후 당의 분열을 여실히 보여주는 사례였다. 아일랜드 강제법이 부결된 후 필은 사임했다. 그리고 곡물법 폐지에 반대하는 이들은 보수당에 남고 이를 지지했던 의원들은 휘그당과 합쳐 1859년 윌리엄 글래드스턴을 중심으로 자유당을 출범시켰다. 1852년, 1858~1859년 두 차례의 짧은 기간 동안 더비 경이 보수당 내각을 이끌었지만 곡물법이 폐지된 1846년부터 더비 경과 디즈레일리의 개혁안이 대대적인 영국 국민의 환영을 받았던 1866년까지 20년 동안 대부분의 기간을 자유당 내각이 이끌었고 보수당은 야당으로 머물러야만 했다.

한편 곡물법 폐지 반대의 선봉장 중 하나였던 디즈레일리는 필 지지자들이 당을 떠난 후 보수당 내에서 지위가 높아졌다. 1852년 더비 경이 수상을 맡았을 때 디즈레일리는 내각의 제2인자라고 할 수 있는 재무장관으로 중용되었다. 그러나 그해 12월 예산안이 자유당 글래드스턴의 공세로 부결되면서 내각은 해산되었다. 사실상 그때 이후로 20여 년 동안 디즈레일리와 글래드스턴 두 사람은 라이벌 관계를 형성했다. 후임 수상은 애버딘 경이 맡았고 글래드스턴은 디즈레일리가 맡았던 재무장관직을 이어받았다. 1858년 자유당 파머스턴 수상이 물러난 이후 더비 경이 다시 소수파 정부를 이끌게 되면서 디즈레일리는 다시 재무장관으로 복귀했지만 이번에도 재임기간은 길지 않았다.

그가 지도자로서 정치를 펼칠 기회는 좀처럼 주어지지 않았다. 그리고 마침내 1868년 2월 디즈레일리는 더비 경의 후임으로 64세의 나이에 수상이 되었다. 그가 유대인이라는 사실에 대해 일부에서 여전히 거부감을 가지고 있었지만 더비 경의 설득 덕분에 디즈레일리는 보수당의 지도자가 될 수 있었다. 1837년 처음 의회에 진출한 이후 30년 이상을 보낸 끝에 수상의 지위에 오른 디즈레일리는 본인 스스로도 "기름칠 한 미끄러운 장대를 간신히 기어올라 마침내 그 꼭대기에 올라섰다"고 표현할 만큼 역경을 극복하고 정상에 올랐다. 어려움 끝에 수상이 되었지만 소수파 정부였고 디즈레일리의 개혁법이 통과된 이후 새롭게 늘어난 유권자들만큼 총선의 필요성이 제기되었다.

1868년 총선에서 디즈레일리의 보수당은 패배했다. 보수당은 불과 1년 전 통과시킨 개혁법에 따른 새로운 유권자들에 대해 적절하게 준비하지 못했던 것이다. 특히 자유당의 지도자 글래드스턴이 보수당 내각을 곤경에 빠뜨리기 위해 아일랜드 국교회를 폐지하도록 보수당 정부에 압력을 가하자 디즈레일리는 아일랜드 교회의 탈국교화에 반대하면서 대중의 반가톨릭 정서를 부추기는 데 희망을 걸었는데, 예상이 크게 빗나갔던 것이 영향을 미쳤다. 그 결과 보수당의 인기는 아일랜드뿐만 아니라 잉글랜드에서도 떨어졌고 반대급부로 자유당은 글래드스턴이 주도한 아일랜드 교회 문제로 재집결했다. 보수당이 다시 권력을 잡기까지는 6년을 더 기다려야만 했다.

총선 패배 이후 야당이 된 보수당의 지도자 디즈레일리는 지도자로서의 자질을 유감없이 보여주었다. 그는 유권자에게 각인될 수 있는 개혁 이슈를 선점해 자유당 내각의 대안세력으로 보수당이 설 수 있도록 심혈을 기울였다. 당시 디즈레일리가 선택한 이슈는 사회 개혁이었다. 디즈레일리는 도시화·공업화로 변화된 상황에서 보수당이 더 이상 사회 개혁 정책에 대해 소극적인 태도를 취해서는 안 된다고 생각했다.

디즈레일리는 자유당 정부가 비밀투표를 보장하는 투표법 같은 정치 법안 처리에 지나치게 많은 시간을 쓰면서 일반 유권자의 일상적인 삶과 관련된 문제, 특히 위생수준을 높이는 데 소홀하다고 비판했다. 공장과 공공위생 관련 법안, 노조의 권리에 대한 제한적 인정, 주택과 지방정부 개편 등 사회 개혁 이슈에 대해 보수당이 목소리를 높이기 시작했다.

사회 개혁에 대한 디즈레일리의 주장은 보수당이 더 이상 변화와 개혁에 저항하는 세력이 아니라는 점을 분명히 했으며, 개혁법 도입으로 변화된 유권자층에 적극적으로 다가서는 노력이었다. 마침내 디즈레일리는 1872년 사회 개혁정책에 대한 주도권을 잡을 수 있었다. 그는 1872년 맨체스터의 자유무역관과 3개월 뒤 크리스털 팰리스에서 행한 두 번의 인상적인 연설에서 보수당이 추구해야 할 새로운 방향과 가치를 제시함으로써 개혁의 주창자로서 자신의 입지를 굳혔다.

그 연설에서 "보수당만이 현재의 영국 제도를 보존할 수 있고 대영제국을 수호할 수 있으며 일반 국민의 생활을 증진시킬 수 있다"고 주장했는데, 그 연설은 당시 언론의 커다란 주목을 받았다. 제도 보존과 대영제국 수호 같은 보수당이 견지하는 전통적인 가치의 중요성을 강조하면서도 국민의 삶과 관련된 현안을 아젠다로 포함시켜 명분과 현실의 유연한 접근을 시도했던 것이다.[7] 이후 디즈레일리의 주도로 자기 변화를 꾀한 보수당이 보궐선거에서 잇달아 승리했고 1874년 2월 총선에서 마침내 승리했다. 자유당 정부를 이끌었던 글래드스턴은 총선에서 소득세 폐지 공약으로 대중의 지지를 회복하고자 애썼지만 영국 유권자는 디즈레일리의 개혁에 손을 들어주었다.

1874년 총선에서의 보수당 승리는 매우 각별한 것이었다. 1846년 곡물법 파동으로 당내 분열을 한 후 거의 30년 만에 처음으로 완벽한 승리를 거두었던 것이다. 총선에서 보수당은 242석을 얻은 자유당에 비해 108석이 더 많은 350석을 얻으며 비로소 원내 과반 의석을 확보했다. 그때 디즈레일리의 나이는 70세였다. 일흔이 되어서야 비로소 자신이 이끈 선거에서 승리해 안정적으로 집권하게 된 디즈레일리는 이후 내각에 당내 중진 인사들을 폭넓게 기용했다.

1868년 선거 패배 이후 디즈레일리를 '일개 정치적 도박꾼'으로 비난했던 크랜본 경을 설득해 인도성 장관으로 임명하고 중산계급 출신의 리처드 크로스를 내무장관으로 임명해 국민의 생활수준을 끌어올리기 위한 다양한 사회 개혁을 추진하는 동시에 대외적으로는 대영제국이라는 제국주의 이슈를 유입하기도 했다.

디즈레일리는 집권 5년 후인 1879년 비콘스필드 백작의 작위를 받으며 오랫동안 활동해온 하원을 떠나 상원의 지도자가 되었다. 이후 보수당은 1880년 총선에서 자유당에게 패배해 다시 야당이 되었고, 디즈레일리는

---

7   당시 카나번, 크랜본 경, 노스커트 등 보수당 내 지도급 인사들과 도시 선거구에서 선출된 새로운 보수당 의원들은 '새로운 사회동맹(New Social Alliance)'을 요구하는 움직임을 보였다. 또한 디즈레일리가 사회 개혁을 서두르게 만든 이유 중 하나로 파리코뮌을 꼽을 수 있다. 1871년 파리 시민과 노동자에 의해 수립된 혁명적 자치정부를 보면서 그는 전통적 가치와 현안의 접목을 시도했다. 이는 급격하게 변해가는 사회 속에서 디즈레일리가 취할 수 있었던 가장 현실적인 접근이라 할 수 있다.

1년 후인 1881년 눈을 감았다. 그가 수상으로 재임한 기간을 합치면 7년이 채 안 되지만 그 기간 동안 디즈레일리는 시대를 읽는 통찰과 유연한 리더십으로 영국 정치사에 하나의 획을 그었다.

시대정신에 대한 통찰, 유연하고 능동적인 대처

디즈레일리의 리더십은 곡물법 파동을 거치면서 내부 갈등과 분열 등 곤경에 처한 보수당을 다시 일으켜 세우면서 두각을 나타냈다. '보수당의 아버지(Founder of the Party)'라는 후세의 평가가 말해주듯 그는 당을 재건하면서 지지기반을 넓혔고 보수당의 이념적 지평을 확대했다. 그의 리더십을 종합해보면 '시대정신을 읽는 통찰, 그리고 이에 대한 유연하고 능동적인 실행'이라고 할 수 있을 것이다. 디즈레일리의 리더십을 정리하면 다음과 같다.

첫째, 디즈레일리는 시대적 변화의 요구를 능동적으로 수용했다. 보수의 입장에 있으면서 그는 무조건적으로 기존의 이해관계를 지키거나 변화에 저항하지 않고 유연하고 실용적인 리더십을 보였다. 1867년의 개혁법은 전임 정부였던 자유당이 추진한 정책이었지만 상대적으로 개혁적이라는 자유당 내부에서조차 찬반의 견해가 분명하게 갈렸던 논쟁적 사안이었다. 하지만 그는 개혁법안의 시대적 불가피성을 인식하고, 외부의 요구에 밀려서 마지못해 수세적으로 끌려들어간 개혁이 아니라 능동적으로 그 변화의 흐름을 주도했다.

디즈레일리는 1868년 총선 패배 이후부터 지속적으로 사회 개혁을 보수당의 중요한 아젠다로 만들어왔다. 또한 1874년 집권 이후 특히 초기

2년 동안 공공보건 법안부터 공장 관련 법안, 일련의 교육 개혁 등 다양한 사회 개혁 법안을 추진했다. 이러한 사회 개혁은 1875년 상하수도 및 쓰레기 처리 등에 대한 위생을 강조한 공중보건법, 보건위생을 강조한 식품의약법, 도시 슬럼 문제를 해결하고 빈민을 위한 주택 제공을 규정한 직공거주법[8], 굴뚝청소작업에 어린이를 쓸 수 없도록 한 굴뚝소년법[9]으로 이어졌으며 지속적인 개혁을 위해 헌신했다. 이외에 노조의 피케팅을 허용하는 1875년의 노조법, 섬유산업 종사자의 노동시간을 하루 9시간 반으로 규정하는 1874년의 공장법, 10세 이하 어린이의 고용을 금지하는 1878년의 공장법, 안전 항해를 위해 적재할 수 있는 화물량을 제한한 상업해운법도 디즈레일리 정부에서 입법화했다. 이들 법률은 모두 산업혁명 이후 급변하고 있는 영국 사회에서 절실히 요구되고 있던 현실적인 문제였다.

디즈레일리의 사회 개혁에 대해 후대의 일부 정치가들은 체계적이고 총체적으로 이루어지지 못했다고 그 한계를 지적하지만, 디즈레일리가 이루었던 사회 개혁의 중요성은 '진보와 보수의 대립과 경쟁을 통한 사회의 발전'이라는 측면에서 의의가 크다. 사실 이전까지 보수당은 이러한 이슈에 상대적으로 취약했고 당시 영국 사회의 급격한 변화의 흐름에 제대로 대응하지 못했다. 그러나 디즈레일리의 리더십하에서 보수당은 그

---

8 1875년 디즈레일리 정부가 추진한 사회 개혁 법안으로 내무장관이었던 리처드 크로스(Richard Cross)가 주도해 법안을 통과시켰다. 슬럼 지역의 땅을 정부가 구입해 그곳에 주택을 지어 공급함으로써 도시의 슬럼화를 방지하고 빈민에게 주택을 제공한다는 내용을 담고 있다.

9 당시 영국의 굴뚝은 너무 좁아서 성인이 청소할 수 없었기 때문에 4~6세의 어린아이들이 비좁은 아궁이를 통해 굴뚝으로 들어가 검댕을 긁어내고 쓸어내는 청소를 했다. 주로 고아나 가난한 집에서 팔려온 아이들이 고용되어 사회적 논란이 되기도 했다. 이 법의 통과로 아이들의 굴뚝 청소가 법적으로 금지되었다.

동안 취약했던 사회 개혁 이슈에 대해 주도권을 갖게 되었고 이와 함께 보수당의 사회경제적 입지도 넓어졌다. 디즈레일리의 사회 개혁으로 이룬 변화를 '토리 민주주의(Tory Democracy)', 즉 보수당이 주도한 민주주의라고 부른다. 토리 민주주의는 선거권의 확대 같은 민주주의를 향한 시대적 변화에 적시에 적극적으로 대응했던 디즈레일리의 리더십이 잘 표현된 것이라고 볼 수 있다.

둘째, 디즈레일리는 사회통합적인 리더십이라 부를 수 있을 만큼 보수당의 지지 기반을 크게 확대시켰다. 그동안 보수당은 종교적으로는 국교회에, 계급적으로는 토지소유계층에, 경제적으로는 농업에, 신분적으로는 귀족이라는 범위에 갇혀 있었다. 디즈레일리는 이러한 닫힌 세계를 넘어 열린 세계 속에서 경쟁력을 갖는 정당으로 보수당을 변모시켰다. 선거권 확대처럼 정치 환경이 급변하는 상황에서 지지기반이 전통적 지지층에 한정된다면 보수당의 승리는 장담하기 어렵다는 현실적인 판단을 했기 때문이다.

디즈레일리가 보수당에 남긴 정치적 유산 중 하나는 '일국 보수주의'[10]라 할 수 있다. 대도시를 중심으로 그 수가 크게 늘어나고 있던 중산계급 및 하위 중산계급의 지지를 끌어들여 보수당이 특정 계층이나 계급의 전유물이 아니라 폭넓은 계층과 지역을 대표하는 정당이 되도록 당을 이끈 것이다. 실제로 압승을 거둔 1874년 총선에서 보수당은 계층적

---

10 '일국 보수주의'라는 용어를 디즈레일리가 직접 사용한 것은 아니지만 그 정신은 그의 연설과 선언 속에 녹아들어 있으며, 무엇보다 사회 개혁 정책 등을 통해 그 이념을 구현해냈다. 또한 디즈레일리의 소설 『시빌』에는 "나는 특권층과 평민이 두 개의 나라를 이루고 있다고 들었다"는 표현이 나온다. 그는 특권층과 평민이 조화를 이루는 세계를 꿈꾸었다. 디즈레일리의 정책을 '일국 보수당(One Nation Tory)'으로 부르는 것도 이와 관련이 있다.

으로나 지역적으로 지지기반을 확대할 수 있었다. 전통적으로 인기가 낮았던 스코틀랜드에서도 적지 않은 의석을 획득했고 계층적으로도 노동자 계급으로부터 상당한 지지를 확보했다. 1874년 총선을 통해 보수당은 잉글랜드와 소수의 특권계급에 의존하는 정당이 아닌, 모든 지역과 계층에게 호소력을 갖는 실질적인 '전국 정당'이 될 수 있었다.

이러한 당의 외연적 확대에는 디즈레일리의 사회 개혁 영향이 컸다. 디즈레일리가 이끄는 보수당은 먼저 노동자계급으로부터 일정한 지지를 이끌어낼 수 있었다. 보수당이 관심을 기울인 것은 비교적 안정적인 고용 여건에 놓여 있는 중장년 혹은 노년층 노동자들이었다. 보수당 노동자 클럽 같은 조직도 만들어졌는데, 노동자계급에서 폭넓은 지지가 형성되어 있었다고 보기는 어렵더라도 계급적으로 보수당의 지지기반을 전 계급으로 확대하는 제도적 장치라는 면에서 그 의의가 크다. 또한 도시지역과 새로이 형성된 교외지역에 거주하고 있는 중산계급의 유권자도 보수당에 호감을 갖게 되었다. 당시 팽창하던 도시의 외곽지역에는 하위 중산계급의 거주지가 개발되기 시작했는데 디즈레일리 내각의 각종 사회 개혁 정책은 1874년 이후 보수당의 지지 상승에 매우 중요한 기여를 하게 된다. 이를 '빌라 토리즘(Villa Toryism)'이라 부르기도 한다.

한때 디즈레일리는 산업혁명 이후 출현한 상공업에 종사하는 중산계급에 대해 적대적인 시각을 가지고 있었다. 젊은 혈기가 넘쳤던 1842년 그는 몇몇 의원들과 '영 잉글랜드(Young England)'라는 그룹을 만들었으며, "도시에서 상공업에 종사하는 중산계급의 영향력이 지나치게 커지고 있기 때문에 그들을 견제하기 위해 토지소유계급인 귀족과 노동자계급이 서로 연합해야 한다"고 주장했었다. 보수주의자였던 디즈레일리의 관점에서 이들 신흥 중산계급은 공동체에 대한 책임의식은 없으면서 권력만 추구하는 사람들로 보였던 것이다. 이에 비해 토지소유계급은 자신이 책임져야 할 하위계급 인구를 포함한 전체의 이익을 위해 권력을 행사해 왔다고 믿었다. 이는 당시 영국 사회의 주류 세력이었던 토지소유계급이 상공업자의 성장과 도전에 갖는 거부감으로 생각할 수도 있다.

하지만 집권 전후의 디즈레일리는 상공업에 종사하는 중산계급을 적극적으로 보수당에 영입했다. 당시 사업으로 성공한 상공업자의 2·3세들은 사립학교와 대학에서 교육을 받았고 국교회를 받아들였으며 귀족의 생활 스타일을 따라 시골에 영지를 구입하기 시작했다. 성공한 상공업자들이 사회·경제적으로 상층계급으로 통합되면서 전통적인 보수주의 가치를 받아들였고, 보수당은 이들을 적극적으로 포섭했던 것이다. 이에 따라 1880년대 후반이 되면 보수당은 더 이상 토지소유계급이나 귀족의 이익만 대표하는 정당이 아니라 기업과 자본까지 포함하는 더욱 폭넓은 정당으로 변모했다. 이러한 특징은 1870년대나 1880년대 디즈레일리 내각에 성공한 상공업자들인 윌리엄 헨리 스미스나 리처드 크로스 등이 주요 보직을 맡게 된 데에서도 잘 알 수 있다.

셋째, 디즈레일리는 시대적 변화를 수용하면서도 그것을 정치적 이익으로 전환시킬 줄 알았다. 앞서 언급한 대로, 1867년의 개혁법은 굳이 보수당이 시도하지 않았더라도 자유당이 다시 집권했다면 처리될 수 있었을 것이다. 그러나 디즈레일리는 그 법안을 보수당이 처리하는 것이 더 유리하다고 판단했다. 더비 경과 함께 통과시킨 개혁법은 이전 자유당이 추진했던 내용보다 더 진전된 것이기도 했다.

디즈레일리의 이런 특성은 당의 조직 변화에서 보다 잘 나타난다. 일련의 개혁법 입법으로 투표권을 가진 인구가 크게 증가함에 따라 1884년 성인 남성 노동자 대다수가 투표권을 갖게 되었다. 각 정당은 새로운 정치 환경의 변화에 대응해야 했으며 무엇보다 정당 지지자들이 투표자 등록을 하고 투표할 수 있는 조직이 필요했다. 즉, 정당을 중심으로 체계적으로 유권자를 관리·접촉해야 할 필요성이 커졌으며, 지역 당 조직을 만든 것은 바로 이런 목적 때문이었다.

보수당의 칼턴 클럽(Carlton Club)[11]은 지역 당 조직의 활동을 관리하기 위한 차원에서 설립된 것으로 처음에는 일종의 당 본부와 같은 기능을 했다. 디즈레일리는 정치 환경의 변화에 맞게 당 조직을 변모시켰다. 그는 1867년 개혁법 제정 이후 당 조직 강화를 본격화했으며, 보수당의 원칙과 이념을 대중, 특히 노동자계급에게 효과적으로 전달하기 위해 전국연맹(National Union of Conservative and Constitutional Associations: NUCCA)을 결성하기도 했다. 또한 1868년 총선 패배 이후 디즈레일리는 보수당 중앙사무국을 설립했다. 중앙사무국은 당의 기금을 모금하고 당 후보를 위한 선거 홍보와 선전, 그리고 의회에서 의원들이나 지역구에서 후보들이 활용할 수 있는 당 선전물을 담당하도록 했다. 이처럼 디즈레일리는 변화의 수용과 함께 이에 대한 체제적 변화를 주도했던 것이다.

넷째, 디즈레일리는 정치적으로 주목받을 만한 새로운 이슈를 창출하고 선점했다. 앞에서 지적한 사회 개혁이 무엇보다 이런 특성을 잘 보여주지만, 제국주의 이슈는 디즈레일리가 보수당에 접목시킨 중요한 아젠다였다. 자유당의 파머스턴이 수상으로 있을 때 보수당은 제국주의나 대

---

11 선거법 개혁으로 유권자가 늘어나면서 그들의 등록을 적극 권장하고 자기 당 지지자로 유도하는 과정에서 발전한 클럽 형태의 지역 당. 처음에는 클럽 형식으로 시작되었으며 이러한 단체가 전국적으로 조직화되면서 본격적인 정당으로 발전했다. 자유당의 경우 버밍엄의 지방 정치조직이 중앙에 영향을 미쳐 전국적인 조직으로 확대돼 근대적인 정당조직 체계를 갖추기도 했다.

외관계에서 영국의 이익을 적극적으로 챙기는 일에 대해 그다지 큰 관심을 보이지 않았다. 말하자면 '제국'은 보수당이 주장하는 가치가 아니었다. 파머스턴 수상이 포함(砲艦)외교를 불사하는 제국주의적 외교정책을 펴는 동안 보수당은 이와 반대로 고립주의정책을 선호했다. 하지만 파머스턴에 이은 글래드스턴이 외교정책에 도덕적 명분이 중요하다는 입장을 취하자 디즈레일리는 애국주의와 제국주의라는 가치를 당과 결합시킨 애국주의적 외교정책[12]을 펼쳤다.

이와 관련해서 흥미로운 사례가 수에즈 운하이다. 1875년 11월 《팔몰 가제트》의 편집장 프레드릭 그린우드는 이집트 총독 이스마일 파샤가 금전적 어려움으로 수에즈 운하에 대한 자신의 주식 17만 7,000주를 급히 팔고 싶어한다는 소식을 더비 경에게 전했다. 당시 수에즈 운하 주식은 모두 40만 주로 프랑스 자본가들이 과반수를 차지하고 있었으며, 이집트 총독은 44%의 주식을 보유하고 있었다. 더비 경은 큰 흥미를 보이지 않았으나 디즈레일리는 수에즈 운하는 인도로 가는 중요한 통로이므로 이를 영국이 함께 소유하는 것이 국가 이익에 매우 중요하다고 판단했다. 그러나 당시 의회는 휴회 중이었고 시간은 매우 촉박했다. 디즈레일리는 거부였던 로스차일드에게 정부 보증으로 400만 파운드를 빌려 수에즈 운하 소유권을 구매했다. 이후 영국은 1956년 이집트의 나세르 대통령이 수에즈 운하를 국유화하기로 결정할 때까지 프랑스와 공동으로 수에즈

---

12 국민의 커다란 지지를 받았던 파머스턴의 외교정책으로 중국과 접전을 벌인 애로 호 사건(제2차 아편전쟁)과 같이 약소국의 자유를 박탈하며 자국의 이익을 챙기는 외교정책을 말한다. 파머스턴의 뒤를 이은 글래드스턴이 영국에 이익이 되지 않더라도 도덕적 명분이 중요하다는 입장을 취하자 디즈레일리의 실리 추구형 정책은 이를 적극 받아들여 1878년 영국의 이권이 보장된 베를린 조약을 성립시켰고 빅토리아 여왕을 '인도의 여왕(Empress of India)'으로 만드는 법안을 통과시키는 등 약해지던 대영제국의 권위를 회복하려 했다.

운하를 경영했다.

또한 디즈레일리는 애국주의적 외교정책의 일환으로 왕실칭호법[13]을 제정해 1876년 5월 1일 빅토리아 여왕을 '인도의 여왕'으로 봉헌하며 대영제국의 자부심을 높이기도 했다. 이러한 칭호의 사용이 영국의 인도 통치에 어떤 변화를 가져온 것은 아니었지만 대영제국의 자부심을 크게 높이는 일임은 분명했다. 제국의 이슈는 보수당이 노동자계급에게 다가서는 데에도 커다란 도움을 주었고 그 이후에도 보수당의 중요한 가치로 자리 잡게 되었다.

디즈레일리 수상의 정치적 리더십은 여러 가지 면에서 흥미롭다. 그는 인종적으로나 계급적으로 보수당의 주류가 아니었고 수상의 자리에 오르기까지 30여 년의 시간을 기다려야 했다. 스스로도 '기름칠 한 미끄러운 장대'를 잡고 올라가야 했다고 말할 만큼 그의 정치적 역정은 쉽지 않았다. 그가 수상으로 재직한 기간도 그리 긴 시간이 아니었다. 그러나 그는 영국 정치사에 의미 있는 유산을 남겼다. 그는 무엇보다도 곡물법 폐지를 둘러싼 당의 분열과 뒤이은 정치적 곤경을 극복하고 새로운 보수당을 만들어냈다.

요약컨대, 디즈레일리가 지금까지도 높은 평가를 받고 있는 것은 그가 보수주의자였다고 해도 변화를 거부하거나 기득권에 안주하려 하거나 혹은 과거로 되돌리려고 하지 않고 시대가 필요로 하는 변화의 방향을 올바르게 파악하고 이를 토대로 과감한 변화와 개혁을 추진해나갔다는

---

13 영국 여왕을 공식적으로 '인도의 여왕'으로 부르게 하기 위한 디즈레일리의 애국주의적 외교정책의 일환이며, 대영제국의 위상을 세우기 위해 만든 법이다. 공식 명칭은 'An Act to enable Her most Gracious Majesty to make an addition to the Royal Style and Titles appertaining to the Imperial Crown of the United Kingdom and its Dependencies'이다.

점 때문이다. 이와 같은 디즈레일리의 '유연하고 실용적인' 리더십은 오늘날 우리가 처한 정치 현실에도 중요한 시사점을 던져주고 있다.

강원택 서울대학교 지리학과를 졸업했고 동 대학원에서 정치학 석사과정을 밟은 후, 영국 런던정경대학교(LSE)에서 정치학 박사학위를 받았다. 숭실대학교 정치외교학과 교수를 거쳐 현재는 서울대학교 정치외교학부 교수로 재직 중이다. 한국정당학회장, 한국정치학회 연구이사 및 총무이사, 대통령 직속 미래기획위원회 위원 등을 역임했다. 저서로는 『보수정치는 어떻게 살아남았나: 영국 보수당의 역사』(2008), 『한국 선거 정치의 변화와 지속』(2010), 『통일 이후의 한국 민주주의』(2011) 등이 있다.

강원택. 『보수정치는 어떻게 살아남았나: 영국 보수당의 역사』. 동아시아연구원.
  2007.
김현수. 「디즈레일리의 보수주의: 정책 수행과정을 중심으로」. 《현상과 인식》,
  통권 96. 2005.
김현수. 『수상으로 읽는 영국이야기』. 청아출판사. 1999.
나종일·송규범. 『영국의 역사』 상·하. 한울. 2005.
모루아, 앙드레. 『디즈레일리의 생애』. 이정림 옮김. 범우사. 1999.

Ball, Stuart. *The Conservative Party and British Politics 1902-1951*. Harlow:
  Pearson Education. 1995.
Bentley, Michael. *Politics without Democracy 1815-1914: Perception and
  Preoccupation in British Government*. Second edition. Oxford: Blackwell.
  1996.
Blake, Robert. *Disraeli*. New York: St. Martin's Press. 1966.
Lane, Peter. *The Conservative Party*. London: B T Batsford. 1974.
Machin, Ian. *The Rise of Democracy in Britain, 1830-1918*. New York: St. Martin's
  Press. 2001.
Maurois, André. *Disraeli*. Alexandria, VA: Time–Life Books. 1936.
Seldon, Anthony and Peter Snowdon. *The Conservative Party: An Illustrated
  History*. Pheonix Mill: Sutton Publishing. 2004.
Shannon, Richard. *The Age of Disraeli 1868-1881: The Rise of Tory Democracy*.
  Harlow: Longman. 1992.

전후 통일독일의
발판을 만들다

빌리 브란트 Willy Brandt, 1913~1992

" 나는 연방총리로서 비로소 처음이 아니라,
이미 몇 년 전에 나 자신에게 이렇게 물었습니다.
평화를 공고히 하기 위해
너의 국가, 너의 서독은 무엇을 할 수 있는가?
서독과 너는 제2차 세계대전의 결과를 극복하고
대립을 제거하기 위해,
그리고 유럽에서의 안보와 협력체제를 구성하기 위해
무엇을 할 수 있는가? **"**

1945년 5월 8일 독일이 연합국에 항복함으로써 1939년 9월 1일 독일의 폴란드 침공으로 시작된 5년 8개월의 기나긴 제2차 세계대전의 막이 내렸다. 그리고 독일이 다시 전쟁을 일으키는 것을 막기 위해 미국·소련·영국·프랑스로 구성된 연합국은 독일을 서독과 동독으로 분할했다. 그 과정에서 독일의 수도 베를린은 서베를린과 동베를린으로 나뉘면서 독일 분단의 축소판이자 동서냉전의 첨예한 장이 되었다. 그 후 1989년 11월 9일 분단과 냉전의 상징인 베를린 장벽이 무너졌고, 1990년 10월 3일 서독과 동독이 하나로 통일되면서 독일은 40년에 걸친 분단의 역사에 종지부를 찍었다.

이러한 독일의 분단과 통일의 역사에서 서베를린 시장으로 베를린 장벽의 설치와 붕괴를 현장에서 지켜보면서 통일을 향한 미래의 비전을 준비했던 서독의 제4대 총리 빌리 브란트를 빼놓을 수 없을 것이다.

베를린 장벽이 붕괴된 다음 날인 1989년 11월 10일 베를린은 평소의 어둡고 축축한 늦가을 날씨와는 달리 맑고 화창했다. 동독과 서독의 시민이 장벽의 붕괴를 축하하기 위해 쇠네베르크 시청 앞으로 모여들었다. 쇠네베르크 구청으로 사용되다가 분단 이후 서베를린 시청이 된 그 건물은 오랫동안 서베를린 시장을 지낸 브란트에게는 잊을 수 없는 장소였다. 또한 베를린에 위기가 감돌던 1963년 미국의 존 F. 케네디 대통령이 방문해 "나는 베를린 시민입니다!"라고 외친 장소이기도 했다. 그 역사적인 장소에서 브란트는 베를린 시민에게 다음과 같은 메시지를 전했다.

오늘은 긴 여정 후의 아름다운 날입니다. 그러나 우리는 겨우 중간 역에 도착했을 뿐입니다. 우리는 이 여정의 끝에 아직 도달하지 못했습니다. 우리 앞에는 아직 많은 것들이 놓여 있습니다. 이제부터는 많은 것이 이쪽과 저쪽의 우리 독일인이 역사적 상황 속에서 성숙해간다는 것을 보여줄 수 있는가 없는가에 달려 있습니다. 우리 독일인이 서로 가까워지는 것, 바로 그것이 문제입니다.

그 당시는 베를린 장벽의 붕괴가 독일의 미래에 어떤 영향을 미칠지, 또한 미국과 소련을 비롯한 강대국이 어떤 반응을 보일지 알 수 없는 상황이었다. 그런 불확실한 상황에서 브란트는 '이쪽과 저쪽의 우리 독일인', 즉 서독인과 동독인이 대립을 끝내고 서로 가까워져야 한다고 강조했다. 베를린 장벽의 붕괴는 중간 역에 불과하며 이제 통일이라는 종착역을 향해 함께 나아가야 한다고 시사했던 것이다.

분단과 냉전의 상징 베를린에서의 정치 수업

제2차 세계대전이 끝나고 소련·미국·영국·프랑스의 4개 연합국은 독일을 네 지역으로 분할·점령했다. 소련군이 메클렌부르크-휘폼먼, 브란덴부르크, 베를린, 작센, 작센-안할트, 튀링겐 등 6개 주를 점령하고, 나머지 11개 주를 미군·영국군·프랑스군이 나누어 점령했다.[1] 그러다 1947년부터 소련과 다른 3개 연합국 간에 갈등이 싹트면서 전쟁 직후 우호적이던 양 진영의 분위기가 점차 대결의 상황으로 치달았다. 그 과정에서 1949년 5월 23일 미국·영국·프랑스 점령지역에 '독일연방공화국(서독)'이 수립되어 본을 새로운 수도로 정했다. 또한 6개월 뒤인 10월 7일에는 소련 점령지역에 '독일민주공화국(동독)'이 들어서면서 베를린을 수도로 정했다.

서독과 동독으로의 분단과 함께 제2차 세계대전 이전 독일의 수도였던 베를린은 지정학적으로 아주 독특한 위치를 갖게 되었다. 베를린이 서베를린과 동베를린으로 나뉘고 서베를린에는 3개 연합국 군대가, 동베를린에는 소련군이 주둔하게 된 것이다. 문제는 지리적으로 베를린이 소련군 점령지역인 브란덴부르크 주의 한가운데, 즉 동독의 한가운데 위치해 있다는 점이었다. 서베를린은 동독이라는 '사회주의의 바다' 한가운데 떠 있는 '자본주의의 섬'인 셈이었다. 따라서 서베를린은 동독과 소련에게는 눈엣가시 같은 존재일 수밖에 없었고, 서독과 3개 연합국에게는 그 상징성으로 인해 결코 포기할 수 없는 존재였다. 베를린을 지켜내는

---

1   미군은 헤센, 바이에른, 영국군은 슐레스비히-홀슈타인, 함부르크, 니더작센, 브레멘, 노르트라인-베스트팔렌, 프랑스군은 라인란트-팔츠, 자르란트, 바덴-뷔르템베르크를 각각 점령했다.

일은 양 진영 모두에게 그야말로 양보할 수 없는 절체절명의 과제였다.

베를린을 둘러싼 양 진영의 갈등은 분단 이전인 1948년부터 이미 그 모습을 드러내고 있었다. 소련을 제외한 미국·영국·프랑스는 전쟁으로 파괴된 독일 경제의 재건을 위해 마셜 플랜(Marshall Plan)[2]을 받아들이는 한편, 그 전초작업으로 독일 전 지역에서 화폐개혁을 단행하고자 했다. 반면 소련은 자신의 점령지역에 자본주의경제가 아닌 사회주의경제를 수립하려는 계획을 가지고 있었고 화폐개혁에 대해서도 3개 연합국과 다른 입장이었다. 소련과 합의가 이루어지지 않자 미국·영국·프랑스는 6월 20일 우선 독일의 서쪽지역에서 화폐개혁을 단행했으며, 6월 23일 서베를린으로도 이를 확장했다. 그러자 오랫동안 자체적으로 화폐개혁을 준비해오던 소련은 6월 24~28일에 걸쳐 독일의 동쪽지역과 동베를린에서 화폐개혁을 실시했다.

화폐개혁과 더불어 소련은 서베를린과 동베를린 사이의 도로와 철로를 차단하고 며칠 뒤에는 수로까지 차단하며 서베를린을 고립시켜나갔다. 이러한 '베를린 봉쇄' 조치로 동베를린에서 공급되던 전기가 끊기고 소련군 점령지역에서 들어오던 신선한 우유와 식료품의 공급이 중단되었다. 소련은 베를린이 자신의 점령지역에 있다는 점을 근거로 서베를린을 봉쇄함으로써 베를린에 대한 3개 연합국의 영향력 확장을 저지하고 궁극적으로 서베를린을 포기하도록 만들고자 했다.

2　미국의 국무장관 조지 마셜(George Marshall)이 제안한 '유럽 재건 프로그램(European Recovery Program: ERP)'이다. 제안자인 마셜의 이름을 따서 흔히 '마셜 플랜'이라고 한다. 1947년 6월 5일 마셜은 하버드대학교 연설에서 제2차 세계대전으로 황폐화된 유럽 경제의 재건 필요성을 강조하며 이를 위한 미국의 원조계획을 발표했다. 미국은 이 계획에 따라 유럽에 1948~1951년에 걸쳐 약 134억 달러의 원조를 제공했고 서독은 가장 중요한 원조 수원국 중 하나였다.

모든 육로와 수로가 막히자 미국과 영국은 6월 26일부터 비행기로 서베를린 시민에게 식료품 등의 물자를 실어 날랐고, 소련은 항로 차단을 고려했으나 미국과의 전쟁 가능성 때문에 실행하지는 못했다. 또한 소련은 항로를 통한 물자 공급이 오래가지 못하고 3개 연합국이 곧 서베를린을 포기할 것이라고 생각했다. 그러나 소련의 예상은 완전히 빗나갔다. 2~3분 간격으로 서베를린의 공항에 물자를 실은 비행기들이 착륙하는 것을 보고 소련은 봉쇄를 통해서는 목적을 관철시킬 수 없다는 점을 인정해야 했다. 결국 1949년 5월 2일 소련은 베를린 봉쇄를 해제했다.

11개월의 봉쇄 기간 동안 무려 19만 5천 번에 이르는 비행이 이루어졌고 공중을 통해 150만 톤에 이르는 식료품·석탄·건축자재 등의 물자가 서베를린 시민에게 공급되었다. 비행기를 이용한 이러한 물자 공급은 하늘에 다리를 놓았다는 의미로 '베를리너 루프트브뤼케(Berliner Luftbrücke, 베를린 공중가교)'라 일컬어지는데, 이를 기념하는 행사가 현재까지도 매년 베를린에서 열리고 있다.

1948년 6월 24일부터 1949년 5월 2일까지의 베를린 봉쇄는 동서냉전의 시작을 알리는 아슬아슬한 전초전이었다. 베를린 봉쇄를 거치며 서베를린은 소련에게 더더욱 불편한 존재가 되었고 3개 연합국에게는 더더욱 중요한 전략적 요충지가 되었다. 이처럼 베를린이 양 진영의 세력 대결을 위한 시험장으로 변화되어갈 당시 서베를린 시장은 독일사회민주당(이하 사민당)[3] 소속의 에른스트 로이터였다. 그는 1948~1953년 서베를

---

3 150여 년의 역사를 자랑하는 독일사회민주당의 기원은 1863년 5월 23일 라이프치히에서 페르디난트 라살레(Ferdinand Lassalle)에 의해 만들어진 '총독일노동연맹'으로 거슬러 올라간다. 1869년 아이제나하에서 아우구스트 베벨(August Bebel)과 빌헬름 리프크네히트(Wilhelm Liebknecht)가 만든 '사회민주주의노동자당'과 총독일노동연맹이 1875년 5월 고타에서 '독일

린 시장으로 일하며 서베를린 시민의 대변인 역할을 했다. 특히 1948년 9월 9일 베를린 봉쇄에 항의하기 위해 모인 30여만 명의 시민 앞에서 세계가 베를린을 결코 포기해서는 안 된다고 강력하게 호소한 이후 로이터는 '자유 베를린'의 상징적 인물로 자리 잡았다.

망명지 노르웨이에서 갓 돌아온 30대 중반의 젊은 브란트를 정치의 세계로 이끌어준 스승이 바로 이 에른스트 로이터였다. 1930년 17세의 나이로 사민당에 가입한 브란트는 나치의 추적을 피해 1933년 덴마크를 거쳐 노르웨이로 정치적 망명을 떠났다. 제2차 세계대전이 끝나고 독일로 돌아온 브란트는 서베를린에 정착했고 로이터 시장 옆에서 일하며 베를린 봉쇄를 전후로 한 긴박한 정치상황을 현장에서 지켜보았다. 그 후 1957년 서베를린 시장에 당선된 브란트는 1966년 외무부 장관으로 임명돼 수도 본으로 떠날 때까지 동서냉전의 한복판에 서 있었다. 그 기간 동안 브란트는 둘로 갈라진 도시의 비극적 운명을 통해 분단의 의미를 그 누구보다 뼈아프게 절감했다. "서베를린에서의 하루하루는 언제나 어느 정도 대외정책과 관련된 것이었으며, 이로 인해 베를린에 대한 완전한 애착이 생겨났다"는 브란트의 회고처럼, 서베를린에서의 정치적 경험은 그에게 냉엄한 현실을 바탕으로 새로운 비전을 제시하는 '비전의 리더십'을 갖출 수 있게 해준 자양분이었다.

1957년부터 1966년까지 9년간 서베를린 시장으로 재임할 때 브란트에게 찾아온 가장 중대한 도전은 1958년 11월 10일 소련 흐루시초프 서기장의 '베를린 최후통첩'으로 시작되어 1961년 8월 13일 베를린 장벽의 설

사회주의노동자당'으로 통합했다. 1890년 가을, '독일사회민주당'으로 당명을 바꾼 후 오늘날까지 동일한 당명을 사용하고 있다.

치로 일단락된 '베를린 위기'였다. 흐루시초프는 서방 연합국에게 서베를린에 주둔하고 있는 3개 연합국 군대를 6개월 이내에 철수시키고 서베를린을 비무장 자유도시로 만들자고 제안하면서, 만일 제안이 받아들여지지 않을 경우 동독과 별도의 평화조약을 체결하고 연합국으로서의 감독 권한을 동베를린에 넘겨주겠다고 최후통첩을 해왔다. 이에 브란트는 소련에 대해 두 독일의 통일을 포함해 베를린에서 연합국이 갖는 권리와 의무의 준수를 촉구하는 동시에, 서베를린의 비무장 자유도시화는 서독과의 연결이 끊어지는 것을 의미하며 결국 서베를린을 동독에 편입시키려는 시도에 다름 아니라고 강하게 비판했다.

소련과 서방 연합국이 서로 접점을 찾지 못하는 가운데 최후통첩 기한인 1959년 5월이 지나가버렸다. 베를린을 둘러싼 긴장이 계속 고조되는 상황에서 브란트는 1959년 9월 8일 베를린 정책에 관한 4대 기본원칙을 제시했다. 그 원칙은 서베를린은 자유로운 독일에 속하며, 서베를린의 완전한 자결권이 보장되어야 하며, 4개 연합국이 베를린에 대한 책임을 이행해야 하며, 베를린으로의 자유로운 통행권이 보장되어야 한다는 내용이었다. 이처럼 서베를린을 양보하지 않겠다는 분명한 태도로 베를린 위기를 헤쳐 나가며 브란트는 자유를 향한 서베를린의 의지를 상징하는 정치가로 성장해나갔다. 즉, 베를린 위기에 적극적으로 대처하면서 '자유의 개척자'라는 이미지를 강화하는 한편, 국제적으로도 무시할 수 없는 정치적 파트너로 자리매김하기 시작했다.

그 무렵 동베를린의 동독 정부가 풀어야 할 긴급한 문제는 동독의 많은 시민이 서베를린을 통해 서독으로 이주하고 있다는 점이었다. 1949년부터 베를린 장벽이 설치되기 전까지 약 270만 명의 동독인이 서독으로 넘어갔다. 이는 동독 인구의 7분의 1에 해당하는 규모로 소련과 동독 정부에게 동독이 붕괴될지도 모른다는 위기의식을 갖게 만들었다. 이에 대한 조치로 동독 정부는 1961년 8월 12일에서 13일로 넘어가는 자정을 기점으로 서베를린으로 가는 도로와 전철을 차단했고, 소련군은 전투태세를 갖추고 포츠담 광장과 브란덴부르크 문 앞에 탱크와 장갑차를 배치했다. 그 후 8월 23일까지 동베를린과 서베를린을 연결하는 80여 통행로 중 73곳이 폐쇄되었고 경계선에는 블록과 콘크리트로 만든 견고한 장벽이 세워졌다. 이렇게 세워진 높이 4.5m, 길이 167.8km의 베를린 장벽은 이후 28년간 베를린 시 한가운데에 냉전의 상징물로 차갑게 서 있게 된다.

브란트는 베를린 장벽이 설치되던 날을 결코 잊을 수 없을 것이다. 9월 말로 예정된 제4대 연방의회 선거가 한 달 반 정도 남은 시점이었다. 당시 브란트는 사민당 총리 후보로 지명되어 전국을 돌며 유세를 펼치고 있었다. 일요일인 8월 13일 브란트는 기차를 타고 선거전이 열릴 북서부의 항구도시 킬로 향하고 있었다. 그러나 동독이 동베를린과 서베를린 경계에 장벽을 쌓기 시작했다는 소식을 듣자마자 그는 유세를 중단하고 곧바로 서베를린으로 돌아와 대응방안을 모색했다. 그에게는 베를린에서 벌어지는 두 독일 간의 갈등이 선거보다 더욱 안타깝고 중요한 문제였던 것이다.

베를린 장벽의 설치는 브란트에게 중요한 정치적 도전이 아닐 수 없었다. 베를린으로 돌아온 브란트는 일단은 장벽을 쌓는 과정을 지켜볼 수밖에 없었다. 서방 연합국이 어떤 적극적인 조치도 취하지 않고 있었기 때문이다. 이로 인해 서방 연합국에 대한 서베를린 시민의 불신이 깊어가는 가운데 8월 16일 쇠네베르크 시청 앞 광장에서 장벽 설치에 반대하는 대규모 시위가 일어났다. 여기서 브란트는 "장벽은 없어져야 하며 베를린은 계속해서 존재해야 한다"고 강조하면서 장벽 설치를 강하게 비판했다. 또한 서베를린의 연합국 군대 증강, 베를린 문제의 국제연합에서의 논의, 베를린의 자유왕래 보장 등을 주요 내용으로 하는 편지를 미국의 케네디 대통령에게 보내는 등 서방 연합국에게 베를린의 위기 상황을 이해시키고자 적극적으로 노력했다. 서베를린과 서독의 시민은 브란트가 시장으로서 베를린 위기를 극복하기 위해 활발히 움직이는 모습을 보면서 그를 더욱 신뢰하게 되었다.

베를린 장벽이 설치될 당시 강력히 대응하지 못했던 케네디 대통령은 '베를린 공중가교' 15주년을 맞아 1963년 6월 23~26일 서베를린을 방문했다. 케네디는 베를린 장벽이 세워진 후 서베를린을 방문한 가장 유명한 인물이었다. 그 어떤 미국 대통령도 케네디처럼 그렇게 절대적인 환영과 지지를 받지는 못했다. 6월 26일 케네디는 콘라드 아데나워 총리와 브란트가 함께한 가운데 쇠네베르크 시청 앞에 모인 수십만의 환영 인파 앞에서 연설을 했다. "모든 자유인은 그들이 어디에 살고 있더라도 베를린 시민입니다. 그렇기 때문에 한 사람의 자유인으로서 저도 자랑스럽게 '나는 베를린 시민입니다(Ich bin ein Berliner)'라고 말씀드리는 바입니다." 케네디는 이 유명한 연설을 통해 미국을 비롯한 서방 연합국이 베를린을 결코 포기하지 않을 것임을 다시 한 번 강조했다.

브란트는 1958년의 베를린 최후통첩과 1961년의 베를린 장벽 구축으로 이어지는 냉전의 첨예화 과정을 현장에서 온몸으로 경험하며 아데나워 총리의 독일정책과 통일정책이 실패했음을 명확히 인식했다. 오늘날 평화적인 통일은 당연한 것처럼 보일지도 모르지만, 베를린 장벽이 세워진 1961년의 시점에서는 아데나워 총리가 동독을 '어둠의 세력'이라 지칭하며 대화를 거부하고 상대를 제압하려 한 것이 오히려 합당한 정책으로 보일 수도 있었을 것이다. 동독과의 긴장완화를 통해 점진적으로 평화적인 통일로 나아가는 방법을 인식하기란 결코 쉬운 일이 아니었다. 그러나 브란트는 장벽이 가로놓이는 것을 보면서 서독이 진정으로 통일로 나아가고자 한다면 새로운 독일정책과 통일정책을 채택해야 한다고 확신했다. 그리고 정치적 조언자인 에곤 바르와 함께 '작은 걸음의 정치(Politik der kleinen Schritte)'[4] 및 '접근을 통한 변화(Wandel durch Annäherung)'[5]라는 개념에 기초한 긴장완화정책을 구상하며 이를 실천으로 옮기기 위한 구체적 방안을 모색했다.

브란트 시대가 열리다

브란트가 총리가 되기까지의 경로는 결코 순탄하지 않았다. 1961년과 1965년 두 차례의 연방의회 선거에서 사민당 총리 후보로 출마했지만 모두 독일기독민주당[6](이하 기민당) 후보에게 패배했다. 1961년에는 12년간

---

4   독일 문제를 해결하기 위해 '실현 가능한 작은 것'부터 시작하자는 의미를 담고 있다. 이에 따라 1963년 성탄절에는 서베를린 시민이 동베를린을 여행할 수 있게 되었다. 이후 제한적 자유왕래 협정이 계속 확대되어 1964년부터는 성탄절과 새해 기간, 1965년부터는 부활절과 성령강림절 기간에도 방문이 허용되었다.
5   상호 접촉을 통해 교류가 늘어나면 동독도 서서히 개방정책으로 나아갈 것이라고 보고, 동독과의 접촉을 다방면으로 확대하고자 한 정책이다.
6   1945년부터 각 도시와 주에서 창당되기 시작해 1950년 10월 21일 고슬라르에서 연방 차원의 제1차 전당대회가 개최되었다. 가톨릭과 프로테스탄트가 연합한 정당으로 기본가치는 자유, 단결, 정의다. 1949년 제1대 연방의회 선거에서 기민당은 31.0%를 얻어 29.2%를 얻은 사민당을 근소한 차로 누르고 연방의회의 제1당이 되었다. 11.9%를 얻은 자유민주당(Freie Demokratische Partei: FDP) 및 4.0%를 얻은 독일당과 함께 연립정부를 구성해 1949년 9월 15일 아데나워를 서독의 제1대 총리로 선출했다.

이나 총리를 지낸 '영원한 총리' 아데나워에게 패했고, 1965년에는 '라인 강의 기적'을 이룬 루트비히 에르하르트에게 승리를 내주었다. 두 차례의 패배는 브란트 개인은 물론이고 사민당에게 더할 나위 없이 뼈아픈 경험이었다. 1949년 5월 23일 서독이 수립된 이후 4년마다 다섯 번의 연방의회 선거가 치러졌지만 사민당은 단 한 번도 정권을 잡지 못했기 때문이었다.

사민당은 노동자정당으로서의 정체성을 강조했던 에어푸르트 강령[7] 대신에 1959년 국민정당으로의 이미지를 강조하는 고데스베르크 강령[8]을 채택하면서 새로운 변화를 시도하고 있었다. 그 과정에서 새로운 인물을 필요로 했는데, 서베를린 시장으로서 정치력을 보여주고 있는 브란트가 특히 눈에 띄었다. 젊고 박력 있으며 카리스마까지 갖춘 브란트가 아데나워의 아성을 물리칠 가능성이 있어 보였기 때문이다.

1961년 사민당의 선거전략가들은 브란트가 아침에 가족의 뺨에 뽀뽀한 후 쇠네베르크 시청으로 향하는 가정적인 모습을 노출시켰다. 당시 독일은 라인 강의 기적이라고 부르는 경제성장을 경험하며 각 가정에 텔레비전이 보급되어 있었는데, 텔레비전 화면에 나온 53세 브란트의 이미지는 85세의 현직 총리 아데나워의 늙은 모습과는 분명히 달랐다. 그것은 국민들이 브란트를 친근하게 느끼게끔 만드는 전략이었다. 당시 독일의 보수적인 가정 분위기를 고려할 때 그런 브란트의 모습은 시청자에게 놀라울 만큼 새로운 이미지로 다가갔다. 브란트는 전국을 돌며 선거유세

7　사민당이 1891년 에어푸르트에서 개최된 당대회에서 채택한 당 강령으로, 마르크스주의를 당의 공식 이념으로 재수용하면서 노동자계급정당으로서의 정체성을 강조했다.

8　1959년 제2차 세계대전 후 상황 변화를 고려해 생산수단의 사회화 등 사회주의적 지향을 약화시키면서 노동자계급정당에서 국민정당으로의 전환을 시도한 강령이다.

를 펼쳤고 목이 쉬도록 연설을 했다. 그러나 브란트가 속한 사민당이 처음으로 정권을 잡기까지는, 그리고 브란트가 총리로 선출되기까지는 8년을 더 기다려야 했다.

1961년과 1965년의 선거전에서 정권을 잡고 있던 기민당과 독일기독사회당[9](이하 기사당)은 브란트의 불행한 유년시절을 들추는 진흙탕 전술을 구사하면서 그를 고통스럽게 했다. 『통일을 이룬 독일 총리들』의 저자 귀도 크놉이 전하듯 베를린 장벽이 세워지던 날, 총리라는 직책에 있으면서도 선거유세를 이유로 베를린에 얼굴조차 내밀지 않았던 아데나워는 그다음 날 뮌헨 근처 레겐스부르크에서 "정적들이 조심스럽게 다루어야 할 사람이 있습니다. 바로 브란트 씨 혹은 프람(Frahm)입니다"라며 브란트를 비꼬았다. 브란트가 사생아라는 점에 초점을 맞추어 모욕을 주려는 의도였다. 기사당 당수 프란츠 요제프 슈트라우스도 빌스호펜에서 "우리는 여기에서 우리가 한 일을 알고 있습니다. 당신은 12년간 외국에서 도대체 무엇을 했습니까"라고 브란트의 과거를 선거전의 표적으로 삼았다. 브란트가 나치의 박해를 피해 12년간 노르웨이를 비롯한 외국에서 정치적 망명자로 떠돌아야 했던 기간을 문제 삼은 것이었다.

아데나워가 비꼬듯 말한 '프람'은 브란트의 원래 성이었다. 브란트의 원래 이름은 '헤르베르트 프람(Herbert Frahm)'으로, 그는 1913년 12월 18일 북부 독일의 항구도시 뤼벡에서 아버지가 누군지 모른 채로 태어났다. 헤르베르트를 낳을 당시 스무 살이었던 어머니 마르타 프람은 상점판

---

9 1946년 1월 8일 창당된 정당으로 독일의 남부 바이에른 주에서만 활동하는 지역정당이다. 연방 차원에서는 기민당과 연합해 기민당·기사당(CDU-CSU)으로 활동한다. 프란츠 슈트라우스(Franz-Josef Strauss)는 1961년부터 1988년까지 27년간 기사당 당수를 지내며 '슈트라우스 시대'라 일컬어질 만큼 막강한 영향력을 행사했다.

매원으로 어린 아들을 이웃에게 맡길 수밖에 없는 상황이었다. 1918년 외할아버지 루드비히 프람이 제1차 세계대전에서 돌아온 후 헤르베르트는 더 이상 이웃이 아닌 가족의 품에서 외할아버지를 아버지로 알고 자랐다.

브란트는 할아버지가 아버지에 대해 침묵했기에 그에 관해 묻지 않았고, 아버지에 대해서 다른 사람에게도 말하지 않았다. 하지만 1948년 나치에 의해 박탈당한 독일 국적을 회복하는 과정에서 아버지의 이름이 필요했다. 그래서 어머니에게 아버지에 관해 처음으로 묻게 되었고 "함부르크에서 온 존 묄러"라는 말을 들었다고 한다. 독일의 시사주간지 《슈피겔》은 브란트가 선거에 출마한 1961년에야 사촌이 나타나 그의 아버지에 관한 이야기를 전해주었다고 보도했는데, 그의 아버지는 사회민주주의 성향을 가진 교사로 나치 시대에 회계사로 조용히 살다가 자신의 아들에 관해서는 전혀 모른 채 1958년에 사망했다고 한다.

사생아라는 사실은 곰팡내 풍기던 아데나워 시대의 분위기 속에서는 결점이 많은 과거로 여겨졌다. 그런데 그런 프람이 1969년 10월 21일 연방의회에서 최고 권력을 가진 총리에 선출되었으니 매우 감동적인 승리가 아닐 수 없었다. 전 총리들 시절의 보수주의에 거리를 두고 있던 비판적 성향의 작가, 지식인, 학자, 기자 등은 브란트의 선출을 하나의 역사적 분기점으로 높이 평가하기도 했다. 그들에게 사생아로 태어나 나치를 피해 망명했던 브란트가 정부 수반이 되었다는 것은 가슴 설레는 사건이었다. 데니스 바크와 데이비드 그레스가 쓴 『도이치 현대사』(1993)에는 1972년 노벨 문학상을 수상한 하인리히 뵐이 브란트의 선출에 대해 묘사한 글이 인용되어 있다.

빌리 브란트의 생애는 동화 속에서나 나오는 꿈이 실현된 것 같은 신화의 소재를 제공하고 있다. 1969년에 수상이 된 사람은 뮌헨의 번듯한 집안에서 태어난 억척스런 가톨릭 신자가 아니라, 어리석은 원죄로 인해 태생적 흠을 가진 주제에 사회주의자가 되어 망명까지 했으니 부르주아 사회의 눈으로 보면 미운 털북숭이인 뤼벡 출신 사생아 헤르베르트 프람이었다.

브란트는 1930년 사민당에 가입하면서 좌파로서의 정치적 성향을 심화해나갔다. 1933년 독일에서 나치가 집권한 이후 나치의 추적을 피하기 위해 덴마크를 거쳐 노르웨이로 건너가 12년간의 망명생활을 시작하면서 브란트는 헤르베르트 프람이라는 이름 대신 '빌리 브란트'라는 이름을 사용했다. 1938년 나치가 국적을 박탈해 무국적자가 되었고, 1940년 독일군이 노르웨이를 점령했을 때 잠시 포로로 잡혔다가 풀려난 이후 스웨덴의 스톡홀름에서 언론인으로 활동했다. 그러다가 1945년 11월 20일부터 독일 뉘른베르크에서 전범재판[10]이 열리자 브란트는 한 신문사 통신원 자격으로 이를 취재하러 독일로 잠시 돌아왔다. 그때 나치가 박탈했던 독일 시민권을 되찾았다.

브란트는 베를린을 정치적 출발점으로 정하고 본격적으로 정계에 발을 들여놓은 후 서베를린 시장인 로이터 옆에서 일하며 그에게 정치를 배웠다. 그는 1949년 연방의회 의원에 당선되었고, 1955년에는 베를린의회 의장으로, 1957년에는 서베를린 시장 및 연방 상원 의장으로 선출

---

10 제2차 세계대전이 끝난 후 나치의 전쟁범죄자를 처벌하기 위해 독일의 뉘른베르크 (Nurnberg)에서 4개 연합국이 참여해 열린 국제군사법정. 1935년 9월 10일에서 16일까지 나치의 전당대회가 개최된 바 있는 뉘른베르크에서 1945년 11월 20일 22명의 주요 피고에 대한 재판이 시작되어 1946년 10월 1일 최종 판결이 내려졌다. 22명 가운데 12명에게 사형이 확정되었고 1946년 10월 16일 사형이 집행되었다.

되었다. 그러나 정치가로서의 성공에도 불구하고, 앞에서 언급한 1961년과 1965년 연방의회 선거에서의 패배는 브란트에게 깊은 상처를 남겼다. 사생아라는 자신의 과거가 상대방 후보들에 의해 비방의 요지로 쓰였다는 점이 브란트에게는 무엇보다 큰 상처로 남았다. 그래서 브란트는 두 번의 패배를 자신의 책임으로 받아들이며 다시는 총리 후보로 나서지 않기로 결심하고 본을 떠나 베를린으로 돌아갔다.

분단 시대의 본은 서독의 수도로, 서독을 '본 공화국(Bonner Republik)'이라고도 불렀다. 그런데 본에서 동쪽으로 580km나 떨어진 베를린으로 돌아갔다는 것은 연방정치와는 거리를 둔다는 의미이기도 했다. 그러나 14개월 후인 1966년 12월 브란트는 가족과 함께 다시 본으로 이사를 했다. 사민당이 기민당과의 '대연정'[11]에 참여하면서 브란트에게 외무부 장관으로 일해줄 것을 부탁했기 때문이었다. 서독의 의원내각제에서는 두 정당이 연립정부를 구성할 경우 제1당이 총리직을 맡고 제2당이 외무부 장관 겸 부총리직을 맡는데, 그 규정에 따라 기민당의 쿠르트 게오르크 키징어가 총리로, 사민당의 브란트가 외무부 장관으로 일하게 되었다.

대연정하의 외무부 장관으로서 브란트는 아데나워 내각과 에르하르트 내각에 비해 훨씬 유연한 외교정책을 추진했다. 브란트는 서베를린 시장으로 재임하던 시절 베를린 장벽이 설치되는 과정을 지켜보며 강대국 중심의 외교정책만으로는 독일의 이익을 보장할 수 없다는 점을 절실히 깨달았다. 강대국과 보조를 맞춤으로써 서독의 힘을 기를 필요가 있다는 점을 부정하는 것은 아니지만, 통일만큼은 강대국 중심이 아니라 독일이 중심이 되어 평화적으로 이루어져야 한다는 것이 그의 오래된 생각이었

---

11 의원내각제에서 의회의 주요 다수 정당들이 연합하여 구성하는 정부.

다. 그러기 위해서는 동유럽과의 공동협력을 통한 긴장완화 및 핵 자유 지역을 통한 평화정착이 무엇보다 시급한 과제였다.

한편으로 외무부 장관이 된 브란트는 유럽 강대국과의 관계를 강화하는 데 노력했다. 먼저 프랑스와 우호적 관계를 만들어가면서 서독의 핵무기금지조약 가입을 옹호했다. 그리고 영국의 희망에 따라 서독의 유럽 경제공동체(European Economic Community: EEC) 가입을 지원했다. 다른 한편으로는 1960년대 초반 기민당 소속 외무부 장관 게르하르트 슈뢰더가 동구권 국가들과의 관계를 정상화하기 위해 조심스럽게 추진했던 '동방정책(Ostpolitik)'[12]을 좀 더 체계적으로 밀고 나갔다. 1967년에는 루마니아와 1968년에는 유고슬라비아와 외교관계를 회복했고, 폴란드와 체코슬로바키아 및 헝가리에 무역대표부를 설치했다. 나아가 1968년 '프라하의 봄'이 바르샤바조약기구의 회원국들에 의해 실패로 돌아가자 여러 국제회의에서 이를 강력하게 비판했다. 그해 9월 3일 열린 비핵무기 국가들의 제네바 회담과 11월 6일 파리에서 열린 유네스코 총회에서 폭력과 위협을 정치의 수단으로 사용해서는 안 된다고 강조함으로써 국제적으로 커다란 인정을 받았다. 이러한 그의 노력은 이후 사민당이 제1당이 되어 브란트를 총리로 한 내각이 구성되면서 독일에서의 긴장완화 및 유럽의 평화를 향한 일련의 국제조약들로 완전히 꽃피우게 된다.

브란트가 총리로 재임한 기간은 1969년 10월에서 1974년 5월로 겨우 4년 7개월에 불과하다. 그러나 그 기간은 귀도 크놉이 전하듯 '브란트 시

---

12 통일 이전 서독이 추진한 소련을 비롯한 동유럽 국가들과의 관계정상화 정책. '동방정책'이라는 용어는 1960년대 초 기민당과 자민당 연정에서도 사용되었다. 그러나 아데나워 총리의 친서방정책하에서 동구권 국가들과 관계를 정상화한다는 것은 불가능했다. 이후 브란트의 대표적인 정책으로 '동방정책'이라는 용어가 사용되었다. 그러나 정확히 표현하면 브란트의 정책은 '신동방정책(Neue Ostpolitik)'이라 할 수 있다.

대'라 불리며 오늘날에도 독일인의 기억 속에 강하게 남아 있다. 무엇보다 브란트의 집권기간 동안 서독이 '변화하고 있는 공화국'으로 독일의 현대사에서 가장 활력 넘치는 시기를 경험했기 때문일 것이다. 나아가 브란트의 집권기간 동안 서독이 제2차 세계대전을 일으킨 전범국가로서의 이미지, 잔혹한 나치국가로서의 이미지에서 벗어나 전혀 다른 새로운 모습의 독일을 유럽과 세계에 보여주었기 때문일 것이다.

브란트 시대의 출발은 1969년 9월 28일 실시된 제6대 연방의회 선거였다. 그 선거에서 사민당은 브란트를 다시 총리 후보로 내세우고 "내일도 평화 속에서 살 수 있기 위해서!"라는 구호로 선거를 치렀다. 1969년의 선거에는 3,867만 명에 이르는 유권자가 참여해 86.7%에 이르는 높은 참여율을 보여주었다. 그 어떤 선거보다 높은 관심 속에 선거가 치러진 가운데 그날 저녁 모든 국민의 눈과 귀는 출구조사에 쏠렸다. 첫 출구조사는 기민당·기사당의 승리를 예고했고, 오후 9시쯤에는 50% 이상 득표할 것이라고 예측했다.

귀도 크놉은 역사적인 그 밤의 상황을 흥미롭게 묘사했다. 출구조사로 총리 연임이 확실시된 키징어는 미소를 지으며 축하전화를 받았고, 백악관의 닉슨 대통령도 그에게 전화로 축하의 메시지를 전했다. 브란트와 사민당의 세 번째 패배는 기정사실처럼 보였다. 그러나 키징어가 축하전화를 받던 오후 9시 30분 무렵 선거결과가 바뀌기 시작했다. 사민당이 기민당·기사당을 앞지르며 표를 만회했던 것이다. 오후 10시가 되자 사민당과 자민당의 표를 합하면 과반수보다 4석이 더 많은 상황이 되었고 오후 10시 30분부터 6석을 더 앞서가기 시작했다. 브란트는 곧 자민당 당수인 발터 셸에게 전화를 걸어 연립정부 구성을 제안했다. 자정 직전인 밤 11시 45분 카메라 앞에 선 브란트는 "사민당이 가장 큰 정당이며,

사민당이 가장 강한 정당입니다. 기민당은 패배했습니다. 기민당과 사민당의 격차는 줄어들었습니다. 이것이 바로 선거의 결과입니다"라고 강조하며 자민당과 연립정부를 구성하기 위해 대화할 준비가 되어 있다고 밝혔다. 기민당과의 대연정을 지속하는 게 아니라 자민당과 새롭게 연립정부를 구성하겠다고 선언한 것이었다. 브란트는 기민당과의 대연정하에서 이념과 노선이 서로 달라 외무부 장관으로서 만족스럽게 일할 수 없었고, 자신의 동방정책을 계속 밀고 나가려면 기민당의 그늘에서 벗어나야 한다고 정치적 결론을 내렸던 것이다.

제6대 연방의회 선거의 최종결과를 보면, 사민당은 지난 선거 결과인 39.3%보다 높은 42.7%의 득표율을 기록했으며, 득표율 증가에 따라 차지할 수 있었던 의석도 202석에서 224석으로 늘어났다. 반면 자민당은 역대 최다 의석을 차지했지만 득표율은 5.8%에 그쳤다. 따라서 사민당이 자민당과 연립정부를 구성할 경우 연방의회에서 254석 대 242석으로 기민당·기사당 연합보다 겨우 12석이 많은 상태에서 출발해야 한다는 것을 의미했다. 브란트의 오랜 경쟁자인 헤르베르트 베너 원내총무와 헬무트 슈미트를 비롯한 사민당의 주요 인사들은 기민당과의 대연정이라는 안전한 배에 머물고자 했고, 군소정당인 자민당과의 연립정부라는 새로운 정치적 모험에 나서려 하지 않았다.

기민당·기사당은 표를 잃었지만 46.1%로 최다 득표를 한 상태였으므로 원내총무인 라이너 바르첼은 연립정부의 구성 권한이 기민당에 있다고 주장하며 자민당에 연정을 제의했다. 따라서 자민당의 선택에 따라 총리와 여당이 정해지게 되었다. 그러나 기민당과의 연정에 참여했다가 조세 문제로 연정이 깨졌던 경험이 있는 자민당에게 기민당은 그다지 매력적인 파트너가 아니었다. 결국 자민당은 연립정부 파트너로서 사민당

을 선택했다. 이후 브란트와 쉘은 빠른 속도로 연립정부 구성을 밀고 나
갔고, 10월 3일 절차에 따라 대통령에게 두 정당의 연정 구성을 통보했
다. 그 후 10월 21일 연방의회는 찬성 251표, 반대 235표로 브란트를 새
로운 총리로 선출했다. 이어서 11명의 사민당 소속 장관, 3명의 자민당
소속 장관, 1명의 무소속 장관으로 구성된 내각이 출범했고, 외무부 장
관이자 부총리에는 자민당 당수 쉘이 선출되었다.[13]

통일을 향한 비전: 독일정책과 동방정책

콘크리트와 철조망으로 된 베를린 장벽이 무너진 것은 1989년 11월 9
일이었다. 그러나 베를린 장벽에는 어쩌면 1969년 10월부터 조금씩 금이
가고 있었던 건지도 모르겠다. 브란트가 서독의 제4대 총리로 취임하던
바로 그 시점에, 즉 '독일정책'과 '동방정책'을 핵심으로 하는 완전히 새로
운 대외정책을 천명하던 바로 그 시점에 말이다. 독일과 유럽에서 동서냉
전이 가장 첨예하게 전개되던 시기에 브란트는 동서대립을 협력으로 전
환하는 것을 목표로 삼고 동독과 서독의 긴장을 약화시키는 한편 동유
럽과 서유럽의 긴장을 완화하고자 노력했다. 협력과 평화에 기초한 새로

---

13 독일의 정치제도는 '총리민주주의(Kanzlerdemokratie)'라고 불릴 정도로 총리가 막강한 권
한을 행사한다. 연방정부의 내각은 총리와 장관으로 구성되며, 연방총리는 연방의회에서 재
적과반수의 득표로 선출된다. 누가 총리로 선출될지는 연방의회 선거의 결과에 따라 연방의
회 의원의 과반수를 확보하는 정당 간에 연정 구성을 둘러싼 협상과정에서 미리 정해진다. 제
6대 연방의회 선거 결과, 사민당은 자민당과 연정을 구성할 경우 과반수 이상의 의석 확보가
가능했다. 그래서 보다 자유롭게 정책을 펼치기 위해 기민당과의 대연정을 깨고 자민당과의
연정을 구성하기로 결정했고, 브란트는 총리로 선출되었다.

운 세계상을 구상하고 거기에 구체적인 색채를 부여함으로써 브란트는 독일통일을 위한 첫걸음을 성큼 내딛었다.

> 우리의 의회민주주의는 20년 만에 변화할 수 있는 능력을 보여주었고 민주주의의 시험대를 통과했습니다. 지난 몇 년간 우리는 역사상 두 번째로 누리고 있는 이 민주주의가 첫 번째의 전철을 밟지 않을까 두려워했습니다. (……) 우리는 민주주의의 종착역이 아니라 출발역에 서 있습니다. 우리는 더 많은 민주주의를 추진하고자 합니다.

브란트의 이 취임연설에서 알 수 있듯이, 1969년 10월, 기민당에서 사민당으로의 정권교체는 중요한 역사의 획을 긋는 사건이었다. 서독 정치사에서 처음으로 야당이 자유선거를 통해 정권을 교체했다는 의미이기도 했고, 20년의 짧은 역사를 가진 신생공화국 서독이 의회민주주의의 시험대를 통과했다는 의미이기도 했다. 첫 번째 민주주의, 즉 1918년에 수립된 바이마르 공화국의 민주주의가 1933년 나치의 집권으로 완전히 붕괴되었다는 점을 감안할 때 서독이 수립된 지 20년 만에 한 정권에서 다른 정권으로의 교체가 민주적이고 평화적인 방식으로 이루어졌다는 점은 역사적으로 매우 뜻깊은 일이었다.

1969년 10월 28일 브란트는 서독의 제4대 총리로 취임했다. 본의 의사당에서 열린 취임식에서 그는 독일에서 훌륭한 연설문의 본보기로 간주되는 「더 많은 민주주의를 원합니다!」라는 제목의 취임연설을 했다. 취임연설에서 브란트는 국내적으로는 사회국가[14]의 건설을 통해 노동자와 그 가족의 삶의 질을 향상시키고, 대외적으로는 '독일정책'의 추진을 통해 서독과 동독의 평화를 넘어 유럽에서의 평화증진을 위해 노력하겠다는 포부를 밝혔다. 나아가 이를 바탕으로 이후 소련과 동유럽 국가들을 포함한 동구권과의 관계 개선을 향한 '동방정책'이라는 신선한 대외정책의 비전을 제시했다.

취임연설에서 가장 혁신적인 부분은 동독을 하나의 국가로 인정하는 '독일정책'이었다. 브란트는 이후 대외정책에서 '독일에는 서독과 동독이라는 두 개의 국가가 존재한다'는 입장을 분명히 했으며, 서독이 전 독일을 대표한다는 이전까지의 입장과 완전히 결별할 것을 선언했다. 그리고 이를 바탕으로 1970년 3월 동독과 첫 정상회담을 개최했고, 1973년 9월 서독과 동독의 국제연합 동시가입을 현실화시켰다. 이런 일련의 정책을 통해 브란트는 독일 영토에서의 전쟁 가능성을 제거해나갔다.

> 나는 연방총리로서 비로소 처음이 아니라 이미 몇 년 전에 나 자신에게 이렇게 물었습니다. 평화를 공고히 하기 위해 너의 국가, 너의 서독은 무엇을 할 수 있는가? 서독과 너는 제2차 세계대전의 결과를 극복하고 대립을 제거하기 위해, 그리고 유럽에서의 안보와 협력체제를 구축하기 위해 무엇을 할 수 있는가?

이런 물음에 대한 브란트의 대답인 독일정책을 이해하려면 먼저 1960년대 말까지 서독 정부 외교정책의 기초를 이루던 '할슈타인 독트린(Hallstein-Doktrin)'을 살펴볼 필요가 있다. 이 독트린은 아데나워 정부에

---

14 독일식 복지국가의 특수성을 강조하기 위해 독일에서 사용되는 개념으로, 독일헌법에 해당하는 기본법(Grundgesetz) 제20조 1항의 '민주적이고 사회적인 연방공화국'이라는 조항에서 연유한다. 서독은 이 조항에 의거해 제2차 세계대전 이후 '사회적 시장경제'라는 고유한 경제체제를 구축하면서 국민에게 기본적인 사회보장을 제공하는 국가의 책임을 강조해왔다.

서 외무부 차관을 지낸 발터 할슈타인의 이름에서 유래했는데, 그 핵심은 동독을 외교적으로 승인하는 국가와는 서독이 외교관계를 수립하지 않는다는 것이었다. 제3국이 동독을 국가로 인정하고 외교관계를 맺는 것을 저지하고, 제3국이 동독과 외교관계를 수립할 경우 이를 '비우호적 행위'로 규정함으로써 서독의 '단독 대표권 주장'을 관철하고자 하는 정책이었다.

단독 대표권 주장이란 서독이 제2차 세계대전 이전에 존재했던 독일 제국의 유일한 법적 상속자이며, 따라서 국제무대에서 독일의 이익을 대변하는 유일한 합법적 대표자라는 입장을 뜻한다. 서독에서는 자유선거를 통해 선출된 정부가 지배하는 반면, 동독에서는 당 독재가 지배하고 있다는 걸 명목으로 내세워 독일 땅 위에서 정통성을 가진 유일한 국가는 서독이며 독일의 이익을 대표할 수 있는 것은 서독뿐이라는 주장이었다. 당 독재로 인해 동독의 독일인은 자결권을 실천에 옮길 수 없으므로 서독 정부가 그들의 이익 역시 국제적으로 대표할 소명을 가지고 있다는 것이었다. 따라서 서독은 모든 수단을 다해 제3국이 동독과 외교관계를 수립하고 동독을 국가로 인정하는 것을 저지해야 한다는 논리였다.

다만 유일한 예외가 있었는데 그것은 소련이었다. 1954년 소련은 이미 동독과 외교관계를 맺은 상태였지만, 1955년 9월 모스크바를 방문한 아데나워는 서독과 소련의 외교관계 수립에 동의하고 대사를 파견하기로 했다. 따라서 모스크바에는 1955년 이후 두 개의 독일 대사관이 존재했다. 이러한 예외적 외교관계는 소련이 제2차 세계대전이 끝난 후 독일을 분할 점령했던 4개의 점령국 가운데 하나였기 때문에 가능한 것이었다.

아데나워는 모스크바 방문을 마치고 본으로 돌아오면서 동독에 대한 다른 국가들의 외교적 승인을 막을 방법을 생각했다. 그 결과가 바로

1955년 9월 23일 정부 성명을 통해 서독 대외정책의 기본으로 천명된 할슈타인 독트린이었다. 제1대 총리 아데나워로부터 제2대 총리 에르하르트를 거쳐 제3대 총리 키징어에 이르기까지 기민당 정부는 건국 이후 20년 동안 국제사회에서 서독의 단독 대표권을 주장하는 할슈타인 독트린을 중심으로 동독에 대한 정책을 전개해왔다. 이 독트린에 따라 1957년 동독과 외교관계를 맺었다는 이유로 유고슬라비아와의 외교관계를 단절했고, 1963년 쿠바와의 외교관계도 단절했다. 실제로 1960년대 말까지 서독은 자신의 경제력을 바탕으로 비공산주의 국가들이 동독을 외교적으로 승인하는 것을 막는 데 성공하기도 했다.

서독의 단독 대표권 주장에 소련과 다른 동구권 국가들 및 동독은 '두 개의 국가 이론'으로 대응했다. 즉, 이전의 독일제국 영토 위에 이제 주권을 가진 두 개의 독일 국가가 존재하고 있다는 주장이었다. 그리고 서독이 할슈타인 독트린을 통해 동독의 외교적 고립을 추진하자 동독은 무엇보다 제3세계의 신생국가들과 외교관계를 수립함으로써 서독에 의한 고립을 극복하고 있었다. 실제로 동독은 '국민 친선의 커다란 별'이라는 이름으로 불리며 1959년 이후 다양한 국민들 간의 친선과 협력을 통해 국제적으로 인정받고 신망을 향상시켜나갔다.

이런 가운데 서독에서는 할슈타인 독트린의 실효성을 둘러싼 논쟁이 가속화되었다. 동독의 국제적 승인을 저지하기 위해 반드시 필요한 도구라는 이 독트린이 실제로는 서독 대외정책의 경직화와 고립화를 유발하고 있었기 때문이다. 서독은 단독 대표권을 주장하며 동독의 사회주의통일당과 어떠한 공식적인 접촉도 피하고 있었다. '국가'라고 부르는 것을 피하기 위해 동독을 소련군 사령부가 주둔하고 있던 동베를린의 한 구(區)인 '판코우(Pankow)' 또는 '동쪽지역'으로 폄하해서 부르거나 동독에 대한 언급 자체를 아예 회피하는 게 다반사였다. 또한 할슈타인 독트린에 따라 서독 정부가 1955년 이후 제3국에 의한 동독의 승인을 저지하고자 시도하면서 동독 및 동구권과의 관계에서 활동공간이 심각하게 제약받고 있었다.

> 독일인은 우리 사이의 평화와 유럽에서의 평화를 위해 공동의 과제와 책임을 가지고 있습니다. 서독과 동독이 수립된 지 20년, 우리는 독일민족의 공동생활이 가능하도록 시도해야 합니다. 이것은 독일만의 이해가 아니라 유럽에서의 평화 및 동서관계를 위해서도 의미가 있습니다. 독일에 두 개의 국가가 존재한다 하더라도 두 국가가 서로에게 외국은 아닙니다. 두 국가의 관계는 다만 특수한 형태의 것일 수 있습니다.

브란트가 총리에 취임하고서야 서독 정부를 압박하던 단독 대표권 주장과 할슈타인 독트린이 폐기되었다. 서독 정부의 주도에 의한 통일이라는 일방적 인식을 버리고 통일은 '공동의 문제'라는 점으로 시선을 돌리기 시작했기 때문이다. 그리고 브란트의 지적처럼 독일 문제는 독일만이 아니라 유럽의 문제이기도 했다. 독일의 엘베 강을 중심으로 동쪽에는 바르샤바조약기구로 묶인 사회주의 국가들이, 서쪽에는 북대서양조약기구로 묶인 자본주의 국가들이 서로 대치하고 있었다. 독일 문제는 유럽의 문제였으며, 당시 베를린에서의 동서냉전이 핵무기를 배경으로 전개되고 있었기 때문에 이는 곧 세계평화의 문제이기도 했다. 동독을 지칭해 '국가'라는 단어를 처음으로 사용한 브란트였기에, 그의 취임은 불신으로 일탈하고 있던 독일이라는 전차에 상생의 레일과 비전의 목표라는 도착점을 제시하는 의미를 갖고 있었다.

서독이 전 독일을 대표한다는 원칙을 포기하고 동독을 하나의 국가로 인정함으로써 브란트는 동독과 관계개선의 길을 열었다. 1970년 3월 19일 브란트는 동독 내각평의회 의장 빌리 슈토프를 만나기 위해 동독의 에어푸르트 역에 도착했다. 최초로 동서독 정상회담이 열린 것이었다. 역에서 호텔로 가는 길에 수많은 동독인이 나와서 브란트에게 환호를 보냈다. 그날의 감격을 브란트는 이렇게 적고 있다.

> 특별열차에 오르기 전에 나는, 정치는 '그것이 인류와 평화에 기여할 때에만' 내게 의미가 있다고 강하게 마음먹었다. 에어푸르트에서의 날이 왔다. 내 인생에서 그렇게 감정이 복받쳤던 날이 있었던가? 독일과 독일의 국경선 저편에는 길을 따라서 사람들이 손짓을 하고 있었다. 비록 인민경찰이 끼어들어야만 했지만, 창문 밖으로 아낙네들이 인사를 보냈고, 또한 그들의 남편들은 작업장에서 그리고 작업장 앞에서 환영의 인사를 보냈다. (……) 나는 감동받았고 나와 함께하는 국민이 있음을 느꼈다. 이런 방식으로 발산되는 공동의식의 감정은 얼마나 강력한 것인가?

회담에서 슈토프는 서독과 동독의 즉각적인 외교관계 수립을 요청했다. 반면 브란트는 단지 동독이 동등한 권리를 가졌다는 점에만 동의를 표했다. 따라서 회담에서 구체적인 결과를 끌어내기는 어려웠다. 그럼에도 불구하고 '독일 땅에서 더 이상 전쟁이 시작되어서는 안 된다'는 점에 두 정상은 합의했다. 두 달 뒤인 5월 21일 답례 방문의 의미로 슈토프가 서독의 카셀을 방문했다. 그 뒤 서독과 동독의 노력은 1972년 12월 21일 동베를린에서의 「서독과 동독의 관계에 관한 기본조약」 체결과 1973년 9월 18일 국제연합 회원국으로의 동시 가입으로 구체적인 결실을 맺었다. 26년에 걸친 대립관계가 완화되고 평화공존관계로의 전환이 이루어진 것이었다.

「서독과 동독의 관계에 관한 기본조약」에서 두 나라는 '동등한 권리의 기반 위에서 정상적인 좋은 이웃으로서의 관계'를 발전시켜나가고 모든 국가의 주권적 평등, 독립성과 자립성 및 영토적 통합에 대한 존중, 자결권 및 인권보호 같은 원칙을 지키기로 합의했다. 그러나 이것이 동독에 대한 국제법적 승인을 의미하는 것은 아니었다. 따라서 양측은 대사관이 아니라 상설대표부를 설치하기로 했다.

브란트 정부는 이 조약이 통일이라는 서독의 목표와 모순되지 않는다는 점을 누누이 강조했다. 그러나 야당인 기민당·기사당은 통일이라는 목표를 저버린 것이라며 조약의 비준을 거부했다. 심지어 기사당의 텃밭인 바이에른 주는 이 조약이 헌법에 위배된다며 칼스루에에 있는 헌법재판소에 제소했다. 1973년 7월 31일 헌법재판소 판사들은 이 조약이 서독의 기본법에 어긋나지 않는다며 이 조약의 법적 효력을 인정했으나 동시에 기본법에 명기된 통일 규정을 준수할 것을 강조했다.

독일정책을 통한 동독과의 관계정상화 이면에는 브란트의 동방정책이 자리하고 있다. 동방정책을 통한 소련 및 동유럽 국가들과의 긴장완화가 없었다면 동독과의 관계정상화는 아마도 불가능했을 것이다. 브란트가 총리로 취임하자마자 이들 국가들과의 관계를 빠르게 개선하기 시작한 것은 동독과의 관계정상화로 가는 물꼬를 트기 위한 것이었다. 브란트의 동방정책은 정확히 표현하면 '신동방정책(Neue Ostpolitik)'이라 할 수 있다. 1960년대 초반 기민당 소속의 외무부 장관 게르하르트 슈뢰더가 동구권 국가들과의 대화를 시작했기 때문이다. 1963년과 1964년 약간의 진전이 있었지만 슈뢰더의 정책은 소련의 반대로 무산되었다. 그리고 브란트가 대연정의 외무부 장관으로 1967년과 1968년 루마니아 및 유고슬라비아와 외교관계를 회복했지만, 대연정은 서독의 단독 대표권 주장을 고수하고 있었기 때문에 동방정책을 더 이상 밀고 나가기가 어려웠다.

브란트는 총리로 취임한 직후 소련이 주장하는 오더-나이세 강 경계(Oder-Neiße Linie)를 폴란드의 서부 국경선으로 인정하고 세계평화를 위해 핵 무장을 포기할 의사가 있다며 소련과의 대화를 시도했다. 동구 사회주의 진영을 대표하는 소련에게 서유럽과 대치하고 있는 동유럽 국가들의 국경선 문제는 무엇보다 중요한 관심사였기 때문이다. 1969년 12월 8일 소련의 외무장관 안드레이 그로미코와 소련 주재 서독 대사가 만나 양국의 관심사항을 다룬 뒤, 베를린 시장 시절부터 브란트를 보조해온 에곤 바르가 브란트로부터 협상의 전권을 위임받아 미국과 소련을 오가며 오해를 해소하고 대화를 할 수 있는 분위기를 만들어나갔다. 2005년 통일 15주년을 앞둔 인터뷰에서 에곤 바르는 동방정책을 추진하던 배경에 대해 다음과 같이 설명했다.[15]

유럽의 중앙이라는 지정학적 위치를 지닌 독일이 국제무대에서 능동적인 역할을 할 수 있는 새로운 가능성을 찾으려는 것이 동방정책의 바탕에 깔린 현실인식이라고 할 수 있습니다. 우리는 그 가능성을 동구와 서구의 가교가 되는 데에서 찾았습니다. 그것이 동서가 첨예하게 대립하는 냉전

---

[15] 중앙대학교 한독문화연구소는 한국학술진흥재단의 지원을 받아 2003년부터 2005년까지 독일통일에 관한 연구를 수행하고 그 결과물을 2006년 『통일독일을 말한다』 3부작으로 출간했다. 제1권 『머릿속의 장벽: 통일 이후 동·서독 사회문화 갈등』, 제2권 『변화를 통한 접근: 통일 주역이 돌아본 독일 통일 15년』, 제3권 『나의 통일 이야기: 동독 주민들이 말하는 독일 통일 15년』이다. 에곤 바르의 인터뷰는 제2권의 첫 머리에 「동방정책의 설계자, 에곤 바르」라는 제목으로 실려 있다.

시대의 분단국가로서 취할 수 있는 실효성 있고 의미 있는 유일한 외교정책이었습니다. 종전 후 서독은 아데나워 시대를 통해 이미 서구에 성공적으로 통합되어 있었으므로 우리에게 주어진 과제는 동구를 향해 다가가는 것이었습니다. 다행스럽게도 우리에게는 빌리 브란트라는 탁월한 인물이 있어 그 일을 성공적으로 추진할 수 있었습니다.

1970년 1월부터 5월까지 세 차례의 협상과 14번에 걸친 만남이 이루어지고 최종 협약만 남은 시점에서 8월 11일 브란트는 모스크바로 출발했다. 8월 12일 크렘린 궁에서 브란트는 소련의 브레즈네프 서기장과 무력포기를 통한 평화와 긴장완화, 유럽에 존재하는 국경선 존중 등의 내용을 담은 모스크바 조약에 최종적으로 합의했다. 하지만 비공개원칙이었던 회담 내용이 언론에 일부 밝혀지면서 야당인 기민당·기사당으로부터 강한 비난이 쏟아졌다. 그들은 '동독을 사실상의 국가로 인정하고 오더-나이세 강 경계를 폴란드 서쪽 국경으로 인정한다는 것은 과거 독일의 영토였던 오더-나이세 강 동쪽에 있는 슐레지엔을 잃는 것'이라며 강하게 반발했다.

다른 한편 브란트는 소련과의 대화를 위한 물밑협상이 한창이던 1970년 1월, 서독 외교정책의 첫 번째 걸림돌로 작용하던 폴란드와의 관계정상화를 시작했다. 제2차 세계대전이 독일의 폴란드 침공으로 시작되었을 뿐만 아니라 폴란드가 전쟁의 최대 피해자 중 하나였기 때문에 폴란드와의 관계정상화는 무엇보다 시급한 과제였다. 두 나라는 2월 5일 폴란드의 수도 바르샤바에서 제1차 회담을 개최하고 서로의 기본입장을 교환했다. 폴란드의 서쪽 국경을 확정하는 문제, 폴란드 영토에 거주하는 독일인의 서독으로의 이주 문제 및 양국 간의 경제협력 문제가 핵심이었다. 이후 양국 간의 대화가 성공적으로 진행되어 1970년 1월 7일 브란트가 쉘 외무장관과 바르샤바를 방문해 바르샤바 조약을 체결했다.

1972년 초 모스크바 조약과 바르샤바 조약 승인을 둘러싸고 서독 연방의회에서는 격렬한 대정부 질문이 쏟아졌다. 사민당과 자민당 의석이 기민당·기사당 의석보다 불과 몇 석 더 많은 상황이었다. 따라서 두 조약의 비준 여부는 불투명했다. 브란트 정부의 입장에서는 이 두 조약이야말로 유럽에서의 협력과 평화를 위한 전제이자 기초였다. 반면 야당의 입장에서는 독일의 이익을 싼값에 팔아넘기는 것에 불과했다. 야당은 이 조약들로 인해 오더-나이세 강이 폴란드의 서쪽 국경으로 확정되고 동독이 독일의 두 번째 국가로 인정받는 것을 두려워하고 있었다.

일부 사민당 의원들은 민족자결권을 인정하고 동·서독 자유왕래를 단계적으로 실천한다면 승인할 의사가 있다고 밝혔다. 그러나 브란트는 현재는 민족자결권을 주장할 시기가 아니라고 주장하며, 연방의회에서 이 조약들을 신속히 승인해야만 동독은 물론이고 다른 동유럽 국가들과도 관계개선을 위한 협상을 시작할 수 있다고 강조했다. 이런 가운데 동방정책에 반대하던 10명의 사민당 의원이 탈당해 기민당·기사당의 입장을 지지하는 방향으로 선회했다. 하지만 기민당·기사당도 동방정책을 둘러싸고 완전한 의견의 통일을 보지 못하고 일부 젊은 의원들이 브란트의 동방정책을 지지하기도 했다.

이렇게 상황이 전개되자 기민당·기사당은 연방의회에서 이 조약들이 비준되기 전에 브란트를 불신임 결의안으로 실각시키고 기민당 원내총무인 라이너 바르첼을 총리로 선출할 계획을 세웠다. 서독 국민은 커다란 관심을 보이며 불신임 투표결과에 온 신경을 곤두세웠다. 설문조사에 따르면 다수의 국민이 브란트 정부의 동방정책과 독일정책을 지지하고 있었다. 브란트에 대한 불신임안의 통과는 동방정책과 독일정책의 미래가 불확실해짐을 의미했다. 그래서 여러 도시들에서 시민들이 '바르첼 쿠데타'[16]에 대항해 시위를 벌이며 브란트에 대한 지지를 표현하기도 했다. 1972년 4월 27일에 이루어진 불신임 투표에서 바르첼은 총리가 되는 데 필요한 의석수를 확보하지 못했다. 247명의 의원이 바르첼에게 표를 던졌지만, 총리가 되기에는 2표가 모자랐던 것이다. 우여곡절을 거치며 모스크바 조약과 바르샤바 조약이 연방의회에서 승인되었고, 이후 동서간의 긴장완화를 위한 기초로 작용했다. 브란트에게 이 조약들은 이어지는 동유럽 국가들과의 조약 체결을 위한 서곡의 의미를 지니고 있었다.

  기민당·기사당의 브란트 불신임안이 좌절되면서 브란트는 계속 총리로 일할 수 있게 되었다. 그러나 브란트는 이를 계기로 동방정책에 대한 입장차이로 인해 연방의회에서 여당의 의석수가 줄어드는 상황을 극복하고자 했다. 그래서 1972년 9월 20일 연방의회에 '내각 신임안'을 제출해 새로운 연방의회 선거로 향하는 길을 열었다. 그로부터 두 달 뒤인 11월 19일에 치러진 제7대 연방의회 선거의 핵심 쟁점은 브란트 정부의 동방정책이었다. 그래서 선거는 모스크바 조약과 바르샤바 조약에 대한 국민투표의 양상을 띠게 되었다. 91.1%에 이르는 역대 최고의 투표율

---

16 1972년 브란트 총리에 대해 바르첼이 주도한 불신임 투표를 일컫는다. 당시의 분위기를 데니스 바크(Dennis L. Bark)와 데이비드 그레스(David R. Gress)는 『도이치 현대사』(1993)에서 이렇게 전했다. "당시 브란트의 동방정책은 서독의 지식인, 배우, 예술인, 작가 등 언론 및 출판계의 대대적인 지지를 이끌어냈다. 독일의 시사 주간지 《슈피겔》, 《슈테른》, 《디 차이트》 등은 브란트를 열렬히 지지했고 '도덕적 정치인'의 이미지를 그려나갔다. 브란트에 대해 찬양일색이었던 이들 매체는 바르첼을 철저하게 악인으로 묘사했다. 브란트는 '확고한 원칙을 가진 인물'로 그린 반면, 바르첼은 '교활하고 야심에 찬 남자의 전형'이었다. 따라서 브란트의 불신임 투표를 일종의 '쿠데타'로 받아들였고 시민은 브란트를 지지했다."

을 보인 제7대 연방의회 선거에서 브란트의 사민당은 300만 표를 더 얻어 45.8%라는 경이적인 득표율을 기록하면서 44.9%의 득표에 그친 기민당·기사당을 앞질러 사상 처음으로 연방의회에서 제1당이 되었다. 그뿐만이 아니었다. 선거 전에 이미 사민당과 연립정부 구성을 약속한 자민당도 8.4%라는 높은 득표율을 기록했다. 이런 결과에 힘입어 1972년 12월 14일 연방의회에서 브란트는 찬성 269표, 반대 223표로 다시 총리에 선출되었다.

이후 동방정책은 1973년 12월 11일 체코슬로바키아와 프라하 협약을 맺는 것으로 발전해나갔다. 양국 정부는 1970년 10월 협상을 시작했지만 오랫동안 진전을 보지 못했다. 야당이 '뮌헨 협정 무효화'라는 체코슬로바키아의 요구를 받아들일 수 없다고 강력히 반대했기 때문이었다. 그러나 브란트는 이 요구를 받아들임으로써 체코슬로바키아와의 관계정상화를 현실화시켰다. 그뿐만 아니라 헝가리 및 불가리아와도 외교관계를 맺었고, 이미 있던 무역관을 대사관으로 전환했다. 이로써 서독은 알바니아를 제외한 모든 동유럽 국가, 즉 유고슬라비아, 루마니아, 폴란드, 체코슬로바키아, 헝가리, 불가리아와 외교관계를 수립했고 브란트 정부의 동방정책은 성공적으로 마무리되었다. 그리고 오늘날의 역사는 브란트의 동방정책이 옳았음을 입증하고 있다.

1972년 12월 14일 다시 총리로 선출된 브란트는 1974년 5월 5일 총리직을 사임하고 연방정치와 거리를 두었다. 1973년 10월 이스라엘과 아랍 국가들 사이에서 벌어진 제4차 중동전쟁은 전 세계에 '오일 쇼크'를 일으켰다. 석유 수입량의 75%를 아랍 국가에게 의존하던 서독도 예외가 아니었다. 서독은 제2차 세계대전 이후 처음으로 심각한 경제위기에 처했다. 이로 인해 1973년 1.2%였던 실업률이 1974년 2.6%로 치솟았다.

이처럼 서독 경제가 어려워지면서 브란트는 '경제 초년병'이라는 냉소적 표현에 시달려야 했다. 그러면서 사민당의 지지도가 34%로 떨어졌고, 1974년 봄의 기민당·기사당의 지지도는 52%로 올랐다. 1974년 3월 4일 실시된 함부르크 주 의회 선거에서도 사민당의 지지도는 55.3%에서 44.9%로 떨어졌다.

그러나 브란트가 사임한 직접적 원인은 '기욤 사건'이었다. 1974년 4월 24일 중동 방문을 마치고 쾰른·본 공항에 도착한 브란트는 공항에서 내무부 장관 한스-디트리히 겐셔로부터 연방총리실 소속 수행비서관 귄터 기욤이 동독의 비밀경찰 슈타지 요원이며 그날 아침 간첩 혐의로 체포되었다는 보고를 받았다. 브란트는 이에 정치적 책임을 지고 물러나기로 결정을 내리고 열흘 뒤인 5월 6일 연방대통령 구스타브 하이네만에게 사직서를 제출했다. 4년 반 동안 재직했던 총리직에서 스스로 내려온 것이다.

브란트는 『회고록』(1989)[17]에서 '종착점인 평화'에 대해 강조하며, 자신의 총리 재임 시절 독일정책과 동방정책의 종착점은 '평화'였다고 밝히고 있다. 그는 서독과 동독 그리고 서유럽과 동유럽의 긴장완화를 통해 평화에 기초한 새로운 세계상을 구상했던 것이었다. 그러나 브란트에게 평화는 비단 동구와 서구의 긴장완화만을 의미하는 것은 아니었다. 브란트에게는 남반구와 북반구의 빈부격차 해소 또한 평화를 이루기 위한 중요한 과제였다. 그래서 브란트는 총리직에서 물러난 후 제3세계의 빈곤퇴치를 위한 노력을 아끼지 않았다. 동서문제에서 남북문제로의 관심 이동

---

17 브란트의 『회고록』은 『동방정책과 독일의 재통합』(1990)이라는 제목으로 번역, 출간되었다.

은 '남북 간의 형평이 평화와 관계한다'는 것을 브란트가 누구보다 잘 알고 있음을 보여준다.

> 나는 기아와 전쟁, 군비와 자각으로의 복귀 간에 연관을 맺으려고 노력했다. 역사는 우리에게 어떻게 전쟁이 기아를 초래하는지 가르쳐주었다. 대량빈곤이 혼란으로 끝날 수 있다는 것은 별로 인식되지 않았다. 기아가 만연하는 곳에 평화가 성립할 수 없다. 전쟁을 배척하고자 하는 사람은 대량빈곤도 없애야만 한다.

브란트는 1977년 9월 세계은행(IBRD) 총재 맥나마라의 요청에 따라 '국제개발문제독립위원회(Independent Commission on International Development Issues)'의 위원장을 맡았다. 흔히 '남북위원회'라 부르는 이 위원회는 1980년 2월 12일 브란트의 책임 아래 『생존을 보장하라. 선진국과 개발도상국의 공동의 이해』라는 보고서를 발간하며 남북문제가 평화정책으로서 갖는 의미를 강조했다. '브란트 보고서'라고도 일컫는 이 보고서 서문에서 브란트는 남북균형이 '평화의 적극적 보장을 위한 새롭고도 역사적인 차원'이라고 쓰고 있다. 또한 국제사회가 상호의존과 개발이라는 도전에 왜, 그리고 어떻게 대응해야 하는가와 관련해서도 분명한 입장을 밝혔다. 나아가 이 보고서는 개발도상국의 개발정책을 장기적인 평화정책으로 이해하면서 이는 비단 개발도상국만의 문제가 아니라 선진국을 포함한 전 인류의 생존을 보장하기 위한 정책이라고 강조했다.

정치와 도덕을 결합한 정치가

브란트는 '정치와 도덕을 결합한 정치가'로서의 면모를 독일인과 세계인에게 보여준 정치가이기도 하다. 정치와 정치가라는 용어를 들으면 흙탕물을 연상하는 게 우리의 정치 현실이다. 이런 가운데 정치와 도덕을 결합한 정치가도 있을 수 있다는 사실은 우리에게 적지 않은 위로임에 틀림없다. 유권자나 정치가는 정치와 도덕을 분리하곤 하지만, 정치가 도덕과 결합될 때 얼마나 아름다워질 수 있는가를 기억할 필요가 있다. 정치가 도덕을 잊지 않을 때 사람들의 마음을 움직일 수 있다는 점을 브란트가 상징적으로 보여주고 있듯이 말이다.

브란트의 이런 면모는 폴란드의 수도 바르샤바 방문에서 가장 잘 드러났다. 이미 언급했듯이, 제2차 세계대전은 나치가 독일과 동쪽 국경을 접하고 있던 폴란드를 침공하면서 시작되었다. 따라서 전쟁이 끝난 후에도 서독과 폴란드의 관계는 서먹하기 그지없었다. 그러다가 1970년 12월 7일 브란트는 바르샤바 조약의 체결을 위해 서독 정치가로서는 처음으로 폴란드를 방문했다.

폴란드를 방문한 고위 정치가들은 의전행사로 바르샤바에 있는 유대인 게토의 희생자 기념비에 헌화를 했다. 이에 따라 유대인 게토에 헌화를 하던 브란트는 돌연 기념비 앞에 두 무릎을 꿇었다. 귀도 크놉이 묘사하듯, 비까지 내려 축축하게 젖은 바닥에 무릎 꿇고 고개를 숙인 채 10초, 20초, 30……초가 지나도록 억울하게 죽어간 희생자들을 위한 추모의 묵념을 올렸다. 귀도 크놉에 따르면 그래서 취재하던 기자들은 헌화를 하던 총리의 모습이 갑자기 시야에서 사라지자 그가 병으로 쓰러진 것으로 오해했다고 한다.

독일어로 '바르샤바 유대인 거주구역'이라 부르던 '바르샤바 게토'는 제2차 세계대전 때 나치가 폴란드와 유럽의 유대인을 수용하기 위해 지은 강제수용소였다. 1940년 바르샤바 시내 중앙에 설치된 후 바르샤바에 살던 유대인 그리고 나치가 점령한 폴란드의 다른 지역 혹은 독일에 살던 유대인이 잡혀와 그곳에 수용되었다.

거주구역으로서의 의미를 점점 상실하고 마침내 집단학살수용소로 가기 전의 집결지로 변한 이 게토에서 1943년 4월 19일에서 5월 16일에 걸쳐 인종학살에 항거하는 대규모 유대인 저항운동이 발생했고 수많은 유대인이 학살되었다. 지옥이었던 그곳에 무릎을 꿇고 브란트는 독일의 어두운 과거를 참회하고자 했던 것이다. 나중에 브란트는 당시의 심경을 이렇게 술회했다.

> 나는 그 행동으로 무엇을 의도했느냐는 물음을 빈번히 받았다. (……) 나는 아무것도 계획하지 않았다. 그러나 내가 묵었던 빌라노프 성에서 게토 기념물에 대한 회상의 특수함을 표현해야 한다는 감정이 생겼다. 나는 독일 역사의 나락에서 그리고 수백만 희생자의 짐 아래에서, 언어로 표현하는 것이 불가능할 때 인간이 할 수 있는 것을 했을 뿐이다.

귀도 크놉이 전하고 있듯이, 사진기자들은 세기의 그림을 놓칠세라 정신없이 카메라 셔터를 눌러댔고 젖은 땅에 무릎 꿇은 채 600만 명의 유대인 학살이라는 나치의 만행을 참회하는 서독 총리의 사진이 전 세계로 전송되었다. 제2차 세계대전이 끝나고 25년이 지난 시점에서도 이 한 장의 사진은 독일이 진정으로 반성하고 있다는 인상을, 독일이 진정으로 달라지고 있다는 인상을 심어주기에 전혀 부족함이 없었다. '바르샤바에서 무릎 꿇은 총리'[18]의 사진은 평화를 사랑하며 책임을 통감하는 독일의 이미지를, 도덕적인 척도를 보여준 위대한 정치가의 이미지를, 카리스마 있는 겸손한 총리의 이미지를 창출해냈다. 이후 바르샤바는 그곳에 브란트가 무릎 꿇은 장면을 담은 기념비를 세우고 '빌리 브란트 광장'을 조성함으로써 그날의 사건을 기억하고 있다. 1969년 10월부터 1970년 12월의 바르샤바 방문에 이르기까지 브란트가 보여준 새로운 정치적 리더십은 국제적으로 높은 평가를 받았다. 미국의 시사주간지 《타임》은 브란트의 '동방정책'과 '새로운 유럽의 비전'이 갖는 의미를 인정해 1971년 1월 4일 브란트를 '올해의 인물'로 선정했다. 브란트의 업적에 대한 국제적 인정은 1971년 10월 20일 노르웨이의 노벨상 위원회가 브란트에게 노벨 평화상을 수여하기로 결정하면서 절정에 달했다. 노벨상 위원회는 브란트가 서독 총리로서 동방정책을 통해 국제적인 긴장완화에 크게 기여했다는 점을 선정 이유로 들며, 브란트가 "오랫동안 적이었던 국민들 간의 화해를 위해 자신의 손을 내밀었다"고 강조했다.

사후에도 변함없는 '브란트 매력'

브란트는 1992년 10월 8일 라인 강 근처의 웅켈에서 79세의 나이로 눈을 감았다. 웅켈은 라인란트–팔츠 주에 있는 인구 5천 명의 작은 마을

---

18 1970년 12월 14일자 시사주간지 《슈피겔》은 이에 대한 서독 내 설문조사 결과를 실었다. "무릎을 꿇은 것이 적절했는가 아니면 지나쳤는가"라는 질문에 서독인의 41%는 '적절했다', 48%는 '지나쳤다', 11%는 '잘 모르겠다'고 대답했다.

로, 본에서 남쪽으로 20km 떨어져 있다. 1979년 이후 브란트는 그곳에 삶의 둥지를 틀었고, 웅켈 시는 그의 삶을 기억하기 위해 2011년 3월 '빌리 브란트 박물관'을 개관하기도 했다. 브란트는 현재 베를린 남서부에 있는 첼렌도르프 공원묘지에 자신이 오랫동안 시장으로 재직했던 도시 베를린의 명예시민으로 잠들어 있다. 이제는 그가 그렇게도 꿈꾸던 통일이 이루어져 더 이상 서베를린이나 동베를린이 아니라 그냥 베를린으로 불리는 통일독일의 수도, 바로 그 베를린의 명예시민으로.

찾는 사람의 발길이 끊이지 않아 늘 꽃다발이 놓여 있는 그의 묘지는 매우 소박하다. 묘비에는 생년월일조차 생략된 채로 아무런 묘비명도 없이 '빌리 브란트'라고만 쓰여 있다. 그래서 그의 무덤 앞에 서면 1969년에서 1974년까지 서독의 총리였다는 사실도, 1971년 노벨 평화상 수상자였다는 사실도, 그에게는 별 의미가 없었던 것은 아니었을까 하는 의문을 갖게 된다. 정치가로서의 화려한 성공에도 불구하고 자연인으로서의 브란트는 어쩌면 늘 외롭고 고독했는지도 모른다는 생각이 든다. 브란트 사후에 그의 집에서 메모 하나가 발견되었는데, 거기에 "모든 삶은 그 내부에서 보자면 실패의 연속 이상의 것이 아니다"라는 조지 오웰의 문장이 적혀 있었다고 한다. 위기를 기회로 바꿀 줄 알았던 브란트 같은 큰 정치가에게도 삶이란 그다지 만만한 과제가 아니었던 모양이다.

독일의 시사주간지 《슈피겔》은 브란트는 정치가로서 수수께끼 같고 모순적인 특성을 지니고 있었는데 바로 그런 특성이 오늘날까지 사람의 마음을 움직이게 만드는 '브란트 매력'으로 나타나고 있는지도 모른다고 분석했다. 그의 사후 10주년이었던 2002년에 실시한 설문조사에 따르면, 독일인의 33%가 독일의 가장 본보기가 되는 정치가로 브란트를 꼽았다고 한다. 이는 29%를 얻은 아데나워를 훨씬 앞서는 수치였다. 브란트 내각에서 장관을 지낸 한스-요헨 포겔은 그 원인을 '정치가에게는 흔치 않은 특성의 조합', 즉 권력의식, 도덕, 감수성, 신뢰감, 카리스마의 조합에서 찾고 있다. 이와 더불어 확고한 사회민주주의자로서 평등·정의·연대라는 사회민주주의의 기본가치를 언제나 원칙적으로 준수하면서도 자신의 민감한 부분과 약점 또한 거침없이 보여준 것은 브란트가 과거에는 물론이고 오늘날에도 사람들에게 변함없는 매력으로 다가가며 사랑받는 이유일 것이다. 오늘날 베를린에 위치한 사민당 중앙당사를 '빌리 브란트 하우스'라 부르는 것도 이와 무관하지 않을 것이다.

2001년 『빌리 브란트 전기』를 펴낸 그레고어 쇨겐의 다음과 같은 평가는 브란트의 정치적 리더십이 갖는 매력의 정수를 잘 드러내주고 있다.

> 빌리 브란트의 약점은 그의 강점이었다. 그래서 사람들은 그 앞에서 두려움을 가지지 않았다. 그래서 사람들은 그를 존경했다. 그래서 그는 '국민의 마음'을 얻었다. '국민의 마음'을 잃어버리지 않으면서도 인간이 언제나 승리만 할 수는 없다는 것을, 인간은 상처받을 수 있고 아주 모순적일 수도 있다는 것을, 인간은 패배로 괴로워하고 또 자신과 다른 이들을 고통스럽게 할 수도 있다는 것을 보여준 것, 이것이야말로 빌리 브란트가 남긴 기억할 만한 유산이다.

브란트는 독일정책과 동방정책을 통해 독일통일의 첫걸음을 내디디며 '비전과 평화의 리더십'을 독일인과 전 세계의 사람들에게 보여주었다. 브란트는 자신의 정치적 시간을 냉전과 갈등이 아니라 평화와 협력으로 채워냈다. 자신의 정치적 공간을 서베를린에서 서독으로, 서독에서 동독으로, 동독에서 동유럽으로 그리고 동유럽에서 전 세계로 확장해나갔다.

"독일이라는 이름과 평화라는 개념, 그리고 유럽의 자유에 대한 전망을 함께 생각하는 데 동참했다는 것이 내 생애의 아주 고유한 깊은 만족입니다"라는 브란트 자신의 회고처럼, 브란트에게 삶은 평화로 향하는 끊임없는 길에 다름 아니었다.

안숙영 독일 베를린자유대학교에서 정치학 박사학위를 받았다. 현재는 부산대학교 여성연구소 SSK 공간주권 연구팀에서 전임연구원으로 활동 중이다. 지구화의 정치경제, 독일정치 및 젠더와 공간의 관계 등에 관심이 많다. 주요 논문으로는 「세계화의 사회적 전망: 독일에서의 '생산입지논쟁'에 대한 비판을 중심으로」(2009) 「새천년개발목표(MDGs)와 독일의 공적개발원조(ODA)」(2010)가 있고, 저서로는 『독일의 평화통일과 통일독일 20년 발전상』(공저, 2011) 등이 있다.

참고문헌

김누리 외. 『변화를 통한 접근: 통일 주역이 돌아본 독일 통일 15년』. 한울. 2006.
미네르바정치연구회 편. 『지구촌의 선거와 정당』. 한국외국어대학교 출판부.
    2007.
바크, 데니스 L.·데이빗 R. 그레스. 『도이치 현대사 2: 변화와 모색』. 서지원 옮김.
    비봉출판사. 2004.
_____. 『도이치 현대사 3: 아! 동방정책』. 서지원 옮김. 비봉출판사. 2004.
박래식. 『분단시대 서독의 통일·외교정책』. 백산서당. 2008.
브란트, 빌리. 『평화의 철학』. 노종호 옮김. 제문당. 1979.
_____. 『동방정책과 독일의 재통합』. 정경섭 옮김. 하늘땅. 1990(Brandt,
    Willy. *Erinnerungen*. Frankfurt a. M.: Propyläen Verlag. 1989).
브란트, 빌리·레오 라니아. 『빌리 브란트』. 갈봉근 옮김. 한림출판사. 1985(Brandt,
    Willy and Leo Lania. *Mein Weg nach Berlin*. München: Kindler. 1960).
브란트위원회. 『남과 북』. 이연교 옮김. 홍성사. 1983.
손선홍. 『분단과 통일의 독일 현대사』. 소나무. 2005.
쇨겐, 그레고어. 『빌리 브란트』. 김현성 옮김. 빗살무늬. 2003(Schöllgen, Gregor.
    Willy Brandt: Die Biographie. Berlin und München: Propyläen Verlag. 2001).
크놉, 귀도. 『통일을 이룬 독일 총리들』. 안병억 옮김. 한울. 2000.

Brandt, Willy. *Über den Tag hinaus. Eine Zwischenbilanz*. Hamburg: Hoffmann
    & Campe. 1974.
_____. *Begegnungen und Einsichten. Die Jahre 1960-1975*. Hamburg:
    Hoffmann & Campe. 1976.

_____. *Links und Frei. Mein Weg 1930-1950.* Hamburg: Hoffmann & Campe. 1988.

Leggewie, Claus. "Demut mit Charisma." *Tageszeitung*, 13. 01. 2007.

Müller, Helmut M. *Schlaglichter der deutschen Geschichte.* Bonn: Bundeszentrale für politische Bildung. 1996.

Oberreuter, Heinrlch u. a. *Die politischen Parteien in Deutschland.* München: Olzog. 2000.

Schmidt—Klingenberg, Michael. "Willy auf der Wolke." *Der Spiegel*, Heft 41, 2002. S.56—68.

www.dhm.de/lemo

www.willy—brandt—haus.de

프랑스의 경제위기를 극복하고 유럽연합을 주도하다

프랑수아 미테랑 François Maurice Adrien Marie Mitterrand, 1916~1996

66내가 진정으로 바라는 것은
민주주의의 가치를 중심으로 그릴 수 있는
모든 사람을 모으는 일입니다.
이것은 몇몇 사람을 배제하겠지만
다른 사람들에게 넓은 자리를 남겨줍니다.
몇몇 편협한 생각을 가진 사람들에게는 충격을 주겠지만,
나는 민주주의에 드리운 위협에 직면하여
이런 단합이 중요하다고 생각합니다.**99**

시대가 사람을 만든다는 말이 있지만, 때로는 사람에 의해 한 시대가 만들어지기도 한다. 혼돈과 불확실성의 시대, 위기의 시기일수록 특히 그러하다. 어디로 가야 할지, 어떻게 당면한 문제를 헤쳐 나갈지 알 수 없을 때 해법과 방향을 제시하는 사람에 의해 새로운 시대가 열리기도 한다. 정치지도자의 리더십이 중요한 것은 바로 이 때문이다. 하나의 공동체가 주어진 위기를 극복하고 새로운 시대를 개척할 수 있는가는 전적으로 정치지도자의 리더십에 달려 있다 해도 과언이 아니다. 역사에 이름을 남긴 정치지도자는 공통적으로 위기 속에서 공동체의 가치를 보존하고 오히려 한 단계 성숙시켰다. 프랑스의 제21대 대통령 프랑수아 미테랑 또한 그러한 정치지도자 중 한 사람이다.

현대 프랑스 정치사, 좀 더 지평을 넓혀 현대 유럽 정치사에서 프랑수아 미테랑만큼 뚜렷한 족적을 남긴 정치가도 흔치 않다. 프랑스와 유럽이 경험한 정치적 격변의 현장에 늘 그의 이름이 새겨져 있다. 미테랑은 프랑스 제5공화국 최초의 좌파 대통령이자 프랑스 역사상 가장 긴 기간(14년)을 통치한 대통령이며, 오늘날 유럽연합의 기초를 닦은 정치지도자의 한 사람으로 기억된다. 그는 14년이라는 대통령 재임 기간 동안 극심한 경제위기와 '동거정부(cohabitation)'라는 전대미문의 위기 상황에 맞서 프랑스라는 공동체를 지켜냈으며, 유럽통합의 고비고비마다 유럽공동체라는 비전을 굳건히 제시했다. 그는 좌파 사회당의 지도자로 대통령에 당선되었지만 프랑스 전체의 대통령이었으며, 프랑스를 넘어 유럽의 정치지도자로 자리매김했다. 미테랑이 오늘날 위대한 정치인의 한 사람으로 기억되는 것은 위기에 맞서 공동체의 가치와 지향을 지켜낸 그의 리더십에 기인한다.

레지스탕스, 드골, 그리고 좌파 대통령

미테랑의 정치적 역정은 제2차 세계대전과 레지스탕스 운동, 그리고 드골과의 대면에서 비롯된다. 제2차 세계대전과 함께 독일의 프랑스 침공은 프랑스 국민에게 커다란 후유증을 남겼다. 1940년 5월 벨기에와 네덜란드를 침공해 항복을 받아낸 독일은 프랑스의 최후방어선인 솜(Somme) 전선을 무너뜨리고 사실상 항복선언과도 같은 휴전협정을 프랑스로부터 받아냈다. 프랑스 국민은 공포에 사로잡혔으며 일부 지역에서는 피난을 떠나기도 했다. 전시협정을 통해 프랑스는 독일 점령지역과 비점령지역으로 나뉘었으며, 비점령지역은 '비시 정부'[1]가 관할했다. 비시 정부는 때론 독일의 요구조건을 마지못해 들어주기도 하고, 때론 좀 더 협력적인 자세로 자국민을 독일에 넘겨주거나 죽음의 전장으로 내보내기도 했다.

친독일 성향의 비시 정부와 독일 점령군에 맞서 목숨을 걸고 투쟁한 레지스탕스 운동[2]이 활발하게 전개됐다. 당시 프랑스의 식민지들은 샤

---

1   1940년 독일과 정전협정을 맺은 뒤 수립된 친독일 성향의 프랑스 정부. 1940년 6월 독일이 파리에 진격하자 정치적 협상을 주장했던 앙리 필리프 페탱(Henri Philippe Pétain)이 총리가 되어 독일과 휴전협상을 맺었다. 이 협상을 통해 프랑스는 점령지와 비점령지로 분할되었고, 오베르뉴의 온천도시 비시에 주재하는 정부가 비점령지를 관할했다. 비시 정부는 독일과의 협력을 강조하며 의무노동제를 도입해 약 500만 명에 이르는 프랑스 노동자를 독일과 프랑스 등지에서 독일의 전시 경제·군수산업을 위해 일하게 했다. 특히 비시 정부는 나치 정부의 프랑스 내 유대인 검거에도 협력했는데, 7만여 명에 이르는 프랑스 거주 유대인이 폴란드 수용소로 끌려갔으며 그중 3%만 살아남았다. 무력한 비시 정부에 맞서 프랑스 국민은 곳곳에서 레지스탕스 운동을 전개했다.
2   프랑스에서 레지스탕스라는 용어가 등장한 것은 1940년 6월 18일 드골의 항독 호소문에서였다. 1940년 6월 16일 페탱이 독일과의 휴전 의사를 천명하자 런던으로 망명해 대독항전을 벌이던 드골은 라디오 방송을 통해 "전쟁이 완전히 끝나지 않았다"면서 독일 점령국에 대한 프랑스의 저항(resistance)을 역설했다. 이후 드골은 장 물랭을 밀사로 보내 프랑스 내 분산

를 드골의 '항독 호소문'에 영향을 받아 드골파의 레지스탕스 운동에 합류했다. 이처럼 해외에서 대독 저항운동을 펼치고 있을 때 프랑스 본토에서의 레지스탕스 운동은 미미하지만 독자적으로 발전해나가고 있었다. 특히 독일이 '독·소 불가침조약'을 파기하고 소련을 침공하자 프랑스 공산주의자[3]들이 레지스탕스 운동에 대거 참여하면서 프랑스 국내 레지스탕스 운동은 활력을 띠고 규모가 커졌다.

1943년 11월 드골은 '프랑스 국민해방위원회'의 단일의장으로 추대되어 이 조직을 이끌게 되었다. 프랑스 국민해방위원회는 1944년 6월 연합군의 노르망디 상륙작전 직전에 '프랑스 공화국 임시정부'로 개칭하고 1944년 8월 파리 해방 이후 정국을 주도했다. 프랑스가 완전한 해방을 이루었던 11월 이후, 프랑스 공화국 임시정부가 '과거 청산'을 주도하면서 드골은 프랑스의 지도자로 전격 등장했다.

한편 드골의 최대 정적이기도 했던 프랑수아 미테랑은 청년 시절 가톨릭계열의 우파 민족주의 단체에서 활동하며 정치에 입문했다. 그는 프랑스의 식민정책을 열렬히 옹호했으며 프랑스가 알제리를 비롯한 식민지에 영향력을 행사해야 한다고 굳게 믿는 우파 민족주의자였다. 하지만

된 레지스탕스 운동을 '레지스탕스 통합운동(Mouvements Unis de la Resistance: MUR)'이라는 조직으로 묶어냈다. 그러나 당시 레지스탕스 조직 간에는 견해 차이가 컸으며 해외의 드골파에 대한 불신과 공산주의자에 대한 경계심 등 다양한 갈등이 존재했다.

3   강력한 반파시스트였던 프랑스 공산주의자들은 독일과 프랑스의 전쟁이 발발하자 1939년의 '독·소 불가침조약'에 묶여 어떠한 입장도 취하지 못했다. 나치즘보다 영국 제국주의에 더 공격적이었던 그들은 영국에 망명한 드골을 비난하기도 했다. 그러다 히틀러가 소련을 침공하자 프랑스 공산주의자들은 레지스탕스 운동에 적극 참여했다. 1942년에는 사회당계가 주도하는 '북부 해방(Liberation-Nord)' 조직과 공산주의자가 이끄는 '국민 전선(Front National)', 보수주의 성향의 '군민 조직(Organisation civile et militaire)' 등이 북부에서 활동했으며, 남부 지역에서는 좌파 인사가 이끄는 '남부 해방(Liberation-Sud)'과 프랑스 혁명기 자코뱅 전통을 이어받은 '의용군(France-Tireur)' 등이 활동했다.

제2차 세계대전 당시 나치 점령하의 프랑스를 해방시키기 위한 레지스탕스 운동에 참여하면서 좌파적인 성향을 띠게 되었다. 특히 프랑스 레지스탕스 운동의 대부라 할 수 있는 드골과 대립하면서 점차 좌파 정치인으로 변모했다.

미테랑이 드골과 처음 대면한 것은 제2차 세계대전이 한창이던 1943년경이었다. 제2차 세계대전에 보병으로 참전한 미테랑은 곧 전쟁포로가 되어 포로수용소에 수감되었다. 수차례 탈출을 감행했던 그는 1941년 12월 탈출에 성공했고 걸어서 프랑스로 돌아와 당시 비시 정부 하에서 전쟁포로를 돌보는 일[4]을 하면서 다른 한편으로 레지스탕스 운동에 관여하기 시작했다. 그러나 레지스탕스 운동에 대한 비시 정부의 탄압이 거세지면서 그는 알제리로 피신했고 그곳에서 '자유 프랑스'라는 프랑스 해방기구를 이끌고 있던 드골을 만났다.

알제리에서 미테랑은 자신과 같은 전쟁포로 출신 동료를 규합해 레지스탕스 운동을 전개하면서 프랑스 내의 레지스탕스 세력과 활발한 연계를 모색했다. 그러나 그 과정에서 미테랑은 당시 알제리에서 레지스탕스 운동을 총지휘하고 있던 드골에 대해 심각한 불신을 갖게 되었다. 미테랑이 보기에 드골은 '자유 프랑스'를 자신의 측근과 인척을 중심으로 운영할 뿐만 아니라 레지스탕스 운동의 주도권과 지도력을 확보하기 위해

---

4 미테랑이 비시 정부하에서 일했던 이 기간은 후일 대통령 퇴임 1년 전 피에르 페앙이 미테랑의 젊은 시절에 관한 책을 쓰기 위해 조사하다 발견된 비시 정부의 수장 페탱과 함께 찍은 사진이 발견되면서 정치적 문제로 불거진다. 당시 미테랑은 비시 정부의 포로 등급 재평가 사무실에서 일했기에 나치 협력자라는 의혹을 불러일으켰다. 미테랑 평전을 썼던 자크 아탈리는 "끔찍한 시대였으며, 아우슈비츠를 향해 어린이를 데려가지는 않고 전쟁포로에 관해서만 일을 했다"는 미테랑의 말을 인용하면서 "끔찍하고 불안한 시대였으며 공작과 욕심이 넘치던 시대였다"고 평하고 있다.

프랑스 국내의 레지스탕스 운동을 파괴하는 일도 서슴지 않는 사람이었다. 특히 1940년 드골은 레지스탕스 운동의 주도권을 차지하려고 프랑스 국내의 거물 레지스탕스들을 제거하기 위해 온갖 수단을 동원하며 독일군과 싸우기보다 오히려 국내 레지스탕스와 싸웠다. 1943년 드골은 전쟁포로단체 관리직을 자신의 조카에게 넘겨주고 미테랑을 한직으로 내몰기도 했다.

미테랑에게 드골은 정치적 야욕을 채웠던 '독재자'였으며, 1958년 '쿠데타'를 일으켜 정권을 탈취한 주역이기도 했다. 미테랑은 드골에 대해 "그는 정치적 음모를 획책하고 군사적 반란을 이용해 질서를 뒤엎었다. 그질서는 그래도 공화국이라는 이름으로 불렸고 뿌리를 내렸으되, 퇴폐적이었다"고 회상했다. 미테랑이 드골의 지도력에 반기를 들고 독자적인 행동을 하면서 두 사람 사이에는 반목과 불신이 팽배해졌다. 1944년 마침내 프랑스가 나치 점령에서 해방될 때 미테랑과 드골 모두 파리로 귀환했다. 당시 임시정부 구성을 맡았던 드골이 신임 각료 예정자들을 면담하던 중 미테랑을 보자 "또 당신이군!"이라고 말했다는 일화는 두 사람사이의 관계를 짐작하게 해준다.

전쟁이 끝나고 프랑스 제4공화국이 등장하면서 미테랑은 본격적으로 정치활동을 시작했다. 그러나 미테랑이 처음부터 사회당·공산당 등의 좌파 정당에서 정치활동을 시작한 것은 아니었다. 정치인으로서 그의 활동은 1946년 11월 니에브르에서 중도우파 후보로서 공산당 후보를 누르고 당선되면서부터였다. 당시 그는 '공화주의 좌파 운동'[5]이라는 단체를 이끌면서 중도좌파 성향의 정치인과 돈독한 관계를 유지하고 있었지만, 사회당이나 공산당 등과는 거리를 두고 있었다.

그러던 그가 프랑스 좌파의 지도자로 등장하게 되는 것은 드골주의[6]

와 대결하면서부터이다. 미테랑은 식민지 정책과 프랑스에 속한 알제리 등에 관한 드골주의 정책을 몸으로 접하면서 드골의 추종자들이 정실주의와 금권정치, 반민주적 정치질서를 옹호한다는 비판을 맹렬히 펼쳤다. 그 후 그는 민주적 질서와 가치를 수호하기 위한 방안으로 좌파 사회민주주의자임을 천명했다. 처음부터 철두철미한 이념적 기초 위에서 좌파 정치인이 되었다기보다는 드골주의와 프랑스 우파에 맞서 좌파 사회당의 일원이 되었다는 것이 좀 더 정확한 표현일 것이다.

미테랑이 우파에서 좌파로 전격적으로 전환한 계기는 드골의 정계 복귀였다. 1954년부터 1957년까지 법무장관과 내무장관 등을 역임한 미테랑은 여전히 중도우파 정치인이었지만, 1958년 드골의 정치일선 복귀와 프랑스 제5공화국의 출범에 격렬히 반대하면서 정치적 전환을 맞았다. 1958년 드골의 복귀와 프랑스 제5공화국의 출범은 1954년 알제리 독립전쟁 개시와 더불어 발생한 프랑스의 극심한 정치적 혼란에 기인하는 것이었다.

많은 식민지를 보유하고 있던 프랑스는 1950년대 들어 식민지들의

---

5 프랑스 제4공화국 시기에 급진파와 무소속 급진파, 레지스탕스 사회민주주의 연합, 보수주의자로 구성된 선거연합. 1946년과 1951년 국회의원 선거 당시 공화주의 좌파 운동에 참여했던 후보자들은 보수연합의 중도우파적 성향을 띠고 있었다. 프랑스 정치사에서 우파는 군주제의 이미지가 강했기에 '우파'라는 이름을 기피하는 경향이 있었다.

6 프랑스 제18대 대통령인 샤를 드골이 재임 당시 펼친 정치사상을 일컫는 말로, 대외적으로는 프랑스의 외세로부터의 독립을 대내적으로 사회적 보수주의와 경제적 국가 주도를 주요 이념으로 삼았다. 드골은 의회정치보다 대중과 직접 소통하는 것을 선호하는 경향을 보이기도 했다. 대외적으로는 민족자결에 기반을 둔 '비동맹 외교정책'의 기조를 고수하며 NATO나 ECC 같은 국제 연합체에 불참을 선언하기도 했다. 드골은 프랑스가 생존을 위해 외세에 기대는 것을 거부하며 핵실험 강행, 군비 확장, 경제력 강화 등의 정치를 추구했다. 드골 사후 드골파의 정치세력이 불분명해졌다가 1990년대에 들어 자크 시라크에 의해 '드골주의' 또는 '신드골주의'가 중도보수계열의 공화국연합(Rassemblement pour la République: RPR)에 의해 다시 주창되었다.

독립전쟁에 직면했다. 그 첫 번째가 '1차 인도차이나 전쟁'이라고 일컬어지는 베트남의 독립전쟁[7]이었다. 이 전쟁에서 패배한 프랑스는 결국 1954년 베트남에서 철수하게 되는데, 영화 〈인도차이나〉는 바로 이것을 소재로 한 것이다. 알제리 독립전쟁은 베트남에서의 패배와 동시에 시작되었기 때문에 그 충격이 매우 컸을 뿐만 아니라 그에 대한 대응을 둘러싸고 프랑스 내에서 갈등이 유발되었다. 특히 군부는 당시 프랑스 정부가 식민지 독립전쟁에 미온적일 뿐만 아니라 이에 맞서고 있는 군부에 충분한 신뢰와 지원을 보내고 있지 않다는 불만을 품고 있었다. 그러던 중 프랑스 정부가 알제리와 독립협상에 나설 것이라는 소식이 전해지면서 1958년 5월, 일군의 군 장성이 알제리에서 쿠데타를 일으켰고 정부의 해체와 드골의 정계복귀를 요구하는 사태가 발생했다.

군부의 쿠데타에 직면한 프랑스 정부는 결국 드골을 정부 수반으로 옹립할 것을 결의했는데, 드골은 이를 수용하는 조건으로 대통령의 권한을 대폭 확대하는 개헌을 요구했다. 프랑스 제4공화국 헌법은 의원내각제를 골간으로 의회에서 선출된 총리가 행정부의 수반을 맡고 의회로부터 선출된 대통령은 형식적인 지위에 머물도록 되어 있었다. 드골은

---

7   19세기 말 이후 베트남, 라오스, 캄보디아 등 인도차이나 3국은 프랑스령에 있었으나 제2차 세계대전 중 일본군의 진입으로 프랑스 세력은 무너졌다. 일본의 패망 이후 베트남은 호찌민을 주석으로 하는 베트남 민주공화국의 수립을 선언하며 프랑스로부터의 독립을 재확인했다. 하지만 인도차이나 3국의 지배를 꾀하던 프랑스는 베트남의 독립을 인정하지 않고 사이공에 프랑스군을 상륙시켰으며 북부에 주둔하던 프랑스군은 베트남 전면공격을 개시했다. 그러나 하노이에서 철수한 베트민(Viet Nam Doc Lap Dong Minh Hoi, 베트남독립동맹, 흔히 '월맹'이라고도 한다)군은 프랑스의 무조건 항복을 거부하고 산악지대로 옮겨 항전했다. 프랑스는 친프랑스적인 베트남 정부를 세워 프랑스군과 연합해 베트민과 전쟁을 계속하며 미국의 원조를 받았다. 독립을 위한 프랑스군에 대한 항전은 베트남뿐만 아니라 캄보디아와 라오스에서도 같은 양상이었다. 프랑스는 전세가 불리하게 돌아가고 국제사회의 비판 여론이 쏟아지자 1954년 제네바 회의에서 휴전협정에 조인하고 인도차이나에서 전면 철수했다.

대통령 직선제를 도입하는 한편 대통령에게 행정부 수반으로서의 권한, 의회해산권[8], 비상조치권[9] 등의 권한을 부여할 것을 요구했다. 대통령은 국정을 원활히 운영하기 위해 필요할 경우 의회를 해산하고 자기 성향에 맞게 의회를 새로 구성할 수 있게 된 것이었다. 가히 제왕적인 대통령의 권한을 요구한 것인데, 당시의 정치상황에서 프랑스 의회는 이를 받아들일 수밖에 없었고 결국 드골의 요구를 수용한 개헌안이 통과됨으로써 1959년 드골을 초대 대통령으로 하는 프랑스 제5공화국이 탄생했다.

미테랑은 프랑스 제5공화국의 탄생과 드골의 취임에 반대한 몇 안 되는 정치인 중 하나였다. 그는 드골이 독재자의 기질을 가졌으며, 따라서 드골체제의 등장은 민주주의의 후퇴이자 독재로의 회귀일 뿐이라고 보았다. 프랑스 제5공화국 헌법에 대해서도 그는 독재를 정당화하는 '걸레 같은 헌법'이라고 맹렬히 비난했다. 그런데 아이러니하게도 훗날 미테랑은 대통령이 되어 자신이 '걸레 같은 헌법'이라 명명한 제5공화국 헌법을 수호해야 하는 처지에 놓였다.

미테랑과 일부 정치인의 반대에도 불구하고 프랑스 제5공화국 헌법은 압도적인 지지로 통과되었다. 곧이어 실시된 총선에서 미테랑은 낙선의

---

8 의회해산은 주로 하원의원 전체에 대해 임기 만료 전에 의원자격을 상실케 하는 것을 지칭한다. 제4공화국까지 의원내각제였던 프랑스는 제5공화국에 들어 대통령제를 취했지만 다수당 내에서 수상이 선택됨으로써 대통령제와 의원내각제가 절충적 모습을 띠었다. 드골에 의해 도입된 '의회해산권'으로 대통령은 자신이 소속된 당이 아닌 다른 당이 다수당으로 있을 경우 의회를 해산하고 총선거를 실시할 수 있다.

9 천재지변 등의 중대한 비상사태에 처해 급속한 조치가 필요할 때 국정 전반에 걸쳐 특별한 조치를 할 수 있는 대통령의 권한이다. 대통령은 '비상조치권'에 의거해 공화국 제도, 국가의 독립, 영토 보전, 국제 협약 등이 위협받거나 공권력의 정상적인 기능이 중단될 때 상황에 따라 필요한 조치를 취할 수 있다. 드골은 알제리 문제를 해결하기 위해 비상조치권을 한 번 사용했다. 하지만 비상조치권은 헌법 파괴의 우려가 있었다.

고배를 마셨고, 1962년 의회에 복귀할 때까지 야인의 길을 걸었다. 1962년 의원에 당선된 이후 미테랑은 전국적인 수준에서 드골주의에 반대하는 좌파 정치세력 규합 운동에 주력했다.

이러한 노력의 결과 미테랑은 1965년에 치러진 대통령 선거에 좌파연합 후보로 나서게 되었다. 그의 첫 대통령 선거 도전이자 드골과의 본격적인 대결이었다. 당시 미테랑은 어떤 정당에도 소속되어 있지 않았지만, 모든 좌파 정당의 동의하에 단일후보로 나서게 되었다. 프랑스 대통령 선거는 1차 투표에서 과반수 득표한 후보가 나오지 않을 경우 결선투표를 거치도록 되어 있다. 1965년 대통령 선거는 드골의 낙승이 예상되었지만, 1차 투표에서 미테랑이 31.7%를 득표하고 드골이 과반 득표에 실패함으로써 두 후보를 놓고 결선투표를 치르게 되었다. 결선투표에서 44.8%를 득표한 미테랑은 드골에게 석패했다.

1965년 이후 프랑스는 일대 정치적 격변에 휘말렸다. 1968년에는 대규모 반정부 학생시위[10]가 발발했고, 결국 이듬해 드골은 대통령직을 사임했다. 이로써 1969년 대통령 선거가 다시 치러지게 되는데, 미테랑은 이 선거에는 출마하지 못했다.[11] 1968년 반정부시위에 맞서 드골이 의회

---

10 '5월혁명'이라고도 한다. 드골 정부의 실정과 사회의 모순으로 인한 저항운동과 총파업투쟁을 뜻한다. 칸 대학과 파리 대학 낭테르 분교의 학생시위가 정부의 탄압을 받은 것을 시작으로, 정부의 조치에 분개한 각지의 청년노동자가 합세했다. 총 400만 명이 파업과 공장점거, 대규모 시위에 참여했는데 그들은 정부가 대학교육의 모순, 관리사회에서의 인간 소외, 유럽공동체 체제하에서의 사회적 모순을 해결해줄 것을 주장했다. 드골 정부는 노사대표와 임금인상, 사회보장, 노조의 권리 향상을 보장하는 '그루넬 협약'을 맺는 등 사태를 수습하기 위해 노력했으나 뜻을 이루지 못했다. 마침내 드골은 국민에게 신임을 묻기 위해 의회를 해산하고 6월 23일부터 30일까지 총선거를 실시했다. 이 선거에서 여당은 전체 485석 가운데 358석을 차지해 대승리를 거두었다. 그러나 1969년 드골은 국민투표에서 잇달아 패배하면서 사임했다.
11 당시 사회주의 인터내셔널 프랑스 지부(Section Française de l'Internationaleouvriére: SFIO)를 대표해 가스통 드페르(Gaston Defferre) 후보가 나섰으나 5%의 지지밖에 얻지 못했다. 당시 프랑스 사회당은 군소세력으로 축소된 상황이었다.

를 해산하고 실시한 총선에서 좌파가 참담하게 패배하자 이에 대한 책임으로 미테랑은 좌파연합의 공동후보로 추대되지 못했던 것이다. 1969년 대통령 선거는 드골 정부에서 총리를 지낸 퐁피두(Georges Jean Raymond Pompidou)의 승리로 막을 내렸다.

대통령 선거에서의 패배 이후 프랑스 공산당을 제외한 중도좌파 정당들은 새로운 프랑스 사회당[12]으로 결집했다. 미테랑도 프랑스 사회당에 가입해 1971년 초대 당서기가 되었다. 당서기로서 미테랑은 선거에서의 승리를 위해 프랑스 공산당과 공동보조를 취해야 함을 역설했고, 그 결과 1972년 사회당과 공산당의 공동 프로그램[13]이 마련되었다. 미테랑이 이끄는 프랑스 사회당은 1973년 총선에서 276석을 얻은 우파에 맞서 175석을 차지하는 큰 성과를 이루었다. 그리고 1974년 대통령이었던 퐁피두가 사망함에 따라 미테랑의 두 번째 대권 도전이 시작되었다.

공산당을 제외한 사회당의 정치지도자들을 모아 선거체제를 갖춘 미테랑은 공산당과 사회당의 임시전당대회를 통해 좌파 단일후보로 지명되어 본격적으로 선거전에 돌입했다. 그는 광고, 인터뷰, 토론, 우편물,

---

12 1905년 창설된 SFIO에 연원을 두고 있다. 창설 당시에는 마르크스 이념에 충실했으나 제4공화국 시기에 미국과의 동맹을 지지하고 반공주의노선을 표방했다. 1971년 에피네 전당대회를 통해 사회주의 세력의 규합과 함께 사회당으로 변경했다. 미테랑은 이때 가입했으며, 이후 사회주의 세력 규합에 박차를 가했다. 그중 주목할 만한 것은 '제2의 좌파' 세력을 끌어안는 데 성공한 것이다. 당시 통합사회당(Parti Socialiste Unitaire: PSU)을 이끌던 미셸 로카르(Michel Rocard)를 지지세력에 포함시킴으로써 기독교 민주주의 성향의 '프랑스 민주노동동맹(Confédération Francaise Démocratique du Travail: CFDT)' 수천 명이 1974년 사회당에 가입됨으로써 사회주의 세력의 분열은 끝을 맺고 통합된 사회당을 완성했다.
13 사회당과 공산당은 제도, 경제, 사회문제, 국제문제 등의 4개 위원회를 설치해 공동 프로그램을 작성했다. 그들은 경제와 사회문제에서 개혁자로서의 국가 역할에 동의하고 양자의 관점이 양립될 수 있음을 확인했다. 국유화 문제에 대해 약간의 차이가 있었지만 서명된 공동강령에는 9개의 대그룹, 은행 전체, 주요 금융회사, 보험회사 등에 대한 국유화를 강령으로 채택했다.

분야별 공약 등 미디어 정치에도 신경을 쏟았다. 미테랑은 집회 참석과 인터뷰, 기자회견, 라디오 방송 등으로 분주한 시간을 보냈다. 하지만 이전 총선에서 보여주었듯이 좌파가 인기를 얻고 있던 상황에도 불구하고 해외영토 표와 부재자 표에 대한 드골파의 조작이 우려되었고, 중도좌파의 표를 가져갈 우파 '프랑스 민주연맹'의 당수 발레리 지스카르 데스탱이 걱정되었다. 미테랑은 1차 투표에서 아무도 과반수 이상을 얻지 못해 2차 투표로 갈 것이며, 2차 투표에서는 드골의 강력한 후계자인 샤방델마스나 자신보다 지스카르 데스탱이 좀 더 우세하다고 예상했다.

1차 투표 결과 미테랑의 예상대로 과반수를 넘은 후보는 없었다. 미테랑은 43.24%를 얻었고, 시라크의 지지를 받은 지스카르 데스탱이 샤방델마스를 훌쩍 앞질렀다. 2차 투표 결과 미테랑은 프랑스 본토에서 앞서고 해외영토와 부재자 투표에서 뒤처지면서 50.81%를 득표한 지스카르 데스탱에게 분패해 두 번째 대권 도전에 실패하고 말았다. 미테랑은 이 선거를 '도둑맞은 선거'라고 표현했다. 1974년 해외영토와 부재자 투표 그리고 외국 거주 프랑스인의 투표가 없었다면 그가 당선되었을 것이 확실했기 때문이었다.

대선 패배 이후 사회당은 침울했다. 다음 대통령 선거인 1981년이면 미테랑은 예순다섯 살이었다. 은퇴할 나이라고 할 수도 있고 아닐 수도 있었다. 미테랑은 대선 패배 이후 매주 목요일 아침 자신의 측근을 초대했다. 사회·정치 등 모든 안건에 대한 자유토론 때문이기도 했지만, 어쩌면 조직을 유지하고 관리하는 그의 방식일 수도 있었다. 지방선거가 시작되고 1978년에는 총선이 예정되어 있었다. 미테랑은 총선에서의 승리가 무엇보다 필요했다. 미테랑은 다시 프랑스 공산당과의 연합을 시도했다. 프랑스 공산당은 활발한 레지스탕스 운동으로 제2차 세계대전 이후 프랑스 국민에게 20% 이상의 지지를 얻고 있었다. 협상의 안건은 경제에 관한 것이었다. 최저임금제에서 입장 차이가 너무 컸다. 하지만 최저임금제보다 더 큰 문제가 있었으니 바로 '국유화'였다. 프랑스 공산당은 좌파와의 공동강령에 예고된 기업 계열사의 국유화를 주장했다. 미테랑이 보기에 그것은 프랑스 경제를 위협하는 요소였다. 프랑스 경제의 핵심 부분을 국가가 소유한다면 경제에 악영향[14]을 끼칠 수밖에 없기 때문이었다. 결국 협상은 결렬되었고, 공산당과의 연합 없이 치른 1978년 총선에서 사회당은 패하고 말았다.

패배를 놓고 언론은 비참할 정도로 미테랑의 은퇴를 종용했다. 그러나 목요 모임은 계속되었고, 1981년의 사회당 대권 후보 선택을 위한 전당대회에서 모두의 예상을 뒤엎고 미테랑이 후보로 선출되었다. 사실 사회당 내 대권 경쟁자는 미셸 로카르였다. 통일사회당의 당수로 1974년 사회당과 합당한 그를 지지하는 당원이 많았던 것이었다. 하지만 미테랑과 독대한 후 로카르는 경선에서 물러났다. 마침내 1981년 1월 24일 사회당 전국대회는 미테랑의 대통령 출마를 선언했다. 그때 그의 나이는 예순다섯 살이었다.

지도자의 신념과 기질은 위기를 기회로 바꾸기도 한다. 미테랑이 바로 그런 경우였다. 한 TV 정치 프로그램에서 기자가 미테랑에게 사형제도에 대한 생각을 물었다. 당시 프랑스는 사형제 유지에 관한 여론이 60%에 이르는 상황이었다. 그럼에도 불구하고 미테랑은 "선거 패배라는 대

---

14 미테랑이 대통령 후보 시절에 가진 기자회견을 보면 국유화에 대한 미테랑의 의견을 알수 있다. 그는 기업이 독점화되었거나 독점 경향이 있을 때, 그리고 국가에 필요한 상품을 만드는 경우에만 국유화가 정당하다고 말했다. 그는 기업들의 전체 이익과 관련한 의사결정을 지배할 수 있는 권력을 국가가 가져서는 안 된다는 입장을 가지고 있었다.

가를 치르는 한이 있더라도 양심에 따라 사형제 폐지를 지지한다"고 말했다. 위기 때마다 미디어에 비친 미테랑의 그러한 성향이 사람들 사이를 파고들며 선거 여론은 그에게 긍정적으로 변해갔다. 여론조사 결과 미테랑의 승리가 예상되었다.

1981년 5월 10일 프랑스에서는 극심한 인플레이션과 실업자, 무역수지 적자와 투기에 위협받는 화폐가치 등 암담한 상황 속에서 2차 투표가 진행되었고, 미테랑은 프랑스 제21대 대통령에 당선되었다. 프랑스 공산당과의 선거연합에 실패하고 독자적으로 선거에 나선 미테랑은 1차 투표에서 25.85%를 득표해 15%를 득표한 공산당 후보를 누르고 결선투표에 나섰고, 지스카르 데스탱 당시 대통령을 상대로 한 결선투표에서 51.76%를 득표해 마침내 프랑스 제5공화국 최초의 좌파 대통령이 되었다. 40여 년에 걸친 드골과 드골주의에 맞선 그의 투쟁이 결실을 맺은 것이다.

미테랑 키워드 1: 평가절하, 대전환, 그리고 적과의 동침

대통령에 취임한 이후 미테랑이 직면한 첫 번째 문제는 극심한 경제위기의 극복이었다. 미테랑이 취임할 당시 프랑스의 경제상황은 심각한 수준이었다. 물가상승률은 14%에 육박했고, 약 184만 명에 달하는 사람들이 일자리를 찾지 못하고 있었다. 경제성장은 둔화되었으며 경상수지 적자가 500억 프랑에 달했다. 물가상승 압력을 억제하기 위해 고금리정책이 추진되었지만, 통화가치 상승으로 수출은 저하되고 무엇보다 실업자를 포함한 취약계층의 삶은 더욱 곤궁해졌다. 악순환의 경제상황이 전개되고 있었던 것이다.

이와 같은 심각한 경제상황은 1970년대 내내 지속된 경제위기의 유산이었다. 1970년대는 가히 위기의 시대라 할 만했는데, 그 첫 신호탄은 1972년의 제1차 석유파동이었다. 석유수출국기구(Organization of Petroleum Exporting Countries: OPEC) 국가들의 일방적인 원유가격 인상에서 비롯된 석유파동은 전 세계경제를 일대 혼란에 빠뜨렸다. 원유가격 인상과 그에 따른 원자재 가격의 전반적 상승은 극심한 인플레이션과 기업의 잇단 도산으로 이어졌다. 이에 당황한 선진국들이 산유국들과 협력을 시도했지만 다시 1979년 제2차 석유파동으로 이어졌다. 두 차례에 걸친 석유파동으로 세계경제는 거의 마비되었다. 설상가상으로 1971년 미국은 일방적으로 '브레턴우즈 체제'[15]의 포기를 선언했고, 이로 인해 야기된 국제 금융통화 질서의 불안은 가뜩이나 힘겨운 세계경제를 더 큰 혼란 속에 빠뜨렸다.

미테랑이 취임할 당시 프랑스의 심각한 경제상황은 이러한 국제적인 현상의 연장선상이었다. 미테랑 정부에게 특히 시급한 문제는 180만 명을 넘어선 실업자 문제를 해소하고 사회복지 분야의 불평등을 해결하는

---

15 1944년 7월 미국 뉴햄프셔 주 브레턴우즈에서 44개 연합국 대표가 모여 외환금융시장을 안정시키고 무역 활성화 유지를 위해 만든 새로운 국제금융 질서이다. 브레턴우즈 체제는 한마디로 미국 달러화를 주축으로 전후 세계경제질서를 복구하고자 하는 시도였다. 제2차 세계대전의 폐허 속에서 세계경제를 재건하기 위해서는 이미 휴지 조각이나 다름없는 각국 통화를 회복하는 것이 시급했다. 브레턴우즈 협약은 이를 위한 방안으로 당시 유일하게 신뢰성 있는 통화였던 미국 달러화에 각국 통화를 일정한 비율로 고정시키고 미국이 이 비율을 유지하도록 하는 것이었다. 미국이 고정환율제를 통해 각국 통화의 가치를 보장해주고자 했던 것이다. 기준이 되는 달러는 금 1온스당 35달러로 정했다. 또한 국제통화제도를 관장하는 기구로 국제통화기금(IMF)과 IBRD를 설립했다. 무역 활성화를 위해서는 관세와 무역에 관한 일반협정(GATT) 체제가 성립됐다. 브레턴우즈 체제는 1971년 닉슨 대통령이 달러를 금과 바꾸는 금태환을 정지시킴으로써 사실상 와해되었으며, 이후 1976년 자메이카 킹스턴에서 금 공정가격 철폐와 변동환율제 등이 선진공업국 간에 논의되면서 '킹스턴 체제'로 바뀌었다.

것이었다. 당시의 극심한 경제위기 속에서 실업자는 증가일로에 있었고 사회적 불평등도 심각한 수준이었다. 대규모 실업이 야기하는 빈부격차는 말할 것도 없고 일자리를 갖고 있는 사람들의 조건도 열악했다. 당시 프랑스 노동자의 절반은 휴가 없이 근무해야 했고 노동자 자녀의 대학 진학률은 4%에 불과해 사회적 불평등은 심각한 상황이었다.

미테랑 정부는 그러한 상황을 타개하기 위해 일련의 구조개혁 조치들을 실시했다. 그 개혁조치들은 1972년 '사회당-공산당 공동 프로그램'에 기초한 것으로 사회복지와 공공부문의 확대를 골자로 하고 있다. 그는 우선 심각한 불균형을 해소하기 위해 부유세를 도입하고 이를 빈곤층에 대한 복지 지출을 늘리는 재원으로 활용했다. 동시에 취업노동자의 노동조건을 개선하기 위해 최저임금 10% 인상을 비롯한 가족수당, 주택수당, 노인수당 등의 인상과 주 39시간 근무제, 60세 정년제, 매년 5주의 유급휴가제 등을 시행했다. 프랑스 하면 흔히 '바캉스'를 연상하게 되는데 그 말이 유행하게 된 것도 미테랑이 연 5주의 유급휴가를 법제화하고 난 뒤의 일이다.

사회복지개혁과 더불어 미테랑 정부는 일련의 국유화 조치를 단행했다. 5개 제조회사, 36개 은행, 2개의 금융회사가 국유화되어 공공부문에 편입되었다. 국유화는 직접적인 방법 외에도 항공, 제철, 정보통신 분야 등 이른바 전략산업 분야의 주요 기업의 주식을 대규모로 매입하는 방식으로도 진행되었다. 그렇게 국가가 대주주가 됨으로써 그들에 대해 실질적인 영향력을 행사할 수 있었다. 쉽게 예상할 수 있듯이 우파 정당들은 미테랑의 개혁 조치에 격렬히 반대했다. 특히 부유세 도입과 국유화 조치에 대한 반대가 심했는데, 뒤에서 다시 언급하겠지만 이들 조치는 훗날 우파 총리가 들어선 '동거정부' 시기에 철회되거나 축소되었다.

미테랑의 국유화 정책은 당면한 실업 문제를 해결하기 위한 두 가지 목표를 가지고 있었다. 첫째는 공공부문 확대를 통한 일자리 확보였다. 국유화 조치로 약 5만 5,000개의 새로운 일자리가 탄생했다. 두 번째는 좀 더 근본적인 것으로 경제위기 속에서 사실상 파산상태에 있던 기업을 인수해 정상화시킴으로써 경제성장을 도모하고 이를 통해 실업 문제를 궁극적으로 해결하는 것이었다. 산업생산이 정상화되지 않고서는 당시의 높은 실업률을 해소할 수 없다고 판단했던 것이다. 그런 목표를 달성하기 위해 미테랑은 국유화 조치와 함께 프랑화의 평가절하[16]를 단행했다. 평가절하를 통해 프랑스 산업의 대외경쟁력을 높여 수출을 촉진하고 산업생산을 확대하기 위한 것이었다.

그런데 그러한 조치들은 세계경제가 하강국면을 벗어나 회복세로 돌아설 것이라는 믿음에 기초한 것이었다. 실제로 당시의 많은 전문가들은 1980년대 초반에 세계경제가 회복세로 돌아설 것이라는 전망을 내놓고 있었다. 문제는 예상과 달리 세계경제가 여전히 침체를 벗어나지 못하고 있었다는 데 있었다. 결국 프랑화 평가절하를 통해 기대했던 수출증대와 경제성장 효과는 나타나지 않았다. 오히려 국유화 조치와 사회복지 확장으로 정부의 재정지출이 늘면서 물가상승 압력이 가중되고 프랑스

---

16 투기자본이 판을 치고 있던 당시의 상황에서 미테랑에게 프랑스의 미래는 통화위기를 극복하고 투기를 억제하는 것에 달려 있었다. 미테랑은 취임하면서 '프랑화를 평가절하하지 않겠다'는 입장을 밝혔지만 프랑화에 대한 투기 압력이 계속되자 투기성 자본의 거래나 수출입 무역에서 외화자산의 이동을 제한하는 자본통제를 할 수밖에 없었다. 그러나 지속적으로 상승한 달러의 가치는 프랑화의 실효환율 하락으로 이어졌고, 프랑스와 독일 간 인플레이션의 격차가 벌어지자 임금억제를 통한 산업비용 절감과 프랑화의 평가절하가 요구되었다. 결국 미테랑 정부는 1981년 10월 1차 평가절하를 실시했다. 하지만 최소화했던 평가절하는 불충분했고, 프랑스 경제와 세계경제는 점점 차이나기 시작했으며 무역적자와 복지정책에 대한 재정문제가 결부되기 시작했다. 수입의 급격한 증대와 무역수지 악화는 결국 1982년 6월 2차 평가절하로 이어졌다.

의 대외경쟁력은 약화되는 상황이 연출되었다. 1981년의 제1차 평가절하에 이어 1982년 3월과 9월에 두 차례 더 평가절하를 단행했지만 상황은 마찬가지였다.

일련의 조치에도 불구하고 상황이 악화되자 좌파 사회주의 정부는 선택의 문제에 직면했다. '세계경제가 호전되기를 기다리면서 기존의 정책기조를 유지할 것인가' 아니면 '근본적으로 정책방향을 수정할 것인가'. 미테랑 정부는 1983년 3월 이른바 '대전환'이라 부르는 경제정책의 근본적인 수정을 결정했다. 이 정책전환은 평가절하정책을 포기하는 대신 정부의 재정지출 축소와 고금리정책 등을 통해 물가안정을 도모하는 것으로 요약할 수 있다. 사회복지지출 확대와 국유화정책 등을 통해 경기부양을 도모하고자 했던 애초의 계획에 일대 수정이 가해졌다. 당시뿐만 아니라 훗날에도 심각한 논란거리가 되는 이 정책전환은 좌·우파 모두에게 비판과 조소를 받았다. 좌파의 입장에서는 사회복지와 공공부문의 확대라는 전통적인 좌파정책으로부터의 후퇴를 의미했고, 우파의 입장에서는 이미 예견된 좌파정책의 파산선고로서 애초부터 잘못 끼워진 단추를 뒤늦게 바로잡은 것에 불과했다.

이 정책전환은 두 가지 이유에서 불가피했다. 첫 번째 이유는 세계경제가 호전되지 않는 상황에서 기존의 정책기조를 유지하는 것이 오히려 프랑스 경제에 부담만 가중시키고 있었다는 점이다. 특히 연이은 프랑화의 평가절하는 프랑스 경제의 대외신인도를 하락시켰을 뿐만 아니라 프랑화에 대한 국제투기세력의 대규모 공격을 불러일으키는 요인이 되었다. 실제로 1983년 3월의 '대전환' 직전에 프랑스는 심각한 외환위기를 경험해야 했다. 이러한 상황에서 프랑화의 대외신인도를 회복하는 것이 시급한 과제였고, 이를 위해 고금리와 긴축재정을 바탕으로 물가통제정책을 단행할 수밖에 없었던 것이다.

두 번째 이유는 당시의 유럽 상황과 관련되어 있었다. 프랑스와 독일을 위시한 서유럽 국가들은 1979년부터 '유럽통화체제(EMS)'[17]를 출범시켜 환율통화정책에서 상호협력을 모색하고 있었다. EMS는 브레턴우즈 체제의 붕괴 이후 국제금융시장의 혼란에 공동으로 대처하기 위해 수립된 것인데, 회원국 통화를 일정한 비율로 상호 고정시켜 유지하는 고정환율제[18]를 핵심으로 하고 있었다. EMS가 성공하려면 서유럽 국가들이 각자의 통화가치, 즉 환율을 상호 합의된 범위 내에서 유지하는 것이 필수적이었다. 결국 미테랑 정부는 서유럽 국가들과의 협력을 지속시키기

---

17 1979년 3월 유럽공동체(EC)가 통화 통합을 목표로 공식 발족시켰다. 유럽통화단위(ECU)를 만들어 각국의 통화가치를 ECU로 나타내는 한편, 환율조정장치인 환율조정장치(ERM)를 통해 각국의 환율변동 폭을 제한하는 내용을 담고 있다. ERM은 각국의 통화에 대해 중심 환율을 정하고 2.25%까지의 환율변동만 허용하는 준고정환율제를 채택하고 있으므로 가입국의 환율이 변동허용 폭을 넘을 위험이 있으면 해당국 중앙은행은 즉각 외환시장개입 또는 금리인상 등을 통해 자국 화폐가치를 안정시켜야 한다. 1992년 9월 외환시장 혼란 때 영국과 이탈리아가 잠정적으로 탈퇴하는 등 유럽 금융시장에 일대 혼란이 일어나기도 했으나, 1994년 1월 1일 유럽 경제·화폐 통합의 핵심 역할을 할 유럽통화기구(EMI)가 설립되었으며 1999년 1월 유럽 단일통화인 '유로(Euro)'가 본격적으로 출범했다
18 각국 화폐 사이의 환율을 일정 수준에 고정시키는 제도로, 대표적인 것으로 1870년대에 확립된 '금본위제도'와 제2차 세계대전 후 IMF에 의해 운영된 '브레턴우즈 제도'를 들 수 있다. 고정환율제는 환율에 관한 불확실성이 없으므로 국제거래를 촉진하고 국제시장을 확대하는 데 도움이 된다. 실제로 금본위제도에서는 환율의 변동이 금의 자유로운 유·출입에 의해 금 수출과 금 수입 사이의 좁은 범위에서 이루어졌다. 그러나 1930년대에는 세계적 불황이 지속되는 가운데 환율이 자유로이 변동함으로써 국제거래의 발전을 방해하고 국내 경제의 안정을 교란하는 결과를 가져왔다. 이런 경험을 바탕으로 전후에 형성된 브레턴우즈 체제는 미국의 달러를 국제통화로 정해 달러화의 가치는 일정한 금과의 교환비율에 고정되고, 다른 나라의 화폐는 달러화와 고정된 환율에 의해 연결됨으로써 간접적으로 금과의 평가가 설정되도록 했다. 그러나 고정환율제는 국제수지의 불균형을 자동적으로 조정할 능력이 제약되어 있다는 단점을 가진다. 환율의 조정을 통한 국제수지의 조정이 제약되어 있으므로 국제수지적자가 발생하는 경우에는 긴축정책을 사용하거나 수입을 줄이기 위한 각종 통제를 실시해야 한다.

위해 기존의 정책기조를 수정할 것인가, 아니면 기존의 정책기조를 유지하는 대신 서유럽 국가들과의 협력을 포기할 것인가 하는 선택의 기로에 직면했던 것이다.

1982년 말 프랑스 중앙은행의 외환보유고는 1982년 초의 50% 수준으로 감소했고 1983년 초에도 경상수지 적자와 외채 규모가 증가하고 있었다. 1983년 3월 지방선거가 실시될 예정이었으므로 미테랑은 선택[19]을 더 이상 미룰 수 없었다. 사회당 내에서 장 리부, 조르주 플레스코프, 장 드니제 등은 EMS를 탈퇴했을 때의 산업적 이익을 주장했다. 그들의 주장에 힘을 실어준 것은 사회당 내 진보진영을 이끌던 장 피에르 슈벤멍, 로랑 파비우스 등이었다. 반면 모로아 수상, 들로르 경제재무부 장관, 캉드쉬 재무국장, 드라제니에르 중앙은행 총재는 긴축조치와 함께 EMS 내에 머물 것을 촉구했다.

사회당과 정부 내에는 좌파 사회주의와 사회민주주의의 두 가지 주요 이데올로기 분파가 존재했다. 대부분의 좌파 사회주의 정치인은 경제성장과 재분배적 경제조치에 집중했다. 그들은 경기부양과 EMS에서의 프랑화 탈퇴를 지지하며 변동환율제로의 전환을 주장했다. 특히 대규모 정유회사인 슐렘버거의 총수를 맡고 있던 장 리부는 프랑스의 가장 성공적인 기업인이라는 입지와 사회당과 대통령에 대한 강한 지지로 적지

---

19 1983년 초 프랑스는 환율정책에서 네 가지 중 한 가지를 택할 수 있었다. 첫째는 프랑화가 변동 폭의 바닥까지 떨어지도록 내버려두는 것이었다. 그 경우 EMS에 따라 독일이 프랑화를 유지하도록 비용을 지불하게 된다. 둘째는 EMS에서 탈퇴하고 변동환율제로 가는 것이었다. 그 경우 달러에 비해 프랑화의 가치가 상대적으로 많이 떨어지게 된다. 셋째는 독일 총선 때까지 EMS를 일시적으로 중단하도록 요구하는 것이었다. 이는 현 정권이 총선거에서 패할경우 마르크화의 재평가를 야기하게 되므로 위험했다. 마지막으로 시장에 의해 프랑화에 대한 재평가를 당하기 전에 폭이 좁은 재평가 작업을 하도록 독일을 설득시키는 것이었다.

않은 영향력을 가지고 있었는데, 그는 EMS를 탈퇴한 후 대규모 평가절하를 통해 프랑스 산업의 입지를 강화하고 금리를 낮추는 경제정책을 제시하기도 했다.

반면 사회당 내 사민주의자들은 경제정책에 대해 상대적으로 온건한 견해를 가지고 있었다. 그들은 대부분 경기부양책을 추구했고 변동환율제도가 필요하다고 주장했다. 그러나 그들은 시장에 대해 비교적 이데올로기적인 반감이 적었고 시장의 제약을 수용할 의사가 있었으며 사회의 점진적인 변혁을 원했다. 사회당 내의 견해 차이에도 불구하고 1983년 봄, 상당수의 좌파 사회주의자와 사민주의자는 모두 EMS에서의 프랑화 탈퇴를 지지했다. 그러나 모로아 수상과 들로르 장관은 EMS에서 탈퇴할 경우 사임할 뜻을 밝혔다.

미테랑의 선택은 서유럽 국가들과의 협력을 유지하는 것이었다. 전 세계적인 경기침체라는 상황에서 서유럽 국가들과의 공조가 무엇보다 절실하다고 판단했던 것이다. 1983년 3월의 마지막 평가절하는 세 차례의 평가절하 중 가장 소규모였지만 경제적으로는 가장 큰 의미를 지녔다. 제3차 평가절하는 사회주의 경제전략을 180도 변화시켰다. 3월 25일 발표된 '들로르 계획'이라 명명된 경제정책은 세금 인상, 정부지출 축소, 기존의 긴축정책을 강화하기 위한 조치를 담고 있었다.[20] 사회당은 초기의 팽창정책에서 완전한 긴축으로 선회했다.

'대전환'의 효과는 양면적이었다. 긴축재정과 고금리정책으로 프랑화의

---

[20] 미테랑은 산업계의 과도한 세금 부담에 대한 불만을 감소시키고 기업환경을 개선시키기 위해 노동시간 단축, 노동자 고용 안전협약, 법인세 감축 등의 보완조치를 취했다. 그는 기업에 대한 세금이 줄어든 것을 상충하기 위해 소비재의 부가세를 높이고 식료품의 부가세는 하향 조정했다. 100억 프랑 정도로 추산되는 재정손실은 국영화된 은행이 보조하도록 했다.

가치가 안정됨에 따라 대외경쟁력은 회복되고 경상수지 적자도 상당 부분 해소되었다. 하지만 미테랑 정부가 초기에 주안점을 두었던 실업 문제는 오히려 악화되었다. 이로써 경제위기에 맞선 미테랑의 도전은 절반의 성공만 거둔 채 마감되었다. 그리고 '절반의 성공'은 좌·우 모두에게 비판과 조롱을 받았다. 그러나 역설적으로 미테랑은 '대전환'을 통해 지키고자 하는 공동체를 위해 자신의 신념을 기꺼이 수정할 수 있는 지도자로서의 면모를 보여주었다.

'대전환' 이후 점차 증가하는 실업률은 좌파 대통령인 그에게 정치적 부담이 아닐 수 없었다. '대전환' 이후 9월 드루 지역의 지방선거에서 사회당은 참패했고 미테랑에 대한 신뢰도는 급격히 하락했다. 이러한 정치적 충격은 1986년 총선에서의 패배로 이어졌다. 그러나 미테랑은 프랑스와 유럽이라는 공동체의 앞날을 위해 필요한 시점에서는 주저 없이 자신의 초기 정책을 수정했고 그것에 책임지는 것을 두려워하지 않았다. 그는 자신의 신념에 앞서 공동체의 안위와 보전을 먼저 생각할 수 있는 지도자였다.

극심한 경제위기로 시작된 미테랑 집권기의 불안은 사회적 문제에만 한정되지 않았다. 미테랑은 적과의 동침이라 할 수 있는 '동거정부'로 대표되는 정치적 위기를 안고 있었다. 동거정부는 흔히 '이원집정부제'[21]로 일컬어지는 프랑스 정치체제의 독특한 산물인데, 미테랑은 14년의 집권기 동안 두 차례의 동거정부를 경험했다. 1986년부터 1988년까지의 제1차 동거정부는 훗날 프랑스 대통령이 된 시라크 총리와, 1993년부터 1995년까지의 제2차 동거정부는 발라뒤르 총리와 구성했다. 동거정부는 한마디로 대통령과 내각의 총리가 서로 다른 정당의 지도자에 의해 분

점되는 경우를 말한다. 우리로 치면 흔히 '여소야대'라 부르는 상황을 떠올릴 수 있겠지만, 총리가 내각의 수반으로서 의회에 대해 책임을 진다는 점에서 우리와는 완전히 다르다.

동거정부라는 독특한 형태를 이해하려면 프랑스 제5공화국 헌법에 대해 알아야 한다. 앞서 살펴본 대로 프랑스 제5공화국 헌법은 드골의 요구에 따라 대통령의 권한과 지위를 대폭 강화하는 방향으로 제4공화국 헌법을 개정함으로써 태동했다. 이 헌법에 따르면 대통령은 국가수반으로서 의회해산권과 비상조치권을 갖는 것 외에 총리와 각료에 대한 임명권과 법률에 준하는 훈령을 통해 의회의 의결 없이 주요 정책을 집행할 수 있는 권한을 보유한다. 그런데 제5공화국 헌법에는 제4공화국 당시의 의원내각제적 요소가 일부 남아 있었다. "국가의 정책은 내각이 결정하고 지휘"하며 "총리가 내각의 운영을 책임"진다는 제20조와 제21조의 내용이 그것이다.

대통령이 총리임명권을 가진다는 점에서 엄격한 의미의 의원내각제적 요소라고 할 수 없지만, 대통령이 임명한 총리가 반드시 의회의 승인을 거쳐야 하고 또 불신임 의결을 통해 내각을 해산할 수 있다는 점에서는 의원내각제적 요소가 여전히 남아 있는 구조라고 할 수 있다. 이러한 구조로 인해 내각의 총리는 통상 의회 다수당에서 선출하는 것이 관례화

---

21 행정부가 실질적으로 대통령과 수상으로 이원화되어 각각 실질적 권한을 가지는데, 평상시에는 내각 수상이 행정권을 행사하나 비상시에는 대통령이 행정권을 전적으로 행사하는 정부형태를 말한다. 독일의 바이마르 헌법과 프랑스의 제5공화국 헌법이 이원정부제로 운영되었다. 제4공화국의 의원내각제를 못마땅하게 생각했던 드골은 집권과 함께 의회해산권과 비상조치권 등 대통령의 권한을 강화하는 '드골 헌법'을 제정한다. 이는 그동안 간선제였던 대통령을 국민투표로 직접 뽑도록 했으며 대통령의 권한을 대폭 강화했다. 이러한 프랑스의 '이원집정제'로 인해 미테랑은 당시 다수당의 시라크를 수상에 임명해 동거정부를 운용했다.

되어 있었는데, 미테랑 집권 이전까지 이것이 정치적으로 문제가 되리라고는 아무도 예측하지 못했다. 왜냐하면 미테랑 집권 이전까지 대통령이 속한 정당과 의회의 다수당이 일치하지 않는 경우는 한 번도 없었고, 또 설령 그런 상황이 연출된다 하더라도 대통령이 '의회해산권'을 통해 이를 타개할 수 있을 것으로 보았기 때문이다.

미테랑 또한 대통령 당선 직후 의회를 해산하고 총선을 다시 실시해 자신이 이끄는 사회당을 제1당의 자리에 올려놓은 적이 있다. 그런데 1986년에 실시된 총선에서 미테랑의 사회당이 우파 정당연합에 패배함에 따라 역사상 처음으로 대통령이 속한 정당이 의회 다수당의 지위를 누리지 못하는 상황이 연출되었다. 당시 사회당의 패배는 1983년의 '대전환' 이후 실업 문제가 악화되면서 누적된 불만이 표출된 결과였다. 제5공화국 헌법을 제정할 당시 일부에서 그 가능성을 예기했던 상황이 현실로 나타났던 것이다.

사상 초유의 상황에 직면한 미테랑의 선택은 분명했다. 그는 즉각 총선에서의 패배를 인정하고 차기 대권을 꿈꾸던 우파 지도자 자크 시라크를 총리에 임명했다. 미테랑의 측근은 시라크의 총리 임명에 우려를 표명하고 만류했다. 시라크의 강경한 노선이 미테랑의 국정 운영에 충돌과 혼란을 야기할 것이라는 이유에서였다. 미테랑의 측근은 우파 총리를 임명하는 것이 불가피하다면 보다 온건한 사람을 지명하는 것이 좋겠다는 의견을 개진했다. 그러나 미테랑은 비록 시라크와의 충돌이 불가피하다 하더라도 그가 적법하게 원내 다수를 차지한 정당의 지도자라는 점을 수용해야 한다고 믿었다. 이로써 제1차 동거정부가 출범했다.

시라크와의 충돌은 곧 현실로 나타났다. 시라크는 총리 임명과 동시에 미테랑이 추진했던 정책을 하나둘씩 철회하는 작업에 착수했다. 미테랑이 집권 초기에 의욕적으로 추진했던 국유화와 사회복지 확대정책은 민영화와 탈규제, 자유화정책으로 대체되었다. 미테랑이 국유화했던 기업의 대부분은 다시 민영화되었고 노동과 고용 관련 규제도 축소 또는 철회되었다. 사회복지재정을 마련하기 위해 도입했던 부유세도 마찬가지 운명이었다. 미테랑이 집권 초기 그러한 정책을 의욕적으로 추진할 당시 우파 정치인이 격렬히 반대했던 것을 상기한다면 그런 변화는 어찌 보면 당연한 것이었다.

예상대로 미테랑은 시라크 정부의 정책에 반대했지만, 시라크 정부와 극단적인 대결을 선택하지는 않았다. 프랑스 제5공화국 헌법이 대통령에게 부여한 막대한 권한이 있음에도 불구하고 미테랑은 시라크와의 대결에서 그 권한을 행사하지 않았다. 단지 그는 헌법에 규정된 절차에 따라 시라크의 정책에 대한 자신의 반대의사를 밝히는 데 주력했다. 그가 취한 첫 번째 행동은 자신이 반대하는 정책에 대해 훈령권(訓令權)을 사용하지 않겠다는 의사를 시라크 정부에 전달한 것이었다. 앞서 언급했듯이 프랑스 대통령의 훈령은 의회의 의결절차 없이 법률과 동일한 효력을 가진다. 훈령권 사용을 거부한 것은 미테랑이 반대하는 정책은 오직 의회의 의결을 거친 법률 형태로만 관철될 수 있다는 것을 의미했다.

시라크가 이끄는 우파 정당이 의회의 다수당을 점하고 있는 상황에서 미테랑의 훈령권 거부가 상황을 크게 바꿔놓을 수 있는 것은 물론 아니었다. 시라크는 민영화와 탈규제, 부유세 폐지 등의 정책을 의회 의결을 거쳐 관철시킬 수 있었다. 미테랑의 입장에서는 단지 시라크가 자신의 정책을 뒤집어엎는 과정을 지연시킬 수 있을 뿐이었다. 그러나 그 과정에서 미테랑과 미테랑이 이끄는 사회당은 의회에서 시라크의 정책에 대해 논쟁을 벌이고 이를 공론화할 수 있었다. 단지 정부의 통상적인 행정활동으로 끝날 수 있는 것을 정치적 논쟁으로 만들 수 있었던 것이다.

시라크의 정책이 의회에서 법률로 통과된다 하더라도 미테랑에게는 그 집행을 지연시킬 수 있는 또 다른 수단이 있었다. 프랑스의 대통령은 의회에서 통과된 법안을 우리나라의 헌법재판소 같은 기구에 심의하도록 의뢰할 수 있는 권한을 가지고 있다. 그 기구에서 최종결정이 나기까지 그 법안은 유효하지 않다. 미테랑이 이 방법을 사용했음은 어렵지 않게 예측할 수 있다. 그러나 미테랑이 심의를 의뢰한 법안 중 위헌으로 판결난 것은 없었고, 결국 시라크의 정책을 저지하고자 하는 미테랑의 시도는 모두 수포로 돌아갔다. 하지만 미테랑에게 전혀 소득이 없었던 것은 아니었다. 훈령권을 거부했을 때와 마찬가지로 헌법재판소에 심의 의뢰된 법안은 대중적 논쟁의 대상이 될 수밖에 없었다. 미테랑은 시라크의 정책에 대해 국민의 관심을 환기시키고 판단을 구하는 전략을 구사했던 것이다.

위험한 동거 속에서 상대의 이미지에 타격을 입히고 자신의 이미지를 끌어올린 미테랑의 모습은 정치가와의 직접적인 대립 외에도 선거에 직면해 우회적으로 언론에 개입하는 모습으로 나타나기도 했다. 대부분의 좌파 정치인은 경제적 어려움에 대한 비판을 조용히 듣고만 있었다. 이에 미테랑은 우파 정치인을 내세워 우파를 비판하는 책을 내도록 했다. 책은 엘리제 궁의 후원으로 제작되었고 이 사실은 철저히 비밀에 부쳐졌다. 그 결과 1983년 1월 『탈환』이라는 책이 세상에 나왔으며, 대단한 성공을 거두며 우파에 대해 비판적 시각을 갖도록 했다.

그러한 미테랑의 전략은 성공을 거두었다. 제1차 동거정부가 출범할 당시 많은 사람들은 미테랑이 대통령직을 사임하거나 적어도 재선을 위해 출마하지는 못할 것으로 보았다. 동거정부의 출범 자체가 미테랑이 국민으로부터 신뢰를 잃었다는 것을 반증했기 때문이다. 그런데 시라크 정부가 추진했던 일련의 정책에 대한 국민의 불만이 표출되기 시작하면서 동거정부 말기에 미테랑의 지지율이 다시 상승하는 현상이 나타났다. 시라크의 여러 정책에 대한 불만이 누적된 결과였다. 특히 교육정책에 대해서는 대규모 학생시위가 벌어지는 등 국민적 반대가 두드러지게 나타났다. 시라크 정부에 대한 불만은 미테랑에 대한 지지로 이어졌고, 미테랑은 모두의 예상을 깨고 1988년 대통령 선거에 다시 나설 수 있게 되었다. 시라크의 정책을 국민적 논쟁의 대상으로 만든 미테랑의 전략이 성공한 셈이었다.

1988년 대통령 선거에서 미테랑은 54%의 득표율로 재선에 성공했다. 당선과 동시에 미테랑은 의회를 해산하고 총선을 실시했다. 이 선거에서 좌파연합이 승리를 거두었다. 그러나 5년 뒤 1993년에 실시된 총선에서는 다시 우파 정당이 의회의 다수를 점하게 되었다. 사회당 인사들의 비리와 각종 스캔들이 불거지면서 나타난 결과였다. 결국 미테랑은 집권 2기에 또다시 동거정부를 이끌게 되었다.

제2차 동거정부하에서 미테랑의 전략은 제1차 동거정부 때와 크게 다르지 않았다. 제1차 때와 마찬가지로 그는 우파 정당을 이끌고 있던 발라뒤르를 총리로 임명했고, 우파 정부와 직접적인 대결 대신 자신의 의사를 헌법이 정한 절차에 따라 표명하는 데 주력했다. 차이가 있다면 집권 2기에 미테랑의 관심이 유럽 문제에 집중되면서 제1차 동거정부 때처럼 국내 문제에 대해 의욕적으로 자신의 의사를 피력하는 경우가 줄어들었다는 점 정도였다. 어쩌면 미테랑이 이미 칠순을 넘긴 노쇠한 정치인이었기 때문에 이전보다 덜 정력적일 수밖에 없었는지도 모른다.

두 차례에 걸친 동거정부는 미테랑의 정치력과 리더십을 실험하는 장이었다. 동거정부라는 초유의 상황에 직면해 미테랑은 그가 취한 다소 온건한 전략과 달리 우파 정부와의 직접적인 대결을 불사할 수도 있었다. 대통령의 총리임명권을 발동해 우파 총리가 아닌 좌파 총리를 임명할 수도 있었고, 그로 인해 발생하게 될 국정혼란에 '의회해산권'과 '비상조치권'으로 대응할 수도 있었다. 물론 이는 대통령의 사임까지 염두에 두어야 하는 극단적인 선택이겠지만, 미테랑이 선택할 수 있는 방법 중 하나인 것은 분명했다. 그러나 그는 그런 수단에 의존할 경우 프랑스 사회가 극심한 혼란에 빠질 것이고 무엇보다 프랑스 민주주의가 위태로워질 것을 염려했다. 역설적이게도 미테랑은 프랑스 민주주의를 위해 그가 '반민주적'이라고 비판해 마지않았던 제5공화국 헌법을 수호해야 한다고 생각했던 것이다.

사실 미테랑이 취임할 당시부터 프랑스 제5공화국은 종말을 고할 것이라는 예측이 팽배했다. 앞서 지적한 대로 미테랑은 프랑스 제5공화국의 출범을 격렬히 반대했던 몇 안 되는 정치인이었고, 제5공화국 헌법을 '걸레 같은 헌법'이라 명명한 사람이었다. 게다가 그는 대통령 선거 당시 제5공화국 헌법은 드골에게 맞을지는 모르지만 자신과는 맞지 않는다고 공공연히 말하곤 했다. 따라서 미테랑이 취임하면 어떤 형태로든 개헌을 할 것이고 제5공화국은 끝날 것이라는 예측이 팽배했다. 동거정부의 출범으로 대통령과 총리의 대립이 불가피해진 상황에서 그런 예측은 더욱 힘을 얻었다.

그러나 그는 동거정부 시기일 때조차 개헌을 시도하지 않았을 뿐만 아니라 오히려 제5공화국 헌법의 수호자를 자처하고 나섰다. 미테랑은 대통령으로서 자신의 임무를 프랑스라는 공동체의 가치를 수호하고 발전시키는 것이라고 믿었다. 그가 보기에 그 가치는 민주주의에 있었다. 비록 자신은 제5공화국 헌법이 결코 민주적이지 않다는 생각을 늘 가지고 있었지만, 그 헌법이 민주적인 질서와 방식 속에서 작동할 수 있음을 보여줌으로써 프랑스 민주주의가 한 단계 더 성숙되리라 생각했다. 그가 평생을 두고 싸웠던 드골주의의 산물인 제5공화국 헌법을 지키는 것이 프랑스 민주주의가 여전히 건재하고 또 발전해가고 있음을 보여주는 길이라 믿었던 것이다. 그가 동거정부라는 고단한 실험을 성공적으로 마칠 수 있었던 것은 이런 믿음에 기인했다.

미테랑 키워드 2: 통일독일의 모습 그리고 유럽공동체

2009년 11월 독일 베를린에서는 베를린 장벽 붕괴 20주년을 기념하는 대대적인 행사가 열렸다. 유럽과 미국을 비롯한 세계 주요 정치지도자들이 참석한 그 행사의 백미는 베를린 장벽을 상징하는 벽돌 도미노 1,000개를 무너뜨리는 의식이었다. 옛 베를린 장벽이 있었던 포츠담 광장에서 국회의사당까지 1.5km에 걸쳐 설치된 벽돌 도미노는 공산당 정권하에서 자유노조운동을 이끌었던 레흐 바웬사 전 폴란드 대통령이 첫 도미노를 미는 순간 연쇄적으로 무너져 내렸다. 독일뿐만 아니라 전 세계를 둘로 갈라놓았던 냉전의 종식을 상징하는 의식이었다.

1989년 11월 베를린 장벽의 붕괴는 동서독의 통일과 냉전의 종식을 상징하는 사건이었다. 제2차 세계대전에서의 패전 이후 냉전의 발발과 더불어 동서로 양분되었던 독일은 베를린 장벽의 붕괴와 함께 통일국가로서 새롭게 출발할 수 있었다. 독일 국민에게는 오랫동안 품어온 통일의 꿈이 현실이 되는 순간이기도 했다. 그러나 독일 국민을 흥분해 빠지게 했던 그 사건은 유럽의 이웃 국가에게는 새로운 우려와 불안감을 던져주기도 했다. 독일의 폴란드 침공으로 시작된 제2차 세계대전의 참화를 생생히 기억하고 있는 유럽 국가에게 통일독일이라는 새로운 강대국의 출현은 결코 반갑지만은 않은 일이었다.

1988년 집권 2기를 시작한 미테랑은 새로운 상황에 대처해야 했다. 당시 유럽의 정치지도자들은 동구권의 몰락과 냉전의 종식을 환영하면서도 독일의 통일에 대해서는 유보적이거나 반대 의사를 표명하고 있었다. 제2차 세계대전 당시 나치 독일에 의해 점령되었던 프랑스에서도 통일독일에 대한 우려의 목소리가 높았다. 그러나 미테랑은 독일의 통일은 독일 국민이 결정할 사안으로 이를 막거나 반대할 성질의 것은 아니라고 보았다. 다만 동구권의 몰락과 독일의 통일로 조성된 불안한 국제정세가 또 다른 갈등과 분쟁의 씨앗이 되지 않도록 '노력'하는 것이 필요하다고 보았다.

그는 그 해답을 유럽 통합[22]에서 찾았다. 미테랑은 독일의 통일이 소련 중심의 바르샤바 테두리가 아닌, 그러나 미국 중심의 통일도 더더욱 아닌 '유럽의 틀' 안에서 진행되어야 한다고 생각했다. 그리고 통일독일이 새로이 건설될 유럽연합의 회원국이 되도록 함으로써 독일 통일로 일어

---

22 중세기 이후 논쟁만 거듭되어온 유럽 통합의 꿈이 처음으로 나타난 것은 1950년 발표된 '쉬망 선언(Schuman Declaration)'이었다. 이 선언에 따라 탄생한 최초의 공동체인 유럽석탄철강공동체(European Coal and Steel Community: ECSC)는 유럽 내 석탄과 강철에 대한 공동시장을 설립함으로써 '전쟁을 사전에 물리적으로 불가능하게 한다'는 취지였다. 이후 유럽정치공동체(EPC)와 유럽방위공동체(EDC) 안이 제출되었으나 프랑스의 반대로 좌절되자 연방주의자들은 경제통합으로 눈을 돌렸다. 그 결과 유럽연합(EU)의 전신인 EEC가 1958년에 탄생했다. EEC의 탄생에는 장 모네(Jean Monnet)가 커다란 역할을 했다. 그는 유럽이사회(European Council)의 도입과 1970년대 초 통화통합의 추진에 관한 다양한 제안까지 유럽 통합에 일생을 바쳤다. 그를 '유럽 통합의 아버지'라 부르기도 한다.

날 유럽인의 불안을 해소할 수 있다고 보았다. 그는 즉각 독일의 콜 총리에게 유럽단일화폐의 도입과 유럽연합의 건설을 제안했다. 유럽단일화폐와 유럽연합을 통해 독일과 여타 유럽 국가들이 하나의 울타리 안에 공존함으로써 독일 통일 이후에 조성된 불안을 해소하고자 함이었다.

　1989년 유럽공동체의 운영을 맡은 미테랑은 유로화에 대한 본격 추진과 유럽사회헌장 채택, 유럽은행 설립을 통한 동유럽의 발전 지원 등 실질적인 정책을 추진했다. 1989년 11월 9일 베를린 장벽이 무너짐으로써 동독과 서독의 국경개방 속에서 불안요소로 떠오른 것은 소련의 위협이었다. 1970년대 후반부터 시작된 경제성장 둔화, 군비경쟁과 동유럽 및 제3세계 우방국가의 원조에 따른 부담 등으로 소련 체제는 내부적으로 견딜 수 없을 정도로 어려워졌기 때문이었다. 고르바초프는 이런 현상을 타개하기 위해 페레스트로이카[23](개혁)와 글라스노스트[24](개방) 정책을 과감하게 시행하면서 소련을 근본적으로 바꾸기 시작했다. 하지만 고르바초프의 개혁과 개방은 소련 민중에게 새로운 체제에 대한 열망을 가속화시켰을 따름이었다.

23　미하일 고르바초프가 주창한 경제개혁 정책명이자 슬로건이다. '재건', '재편'이라는 뜻을 가지고 있다. 1985년 4월 고르바초프는 페레스트로이카 선언을 통해 정치개혁과 경제개혁을 표방했다. 언론의 자유와 비판이 허용되었고, 인권이 크게 개선되었으며, 통제경제에서 시장경제로의 이행이 시도되었다. 미하일 고르바초프가 페레스트로이카를 주창한 이후 대외적으로 적극적인 공존외교가 추진되었으며 대내적으로도 경제의 개혁과 개방이 추진되었다.
24　고르바초프가 내세운 정보공개 정책. '개방'이라는 뜻이다. 소련에서 반체제적이라 해서 금지된 파스테르나크, 솔제니친 등의 문학작품이나 영화·회화·연극 등이 공개되었다. '역사의 공백을 메우자'라는 표어 아래 스탈린 시대의 진실이 밝혀지고, 부하린과 루이코프 등의 명예회복 및 트로츠키 저작의 부분적인 소개가 이루어졌다. 또한 미공개 된 통계나 원자력잠수함 사고 등도 보도되었고, 당 협의회와 인민대의원대회도 텔레비전으로 중계되었다. 글라스노스트의 목적은 수동적인 국민을 활성화하고 보수적인 관료사회의 정체·부패를 비판하는 데 있었다.

1989년 11월 18일 베를린 장벽이 무너진 후[25] 미테랑은 12개 회원국 정상과의 회담에서 독일 문제는 곧 유럽 문제임을 재차 확인하면서 유럽 은행 설립을 통한 동유럽 국가의 원조와 고르바초프에 대한 지속적인 지지, 그리고 독일-폴란드 국경선 문제를 다루지 않을 것 등을 확인했다. 이러한 상황 속에서 서독의 콜 총리는 독일 통일에 관한 10개항의 계획을 발표했다. 그 발표는 논란을 불러일으켰다. 서독과 동독의 통일은 미국, 영국, 프랑스, 소련이라는 전승 4대국의 비준이 없으면 불가능한 것이었다. 무엇보다 급한 것은 미테랑이었다. 유럽의 틀 안에서 독일의 통일이 이루어져야 한다고 강조했던 그는 서독 총리에게 전화를 걸어 '유럽연합에 관한 협상 개시', '폴란드와의 국경 인정', '통일독일의 비핵화'를 받아들이지 않는다면 통일계획을 승낙하지 않겠다는 뜻을 전했다. 얼마 지나지 않아 콜 총리는 '유럽정상회담에서 유럽사회헌장의 승인 및 정치와 통화통합에 관한 협상 개시를 승인'한다는 답장을 보내왔다. 이는 마르크화의 폐지를 의미하는 항복문서와도 같았다.

1989년 12월 6일 제2차 세계대전 당시 나치 최대의 피해국이었던 소련과 프랑스 두 정상이 만났다. 독일 통일의 문제는 소련과 프랑스에 달려 있었던 것이다. 고르바초프는 국민과 군부의 합의를 얻어야 했다. 만일 그렇지 않다면 군부가 그를 밀어내고 권력을 장악할 위험이 있었다. 미테랑은 유럽연합의 일원으로 독일이 통일한다면 과거 히틀러의 악몽을 잠재울 수 있다고 판단하고 있었다. 그 자리에서 미테랑은 고르바초프에

---

[25] 1989년 11월 9일 베를린 장벽이 무너진 후 몇 주일은 어느 누구도 독일과 유럽이 어디로 갈지 알지 못했다. 당시의 여론 또한 통일이 몇 년 안에 이루어지리라고 예상하지 못했다. 당시 본 주재 미국 대사인 버넌 월터스가 '5년 내' 통일이 가능할 것이라고 말했으나 빈축을 샀고, 미국 정부는 그에게 함구령을 내리기도 했을 만큼 베를린 장벽 붕괴가 곧 독일 통일을 의미하는 것은 아니었다.

게 '통일은 되어야 하지만 대유럽의 틀 속에서 되어야 함'을 강조했다. 두 정상은 너무 빠른 통일은 오히려 위험요소임을 재차 확인하기도 했다.

독일과 폴란드의 국경 문제는 뇌관의 핵과도 같았다. 자칫 통일독일의 영토에 폴란드와의 국경선을 인정하지 않는다면 국제 문제로 번져 소련 의 붉은군대가 개입할 여지가 있었다. 미테랑은 먼저 조지 부시 미국 대 통령을 만난 자리에서 독일–폴란드 국경 문제는 신성불가침 영역임을 재차 확인했고, 동독으로 가서 유럽의 틀 안에서의 통일을 확언했으며, 서독의 콜 총리를 별장으로 불러 독일–폴란드 국경을 인정할 것을 다시 한 번 요구했다. 독일의 총리는 계속해서 대답을 회피하고 있었다.

그리고 마침내 콜 총리는 1990년 4월 25일 프랑스·독일 정상회담에서 독일 통일에 걸림돌이었던 결정적인 두 가지 문제에 대해 양보했다. 통 일 이전이라도 폴란드와의 국경선을 인정하고 독일의 비핵화를 약속했 던 것이다. 미테랑이 유럽공동체를 위해 그림을 그렸던 모습대로 유럽의 틀 안에서 독일의 통일이 진행되었던 것이다. 콜은 고르바초프에게 북대 서양조약기구 통합지휘체계에 소속되는 것을 허락받았고, 마침내 9월 12 일 모스크바에서 두 독일과 점령 4강대국 외무부 장관 사이에 독일에 관 한 최종적인 해결책을 담은 협정이 체결되었다.

유럽공동체를 위한 미테랑의 노력은 마스트리히트 조약[26]으로 알려져

---

26 유럽공동체(EC)가 시장 통합을 넘어 정치·경제적 통합체로 결합하기 위해 네덜란드 의 마스트리히트에서 EC 정상 간에 합의한 유럽통합조약으로 유럽경제동맹조약(Treaty on European Union)이라고도 한다. 이 조약은 유럽중앙은행의 창설과 단일통화의 사용 등을 내용으로 하는 유럽경제통화동맹(European economic and Monetary Union: EMU) 추진' 과 '공동외교 및 안보, 유럽의회의 권한 확대, 내무 및 사법 협력, 역내 낙후국에 대한 재정지 원 확대 등을 내용으로 하는 정치통합(European Political Union: EPU)'으로 이루어져 있다. EMU는 단계적으로 이행하기로 합의했는데, 1989년에 시작된 자본이동 자유화를 제1단계 로 규정하고 1994년부터 제2단계로 이행하기로 했다. 제2단계에서는 유럽통화기구(European

있는 유럽연합 조약의 체결을 이루어냈다. 1991년 체결된 마스트리히트 조약은 오늘날 유로(Euro)라 부르는 단일화폐를 도입해 유럽 국가들을 하나의 경제공동체로 묶고 정치분야에서의 협력을 강화해 기존의 유럽공동체(EC)를 유럽연합(EU)으로 확대 개편하는 것을 골자로 하고 있다. 이로써 애초 서유럽 6개국의 경제협력기구로 출범한 유럽공동체가 동유럽 국가들을 포함한 27개 회원국을 가진 현재의 유럽연합으로 발전하는 계기가 마련되었다.

냉전의 종식과 독일 통일이라는 특수한 상황에서 결실을 보게 된 유럽연합은 미테랑의 오랜 구상이기도 했다. 미테랑은 프랑스의 정치적 안정과 경제적 번영이 유럽의 틀 안에서 그리고 유럽 국가들과의 협력을 통해서만 보장될 수 있다고 믿었다. 그에게 유럽은 전통과 가치를 계승·발전시켜야 할 또 하나의 공동체였던 것이다. 미테랑은 정치 초년병 시절부터 유럽 국가의 협력과 통합을 강조했다. 그는 오늘날 유럽 통합을 향한 노력의 신호탄이라 할 수 있는 1948년 헤이그 회의에 참석한 정치인 중한 명이었다. 야당의 지도자로서 활동하던 1972년, 그는 유럽 국가들이 단일통화로 경제 통합을 이룩하고 정치·안보공동체로 발전해나가야 한다고 역설했다. 유럽연합의 출범은 이러한 그의 오랜 신념에 바탕을 둔 것이었다.

미테랑은 14년의 집권기 동안 유럽이라는 공동체의 협력과 통합을 늘 염두에 두고 있었다. 유럽 통합에 대한 그의 신념은 1983년 '대전환' 시

Monetary Institute: EMI)를 설립해 단일통화 도입에 필요한 유럽중앙은행의 창설을 준비하고, 빠르면 1997년부터, 늦어도 1999년에는 단일통화인 에퀴(ECU. 유럽통화단위)를 채택하고 EMI를 유럽중앙은행으로 바꾸는 제3단계로 이행해 EMU를 완성하기로 했다. 이 조약의 비준 절차가 끝나 현재 EC는 유럽연합으로 명칭을 바꾸었다.

기에 처음으로 빛을 발했다. 이미 언급한 대로 당시 미테랑은 유럽통화 체제라는 협력 틀을 포기할 것인가 아니면 자신이 추구하는 경제정책을 포기할 것인가 하는 선택의 기로에 놓여 있었다. 그 기로에서 그는 자신의 정책을 포기하고 유럽을 택했다. 유럽을 포기한다면 프랑스의 안정과 번영을 보장할 수 없다는 판단에서였다. 그의 선택은 이후 유럽 통합을 획기적으로 진전시킨 일련의 조약들로 결실을 보았다.

1986년에 체결된 단일유럽의정서는 유럽공동시장을 탄생시켜 유럽 국가들의 경제협력을 한층 확대했을 뿐만 아니라 이후 유로화가 출범하는 계기가 되었다. 1991년 마스트리히트 조약은 유로화와 유럽연합을 탄생시켰고, 2009년 리스본 조약으로 유럽연합 회원국은 상호간의 정치적 협력을 한층 강화해 국제무대에서 한 목소리를 낼 수 있는 제도적 장치를 마련하기에 이르렀다. 명실상부한 정치·경제공동체로의 진전이 쉼 없이 이어져온 것이다. 이 모든 과정이 미테랑 덕분에 가능했던 것은 물론 아니다. 그러나 협력과 통합이라는 가치를 유럽이라는 공동체 속에서 구현하고자 했던 미테랑의 노력이 그 초석을 놓았음은 분명하다.

1995년 5월 18일, 14년의 임기를 마친 프랑수아 미테랑은 대통령 관저인 엘리제 궁을 걸어 나와 14년 전 그가 살았던 파리의 아파트로 돌아갔다. 사회당으로부터 르노 자동차의 소형차 '투잉고'를 퇴임 선물로 받은 미테랑은 평범한 파리 시민의 일상으로 돌아갔다. 그로부터 약 8개월 후인 1996년 1월 8일 그는 지병이었던 전립선암으로 세상을 떠났다. '프랑스 국민의 대통령'이자 '가장 프랑스적인 대통령'이라고 칭송받았던 정치인은 측근조차 잘 알지 못했던 지병으로 80년 동안 그를 품었고 또 그가 사랑했던 조국 프랑스를 떠났다.

미테랑이 완벽한 인간이자 정치가였던 것은 아니다. 그의 장례식장에 나타난 숨겨둔 딸은 그의 사생활에 대해 갖가지 추문을 낳았다. 그가 평생 자랑스러워했던 레지스탕스의 경험은 나치 독일 치하의 괴뢰정부였던 비시 정부하에서 근무했던 경력으로 인해 의심의 대상이 되기도 했다. 그럼에도 그는 자신의 조국인 프랑스를 사랑했고 또 프랑스 국민으로부터 여전히 존경과 사랑을 받는 정치인으로 남아 있다. 그가 완벽한 사람이었기 때문이 아니라 정치지도자의 길을 제대로 이해하고 실천한 사람이었기 때문이다.

그는 좌파 대통령이기 이전에 프랑스를 사랑한 민주주의자였고 통합과 협력을 추구하는 평화주의자였으며, 자신의 판단을 반추하고 수정할 수 있는 용기를 가진 사람이었다. 1983년의 대혼란기에 그는 자신이 사랑한 프랑스와 유럽이라는 공동체를 위해 스스로 옳다고 믿어 의심치 않았던 정책을 포기했다. 자신이 한 번도 인정하지 않았던 제5공화국의 헌정질서가 동거정부의 출범으로 시험대에 올랐을 때, 그는 기꺼이 민주주의의 이름으로 그 질서를 수호하는 역할을 자임하고 나섰다. 비록 자신이 평생에 걸쳐 싸워왔던 드골주의의 유산이라 하더라도 그것을 민주적인 절차와 제도 속에서 다시 탄생시켜 프랑스라는 공동체를 한층 더 성숙시켜야 한다는 소명의식의 발로였다. 독선과 아집, 권력의 전횡 속에서 민주주의라는 가치가 어떻게 실종되는지를 잘 알고 있는 오늘, 우리가 그의 리더십을 상기하게 되는 이유이다.

배병인 미국 워싱턴대학교에서 정치학 박사학위를 받았다. 현재는 국민대학교 정치외교학과 조교수로 재직 중이며, 국제정치와 유럽통합 문제에 대해 연구하고 있다. 주요 논문으로는 「정치적 거래비용과 초국가적 기구로의 권한 위임」(2008), 「초국가주의와 '민주주의 결핍': 유럽연합을 중심으로」(2011), 「통화통합의 정치적 동인: 유럽의 경험과 동아시아에서의 함의」(2011) 등이 있다.

김수행·정병기·홍태영.『제3의 길과 신자유주의』. 서울대학교출판부. 2003.
라트, 필리프.『드골 평전: 드골, 그의 삶과 신화』. 윤미연 옮김. 도서출판 바움.
    2003.
루소, 앙리.『비시 신드롬』. 이학수 옮김. 휴머니스트. 2006.
모네, 장.『장 모네 회고록』. 박제훈·옥우석 공역. 세림출판. 2008.
미네르바정치연구회 편.『지구촌의 선거와 정당』. 한국외국어대학교출판부. 2007.
아탈리, 자크.『미테랑 평전』. 김용채 옮김. 뷰스. 2006.
아탈리, 자크.『인간적인 길』. 주세열 옮김. 에디터. 2007.
이용우.『프랑스의 과거사 청산』. 역사비평사. 2008.
이재승.『프랑스 사회주의의 패러독스』. 인간사랑. 2005.
최연구.『프랑스 대통령 이야기』. 살림출판사. 2008.

전후 스웨덴을 세계 최고의 복지국가로 만들다

페르 알빈 한손 Per Albin Hansson, 1885~1946

" 좋은 가정에서는 평등, 배려, 협력,
도움주기가 지배한다.
이를 커다란 인민의 그리고
국민의 가정에 적용한다면
현재 국민을 특권층과 소외층,
지배자와 신민(臣民),
수탈자와 피수탈자로 나누는
모든 사회적·경제적 장벽의 철폐를 의미한다. **"**

스웨덴은 현대 복지국가의 대명사다. 스웨덴이라는 나라를 떠올릴 때 대다수 사람들은 복지국가, 남녀평등, 노벨상 등 긍정적인 이미지를 연상한다. 그러나 스웨덴이 다른 나라 사람들의 부러움을 사는 모범적인 사회가 된 것은 그리 오래된 일이 아니다. 19세기만 해도 스웨덴은 서유럽에서는 근대화가 덜 된 편인데다 날씨도 좋지 않아 살기 좋지 않고 별 볼 일 없는 유럽의 작은 변방국으로 인식되었다. 심지어 어느 저명한 외국인은 스웨덴을 '유럽의 시궁창'이라 부르기도 했다.

스웨덴이 모범적 복지국가로 발전하는 과정에서 주도적 역할을 담당한 세력은 사회민주주의자들이었다. 스웨덴 사회민주노동당(사민당)[1]은 1932년 이래 1976년까지 중단 없이 집권했으며, 1932년부터 20011년까지 사민당이 야당 위치에 있었던 기간은 모두 합해서 14년에 지나지 않는다. 스웨덴 사민주의자들은 노동조합운동의 주도 세력이기도 했다. 생산직 노동자의 전국노동조합인 스웨덴 노동조합총연맹[2](Landsorganisationen i Sverige: LO)는 사민주의자의 주도로 조직되어 사민당과 밀접한 협력관계 속에서 스웨덴 복지국가의 발전에 크게 공헌했다.

스웨덴 사민주의 운동의 역사에서 큰 분기점이 된 시기는 1930년대였다. 1930년대는 경제적으로는 세계 대공황기였고 국제정치적으로는 제2차 세계대전이 발발한 시기였다. 국내정치적으로나 국제정치적으로나 매우 어려웠던 시기에 스웨덴 사민당은 장기집권의 기틀을 마련했다. 사민당은 1932년 집권해 1933년부터 세계 최초로 케인스주의적 수요부양정책[3]을 집행해 경제위기 극복에 기여했으며 제2차 세계대전 기간에는 사민당 주도로 거국내각을 구성해 줄타기 외교를 통해 전쟁의 참화를 피할 수 있었다. 또한 1933년 사민당은 부르주아 정당의 하나인 농민당[4]과 정책연합을 이루어 경제위기 극복에 성공했고 1936년부터 농민당과 연립정부를 구성해 장기집권의 기반을 마련했다. 이러한 안정적 정치기반에 힘입어 1930년대부터 적극적으로 사회복지정책을 실시해 제2차 세계대전 이후 스웨덴이 대표적 복지국가로 발전할 수 있는 기틀을 마련했다.

이 시기 사민당 당수이자 정부 수상으로서 사민당과 정부를 이끈 지도자가 페르 알빈 한손이다. 한손은 뛰어난 정치감각과 리더십으로 오랜 기간 이념적 혼란과 정치적 무능력 상태에서 벗어나지 못했던 사민당을 유능한 집권정당으로 변모시켰고 서민적 풍모와 포용력 있는 리더십으로 국민들로부터 폭넓은 지지와 사랑을 받았다. 시간이 지나면서 한손은 정당을 초월해 국부(國父)로서의 이미지를 갖게 되었으며 지금도 스웨덴 현대 정치사에서 최고의 지도자로 손꼽힌다.

가난한 노동자의 아들, 정치에 뛰어들다

한손은 1885년 가난한 노동자 가정에서 태어났다. 그는 가정형편 때문에 초등학교 4학년을 마친 후 바로 직업세계로 뛰어들었다. 사환, 점원 등 최하층 노동자로 일하다가 10대 후반부터 사민주의 청년운동에 가담했다. 20대에는 주로 사민당 청년조직인 '사민주의 청년동맹'[5]에서 간부

---

1 1889년 창당된 스웨덴 사회민주노동당은 1920년대 세 차례 단기 집권했고, 1932~1976년, 1982~1991년, 1994~2006년 집권하며 서구 정당 중 최장기 집권 기록을 가지고 있다.
2 사회민주주의자들의 주도로 1898년 조직된 LO는 민간부문과 공공부문 생산직 노동자의 전국조직이다. 스웨덴의 노동조합 조직은 노동자계층별로 별도의 전국조직을 갖는 형태를 취하고 있다. 중하위 사무관리직 노동자는 '사무직원 중앙조직(Tjanstemannens Central Organisation: TCO)'으로 결집되어 있고, 상위 사무관리직 노동자 및 전문직 종사자는 '스웨덴 고학력자 중앙조직(Sveriges Akademikers Central Organisation: SACO)'으로 결집되어 있다.
3 영국의 경제학자 케인스(John Maynard Keynes)의 경제이론에 기초한 거시경제정책으로 불경기에 정부지출 증대나 이자율 저하를 통해 유효 수요를 증대함으로써 경기를 활성화하는 정책을 의미한다.
4 농민의 이익을 대변하는 정당으로 1959년 '중앙당(Centerpartiet)'으로 당명을 개명했다. 스웨덴은 전통적으로 농민의 정치적 영향력이 강한 사회였다. 근대적 의회 민주주의 제도가 정립되기 이전에 스웨덴은 '신분대표제'라는 대의제도를 발전시켰는데 농민은 독자적인 사회 신분의 하나로서 의회에 대표를 보냈다. 스웨덴은 중세에도 봉건제도가 발전하지 않은 편이어서 독립자영농의 비중이 컸고 그들은 대체로 정치적으로 자유주의적인 성향을 띠었다. 농민당은 1930년대의 대공황 국면에서 다른 부르주아 정당이 농업과 농민 문제에 무관심한 반면, 사민당이 농업 및 농민지원정책을 추진함에 따라 사민당과 정치적 동반관계를 맺었다. 1936년 이후 지속된 사민당-농민당 연립정부에서 농민당은 주로 농업과 농민의 이익을 지키는 데 치중했고 일반적인 경제정책이나 사회정책 영역에서는 사민당의 입장을 따르는 편이었다. 그러나 1950년대 '일반보충연금'을 둘러싸고 정치적 대논쟁이 전개되자 사민당과 결별했다. 산업화에 따라 농민 비중이 격감함에 따라 농민당은 1959년 중앙당으로 당명을 바꾸고 농민뿐만 아니라 도시 자영업자, 중소자본가의 이익을 대변하는 정당으로 탈바꿈했다. 1970년대에는 원자력 발전소 조기폐쇄라는 생태주의 이슈를 선구적으로 제기해 1976년 총선에서 부르주아 정당 중 최다득표를 기록했고 이후 구성된 부르주아 정당 연립정부에서 중심적인 역할을 맡았다.
5 사민당의 청년조직으로 1903년에 조직되었다. 사민주의 청년동맹은 초기부터 사민당 내의 급진주의적 조류를 대표했다. 쎄스 회그룬드(Zeth Höglund) 등 청년동맹 내 급진파는 온

로 활동하는 한편 사민당 기관지의 편집 업무에 종사했다. 청년 시절 한손은 이념적으로 카우츠키적 마르크스주의 입장에 서 있었는데 이는 당시 사민당 주류의 이념적 입장이기도 했다.

　1889년 창당된 사민당은 마르크스주의를 중심 이념으로 삼으면서도 혁명적 무정부주의[6] 등 다양한 이념노선을 포용하고 있었다. 당시 사민당의 주류 이념이었던 카우츠키적 마르크스주의란 독일의 대표적 마르크스주의 이론가 카를 카우츠키의 정치적 입장을 말한다. 사회의 내적 모순에 의해 자본주의사회가 사회주의사회로 이행해가는 것을 역사적 필연이라 보면서도 실제 정치에서는 선거를 통해 집권당이 되어 가능한 한 평화적 방식으로 사회를 사회주의적으로 개조해가는 데 주력하는 입장이라 할 수 있다. 당시 스웨덴은 독일에 비해 자본주의 발전이 뒤져 있었기 때문에 사회를 사회주의적으로 개조해나간다는 과제는 비교적 먼 미래의 일로 간주되었으며, 사민당은 완전한 보통선거권의 쟁취를 통해 집권당이 되는 것이 무엇보다 시급한 과제였다.

　그러나 당시 서유럽의 여타 사민주의 정당들과 마찬가지로 스웨덴 사민당도 이념과 정치노선에서 명쾌하게 해결되지 않은 많은 숙제를 안고

건 개혁노선을 견지한 사민당 지도부와 사사건건 충돌하다가 1917년 5월 '스웨덴 사민주의 좌익당(Sveriges Socialdemokratiska Vänsterparti)'을 창당해 사민당으로부터 떨어져나갔다. 사민당은 1917년 10월 새로운 청년조직인 '스웨덴 사민주의 청년동맹(Sveriges Socialdemokratiska Ungdomsförbundet: SSU)'을 조직했다.

6　국가(state)를 인민의 자유와 자율에 대한 최대의 적으로 간주해 국가 없이 사회구성원에 의해 자율적으로 운영되는 사회를 이상으로 삼는 이념 조류이다. 서구의 여러 사회주의 이념 조류 중에서 무정부주의는 상당한 영향력을 행사했다. 20세기 초 스웨덴 무정부주의자들은 폭력혁명에 기초해 국가기구를 철폐하고 평등한 사회를 이루려 했다. 당시 스웨덴의 무정부주의를 대표한 인물은 힝케 베르게그렌(Hinke Bergegren)으로 사민당 내에서 요인 암살 등 폭력노선을 공공연히 주장하다 1908년 출당되었다. 베르게그렌은 당시 스웨덴 사회주의자들 중 남녀평등 문제를 가장 선구적이고 적극적으로 주장한 인물이기도 했다.

있었다. 예컨대 집권당이 되어 개혁을 계속하다 보면 언젠가 사회주의사회로 순탄하게 이행하게 되는 것인지, 아니면 사회주의운동의 핵심 과제인 생산수단 소유의 사회화와 관련해 혁명적 국면을 준비해야 하는 것인지에 대해 분명한 입장을 갖고 있지 못했다. 또한 부르주아 정당들[7] 중 비교적 개혁적 성향을 가진 자유주의자 국민당(이하 자유당)[8]과의 정책 협력 또는 연립정부 구성에 적극적으로 임해야 하는지, 아니면 사회주의 이념의 독자성과 순수성을 지키기 위해 단독으로 집권하기 전에는 부르주아 정당들과 협력해서는 안 되는지에 관해서도 당내에 입장 차이가 있었다.

또 마르크스주의 외에도 혁명적 무정부주의 등 서로 다른 이념이 혼재되어 있었다. 사민당에서 가장 먼저 축출된 세력은 혁명적 무정부주의자였다. 그들은 공공연하게 지배세력에 대한 테러와 폭력적 봉기를 선동하다가 결국 당내 주류파에 의해 1908년 출당되었다.

사회화 문제 못지않게 당내에서 주요한 쟁점이 되었던 주제가 국방 문제였다. 사민당은 창당 이래 일관되게 군사주의에 반대하고 평화주의와 군축을 주장했다. 그러나 군축의 방식이나 정도와 관련해서는 당내 세력 간에 상당한 견해 차이가 있었다. 대체로 급진적 사회변혁의 필요성을 강조하는 급진파일수록 군축 문제에서도 급진적인 입장을 취했다. 그들은 다른 나라들의 군축상황과 무관하게 스웨덴이 일방적이고 일관되

---

7 당시 스웨덴에서 부르주아 정당들이란 우익당, 자유당, 농민당을 지칭한다. 스웨덴에서 '부르주아 정당들'이라는 용어는 좌익의 입장에서 우익 정당을 비난조로 부를 때 쓰는 용어라기보다는 보수당, 자유당 등이 스스로를 그렇게 부르는 공식화된 정치용어다.

8 자유당은 도시의 중간계층을 주된 지지기반으로 삼아왔으며 보통선거권 쟁취운동에 사민당과 함께 참여했다. 20세기 초 부르주아 정당들 중 비교적 개혁적 성향을 띤 자유당과의 정치적 협력 문제는 사민당의 주요 정치적 고민거리였다.

게 군축을 추진해가야 한다는 입장을 취했다. 그들 중에는 전쟁에 대한 무조건적 반대를 주장하는 절대적 평화주의자도 있었고, 스웨덴처럼 작은 나라에서 군대를 유지해보았자 주변 강대국이 침입할 경우 어차피 전쟁에서 이길 가능성이 없으므로 군대를 유지하는 것이 무의미하다는 '국방 허무주의'적 입장을 가진 사람도 있었다. 사민당 지도부는 점진적 군축은 지지했지만 주변국의 사정과 무관하게 일방적으로 군축을 추진해야 한다는 입장과는 거리를 두었다. 급진파는 주로 '사민주의 청년동맹'에 집결되어 있었는데 그들은 사민당 지도부와 사사건건 충돌하다가 결국 1917년 5월 '스웨덴 사민주의 좌익당(이하 좌익당)'을 결성해 사민당으로부터 독립했다.

한손은 사민주의 청년운동에 투신한 지 얼마 지나지 않은 10대 후반부터 유망한 청년지도자로 부상했다. 1910년대 한손은 청년동맹의 지도자중 한 명이자 사민주의 저널리스트로서 청년동맹에 포진되어 있던 급진파에 맞서 일관되게 당 지도부의 온건 개혁주의노선을 옹호하는 일에 앞장섰다. 사민당은 1920년대 소수파 집권당[9]으로서 세 차례 단기 집권했다.

사민당 창당 주역이자 당수였던 얄마르 브란팅의 총애를 받던 한손은 브란팅이 수상을 맡아 구성했던 세 차례의 사민당 내각에서 모두 국방부 장관으로 일했다. 국방부 장관 재직 기간에 한손은 군비를 축소하고 이로 인해 발생하는 여유예산을 사회복지 지출을 늘리는 데 사용하도록

---

9 소수파 집권당이란 선거에서 과반수 의석을 확보하지는 못했지만 집권하게 된 정당을 뜻하는데, 1920년대에는 사민당뿐만 아니라 우익당과 자유당도 소수파 집권당으로서 정부를 구성했다.

했다. 그러나 한손은 국방부 장관으로 일하면서 일방적인 군축안같은 급진파의 요구가 비현실적이라는 점을 절감하게 되었고 이후 국방 문제에서 현실주의적 노선을 취하게 되었다.

1925년 브란팅이 사망하자 한손은 임시 당수를 맡았고, 1927년 사민당 원내총무로 선출되었다. 그리고 1928년 사민당 총회를 통해 정식으로 당수로 선출되었다. 그러나 그때만 해도 당내에서 한손의 입지가 그리 확고하지 않았다. 한손보다 사민주의 운동 경험이 풍부한 선배들도 있었고 온건파와 급진파 간의 이념적 갈등이 사라진 것도 아니었다. 특히 1917년 좌익당을 창당해 사민당으로부터 떨어져나간 급진파의 상당수가 사민당으로 다시 입당함에 따라 온건파와 급진파 간의 오래된 갈등이 재연되었다.

좌익당은 이후 러시아 혁명이 발발하고 공산주의자들의 국제조직인 코민테른이 결성되자 코민테른의 노선을 일방적으로 추종했으며 당명을 '스웨덴 공산당(이하 공산당)'[10]으로 바꾸었는데, 코민테른노선을 추종하지 않던 구성원 대부분은 사민당에 재입당했다. 좌익당 창당을 주도했던 쎄스 회그룬드가 대표적 인물이었다. 그들은 비록 사민당에 다시 들

---

10 1917년 사민당으로부터 떨어져나간 '스웨덴 사민주의 좌익당'의 후신이다. 1921년 '스웨덴 공산당'으로 당명을 개명했다. 공산당은 이후 소련이 주도한 국제 공산주의 조직인 코민테른의 노선을 충실하게 추종했다. 그 과정에서 회그룬드 등 좌익당 창당의 핵심인물들이 공산당을 떠나 사민당에 다시 입당했다. 1929년 공산당은 킬봄(Karl Kilbom)을 중심으로 하는 민족주의적 공산주의 그룹과 소련 및 코민테른을 추종하는 실렌(Hugo Sillén) 그룹으로 분열되었는데 실렌 그룹이 공산당이란 당명을 유지하며 남았다. 이후 1964년 당수로 선출된 헤르만손(Carl-Henrik Hermansson)이 소련 공산당의 영향력으로부터 벗어나려 하면서 1967년 당명을 '공산주의자 좌익당(Vänsterpartiet kommunisterna)'으로 개명했다. 그 후 1990년 당명을 '좌익당(Vänsterpartiet)'으로 다시 개명했다. 현재 좌익당의 이념노선은 사민주의 좌파 정도에 해당된다고 볼 수 있다.

어왔지만 이념적으로나 정서적으로 공산당과 가까워서 재입당 이후 국방 문제 등과 관련해 당 지도부와 사사건건 충돌했다. 그리고 1920년대에만 해도 사민당은 이념노선이 서로 다른 분파의 활동을 관대하게 허용하는 편이었다.

한손은 회그룬드 등 급진파가 재입당한 후에도 그들에 대한 불신을 거두지 않았는데, 그들의 노선과 분명하게 거리를 두어야겠다고 결심하게 된 계기로 작용한 것이 1928년 총선이었다. 1928년 총선에서 사민당은 상속세 강화 등 비교적 급진적인 공약으로 선거에 임했으며 공산당과도 '노동자정당'이라는 공통 기반에 기초해 선거에서 협력했다. 그러나 1928년 선거는 사민당의 대패로 끝났다. 부르주아 정당들은 사민당과 공산당을 싸잡아 한통속으로 몰아붙이는 선거전략을 구사했다. 특히 부르주아 정당들 중에서도 가장 보수적인 우익당[11]은 선정적인 선거 포스터를 작성했는데, 사민당과 공산당은 러시아의 코사크 기병대로 묘사되어 스웨덴 시민의 재산을 약탈하고 가정을 파괴하며 여성과 아동을 억압하는 폭력세력으로 그려졌다. 선거결과를 분석해보니 여성, 농업노동자, 소농, 중하위 사무직 노동자집단에서 사민당 지지가 미약하다는 점이 확인되었다.

---

11 귀족, 성직자, 고급 공무원, 고급 군인 등 전통적 지배세력의 이익을 대변하는 정당으로, 20세기 초에는 보통선거권 도입에 반대하는 세력을 정치적으로 대변했다. 우익당은 보수적 자유주의 이념을 표방하며 거의 모든 정치적 이슈에서 사민당과 대척점에 서 왔다. 1969년 당명을 '온건주의자 결집당(Moderata samlingspartiet)'으로 개명했다. 영어로는 그 이념적 성향에 따라 통상 'Conservative Party'로 번역되며 국내에서도 '보수당'으로 부른다. 보수당은 1991~1994년, 2006년 이후부터 현재까지 부르주아 정당 연립정부의 중심 정당으로 집권했고 집권 중이다. 보수당은 2010년 말 총선에서 사민당에 불과 0.7% 뒤지는 득표율을 기록해 사민당과 충분히 맞설 수 있는 강력한 정당으로 부상했다.

한손은 총선 결과를 심각하게 받아들이고 사민당의 정치노선과 조직을 전반적으로 재정비해야 한다고 판단했다. 우선 공산당과 확실하게 선을 그을 필요가 있다고 느꼈으며 많은 사안에서 공산당과 유사한 입장을 취해온 당내 급진파 세력을 강하게 견제해야 한다고 판단했다. 그리하여 공산주의 세력을 공개적으로 분명하게 비판하기 시작했으며, 당내 분파활동도 규제해 당내 급진파가 당의 공식입장과 다른 견해를 공개적으로 천명하는 것을 억제했다.

또한 사민당의 핵심 조직기반인 LO 내에서 공산주의자의 영향력을 차단하려 노력했다. 당시 LO는 사민주의자가 주도했으나 공산주의자의 영향력도 만만치 않은 상태여서 LO 지도부는 가능한 한 사민당과 공산당 사이의 이념 논쟁에 개입하지 않고 통상적인 노동조합 활동에 전념하려 했다. 한손은 LO 지도부에게 공산주의자의 영향력을 최소화하는 조치를 취할 것을 요구했고, 공산주의자가 LO 내에 공산당 세포조직을 적극적으로 운영해왔듯이 사민주의자도 LO 내에서 영향력을 극대화하는 조직활동을 전개할 것을 장려했다.

나아가 산업노동자의 지지만으로는 다수당이 될 수 없다는 점을 절감해 소농, 사무직 노동자 등 중간계층으로 지지기반을 넓혀가고자 도모했다. 그러기 위해 계급투쟁 같은 사민당의 전통적 용어 사용을 자제하고 국민 또는 인민[12]이라는 용어를 자주 사용하면서, 사민당이 노동자계급만의 이익을 대변하는 계급정당이 아니라 온 국민 또는 전체 인민, 특히 서민대중의 이익을 폭넓게 대변하는 국민정당으로 대중에게 인식되도록

---

12 '국민' 또는 '인민'에 해당되는 스웨덴어는 'folk'이다. 이는 영어의 'people'에 상응하는 용어이다.

하는 데 주력했다.

사실 한손은 1928년 선거 이전에도 그러한 '국민정당노선'을 가슴에 품고 있었지만 일관된 계급정당노선을 주장하는 급진파의 영향력이 상당히 강했던 터라 자신의 입장을 분명하고 일관되게 표명하지는 않았다. 그러나 1928년 총선이 치러지기 전인 1928년 1월, 한손이 의회에서 한 유명한 연설인 「인민의 가정, 국민의 가정」[13]은 그가 국민정당 노선을 지향하고 있음을 강하게 드러내고 있다. 이 연설의 핵심 대목은 다음과 같다.

> 가정의 기초는 공동성과 공동의 감정이다. 좋은 가정에서는 그 누구도 특권을 인정받지 않으며 소외되지도 않는다. 또 편애 받는 사람도 없고 따돌림 받는 사람도 없다. 어떤 사람이 다른 사람을 무시하지도 않는다. 누구도 다른 사람의 희생에 기초해 이득을 보고자 하지 않으며, 강자가 약자를 억압하거나 수탈하지 않는다. 좋은 가정에서는 평등, 배려, 협력, 도움주기가 지배한다. 이를 커다란 인민의 그리고 국민의 가정에 적용한다면 현재 국민을 특권층과 소외층, 지배자와 신민(臣民), 수탈자와 피수탈자로 나누는 모든 사회적·경제적 장벽의 철폐를 의미한다.

노동자계급 대신에 인민과 국민을 강조하고 사회를 가정에 비유한 이 연설을 통해 한손은 계급투쟁보다는 계급협력과 사회통합을 강조하고, 사민당을 소외받는 모든 서민대중의 이익을 대변하는 정당인 동시에 스

---

13 스웨덴어로 "folkhemmet, medborgarhemmet"인데, 영어로는 'the people's home, the citizens' home'으로 번역할 수 있다.

웨덴 사회 구성원 전체의 공통 이익을 대변하는 정당으로 인식시키고자 했던 것이다.

한손은 부르주아 정당들과의 협력 가능성도 타진하는 한편 1920년대에는 스웨덴 사회의 핵심 문제였던 노동쟁의에 대해서도 평화적 해결 가능성을 적극적으로 모색하기 시작했다.[14] 공산당과의 분명한 단절과 대결, 당내 급진파의 영향력 견제와 당의 규율 강화, 부르주아 세력과의 협력 가능성 모색 등을 핵심 내용으로 하는 한손의 새로운 노선은 초기에 상당한 저항에 부딪쳤으나 점차 사민당의 주류 입장으로 정착되어갔다.

사민당의 새로운 정치노선과 한손의 리더십이 보다 분명하게 드러나게 된 계기는 1931년에 발생한 '오달렌 사건'이었다. 스웨덴 북부 노를란드 지역의 목재산업 기업집단인 그라닝에베르켄이 경기침체를 명분으로 임금을 삭감하자 핼싱란드 지역에 위치한 공장 노동자들이 파업을 개시했고 오달렌 지역의 노동자들이 동조파업을 일으켰다. 고용주는 이들의 파업에 대체인력('파업파괴자'라 부른다) 투입으로 맞섰다. 1931년 5월 13일 오달렌 지역에서 공산주의자들의 주도로 대규모 시위가 조직되었고 시위대는 파업파괴자들이 일하던 현장으로 행진해 그들에게 폭력을 행사했다. 지방 정부는 문제가 심각하다고 판단해 시위 진압을 위해 군대를 동원했고 결국 시위대와 군대가 충돌하면서 군대가 발포한 총기에 시위 노동자 네 명과 구경하던 여성 한 명이 사망했다.

오달렌 사건은 단기적으로는 공산당과 사민당 내 급진파에게 유리하게 작용했다. 사망자들에 대한 애도의 물결과 자본가, 군대, 자유당 정

---

14 1920년대 스웨덴에서는 경기침체의 영향 등으로 인해 노동쟁의가 자주 발생했다.

부에 대한 비난의 함성이 들끓었다. 특히 사민당 내 급진파는 이 사건을 통해 군부의 권위주의적 속성과 폭력성이 여실히 드러났으므로 급진파가 늘 주장해오던 일방적이고 과감한 군축정책의 정당성이 확인되었다고 주장했다.

반면에 한손은 자본가와 군대, 자유당 정부를 비판하면서도 무리하게 시위를 조직하고 지도한 공산주의자들에게도 책임이 있다는 입장을 취했다. 오달렌 사건에 대한 해석과 사후조치를 둘러싼 갈등은 사민당이 다시 한 번 분당될지도 모른다는 우려를 낳을 정도로 치열하게 전개되었다. 그러나 한손을 필두로 하는 지도부와 회그룬드 및 아르투르 엥베리를 대표로 하는 급진파 간의 협상 끝에 타협안이 마련되었다. 타협안은 전체적으로 볼 때 당 지도부의 권위를 강화하고 당내 결속을 강화하는 성격을 띠고 있었다. 한손은 오달렌 사건 등을 거치면서 당내 급진파로부터 대표적인 우파 사민주의자 또는 보수주의자로 지목되어 비판의 표적이 되었지만 당에 대한 한손의 장악력은 한층 더 강화되었다.

또 그 시기에 LO 지도부의 세대교체가 이루어졌는데 신임 지도부는 한손의 노선에 동조하며 LO에 대한 공산주의자의 영향력을 축소시키는 데 힘쓰며 사민당과의 결속을 강화해갔다. 이러한 과정을 통해 점차 한손의 국민정당 노선이 당에 강하게 뿌리내리게 되었고, 당내의 분파활동이 억제되고 당의 규율이 강화되면서 당 지도부의 입장이 하부조직까지 강하게 관철될 수 있게 되었다. 또한 LO 내에서 공산주의자들의 영향력이 줄어들고 LO와 사민당의 협력이 강화되면서 사민당은 집권할 준비를 제대로 갖춘 강력한 정당으로 변모해갔다.

1932년 총선에서 사민당은 집권에 성공했다. 그런데 당시는 세계 대공황의 여파가 스웨덴에도 강하게 밀려오던 시기였다. 총선 몇 달 전인 1932년 5월 사민당 전당대회가 개최되었는데 여기에서 생산수단 소유의 사회화 문제가 집중적으로 다루어졌다. 당내 급진파는 세계 대공황이 닥친 지금이야말로 생산수단 소유의 사회화를 위한 구체적 조치가 마련되어야 할 시기라고 주장했다. 반면에 한손 등 당 지도부는 제한적 위기관리정책을 통해 일단 경제위기를 극복하는 것이 중요하다는 입장을 취했다.

특히 당내 최고 이론가이자 당 지도부 내에서는 좌파적 입장을 대표하는 인물이었던 에른스트 비그포르스는 사회화와 계획경제가 동일한 것이 아니며 사회화 없이도 부분적인 계획경제를 운영하는 것이 가능하다고 주장했다. 그가 염두에 둔 계획경제란 케인스주의적 수요부양정책을 의미했다.

비그포르스는 본래 언어학자였지만 독학으로 풍부한 경제학 지식을 쌓은 인물로, 마르크스주의를 포함해 다양한 사회주의 이념 조류를 잘 파악하고 있었을 뿐만 아니라 주류 경제학이론에도 해박한 지식을 지닌 보기 드문 지식인이었다. 그는 영국의 경제학자 케인스의 초기 저작과 영국 사회주의자들의 저술을 연구하면서 케인스주의적 수요부양정책을 통해 경제위기를 극복할 수 있을 것으로 판단하고 있었다. 또한 사민주의 계열의 젊은 경제학자 군나르 뮈르달과 자유주의 계열의 경제학자 베르틸 올린이 대표하는 스톡홀름 학파로부터 케인스주의적 수요부양정책을 정당화하는 이론적 근거를 제공받을 수 있었다. 그는 당 지도부 내에서는 대표적인 좌파 사민주의자였던 관계로 당내 급진파에게도 영향력을 행사할 수 있는 인물이었다. 결국 전당대회에서 당 지도부의 입장이 근소한 차이로 통과되었다. 한손은 경제학 지식이 거의 없었으나 사민주의 정치인으로서의 본능적 감각 때문인지 비그포르스 구상의 핵심을 쉽게 이해하고 이를 앞장서 일관되게 지지했다.

집권 직후인 1933년부터 본격적인 경제위기 극복정책을 집행했는데 그 핵심은 적극적인 실업대책, 농업과 가난한 농민에 대한 보호 및 지원 정책이었다. 과거부터 존재해왔던 공공근로사업의 성격을 바꾸어 공공 근로 참여자에게도 시장임금 수준의 임금을 지급했으며 실업대책 예산을 대폭 늘려 실업대책 수혜자 규모를 크게 증대시켰다. 또한 1934년에는 실업보험제도[15]를 도입했다. 한편 사민당은 그동안 일관되게 자유무역정책을 지지해왔는데 이제 농업에 한해 자유무역정책을 포기했다. 그리하여 농산물 수입 규제를 통해 국내 농산물가격을 높은 수준에서 유지하도록 하고 공황으로 인해 타격을 받은 가난한 농민에 대한 금융지원 정책을 실시했다.

농업과 농민에 대한 지원정책이 도입된 것은 농민의 경제적 사정이 악화된 데 기인하기도 했지만 농민당과의 정책협력을 위한 정치적 고려의 산물이기도 했다. 적극적 실업대책으로 대표되는 케인스주의적 수요부양정책을 집행하려면 최소한 부르주아 정당들 중 한 정당의 지지는 받아야 했는데 이러한 정책협력의 파트너로 농민당을 선택했던 것이다. 또

---

15 1934년에 도입된 실업보험제도는 재원 조달에서는 국가의 재정지원에 상당히 의존하되 제도의 운영은 국가가 아니라 노동조합이 담당하는 독특한 제도로서 지금까지도 그 기본 제도의 틀이 유지되고 있다. 이러한 형태의 실업보험제도를 '겐트 시스템(Ghent system)'이라 하는데 '겐트'는 이 제도가 처음 시도된 벨기에의 지역 이름이다.

사민당 지도부는 농민당 지지층의 상당수가 경제위기를 계기로 파시즘에 동조하는 모습을 보인다는 점을 우려해 농민당을 정책협력 파트너로 삼음으로써 농민당 지지층 일각의 파시즘 동조 성향을 차단할 수 있으리라 판단했던 것이다. 농민당과의 협상에는 재무부 장관 비그포르스와 수상 한손 등이 주도적으로 참여했다.

경제위기 극복정책은 비교적 성공적으로 집행되어 경제위기 극복에 일조했고 사민당은 이를 통해 처음으로 유능한 집권정당으로서의 면모를 보일 수 있었다.[16] 그리고 1936년에는 아예 농민당과 연립정부를 구성해 안정적 집권 기반을 마련했다. 이렇게 해서 사민당 장기 집권시대가 열린 것이다.

1930년대에 사민당은 다양한 사회복지제도를 새로 도입하거나 기존의 제도를 강화했다. 1934년에는 실업보험제도가 도입되었고, 1935년에는 국민연금 지급액이 상향 조정되었으며, 1937년에는 모성보호지원금제도와 주택대출지원제도가 도입되었다. 그리고 1938년에는 2주 유급휴가제도가 도입되었다. 스웨덴 사회가 현대적 복지국가로 발전해가기 시작한 것이다.

---

16 스웨덴이 1930년대의 공황국면으로부터 비교적 성공적으로 벗어날 수 있었던 가장 중요한 요인은 1931년 자유당 정부가 단행한 금본위제 포기였다. 당시 스웨덴의 통화인 크로나화의 가치는 영국 파운드화 가치에 연동되어 있었고 파운드화는 금본위제의 틀 속에 있었다. 그러다 영국이 금본위제를 포기함에 따라 스웨덴도 금본위제를 포기하게 된 것이다. 금본위제를 포기한 이후 크로나화는 대폭 평가절하되었고 이에 따라 스웨덴 제품의 가격경쟁력이 제고되어 수출이 증대하고 수입이 감소했다. 또한 1930년대에 들어 나치 독일이 재무장을 하는 등 유럽 주요 국가들의 군비경쟁이 전개됨에 따라 철강 등 스웨덴 제품의 수출이 늘어난 것도 경기회복에 기여했다. 이러한 요인들에 비하면 케인스주의적 수요부양정책의 효과는 상대적으로 미약했던 것으로 평가된다. 그러나 케인스주의적 수요부양정책도 일정한 경기회복효과를 가져왔고, 특히 정치적으로는 사민당이 정책적으로 유능한 정당이라는 대중적 이미지를 심어주는 데 결정적으로 기여했다.

노사관계 영역에서도 행운이 따랐다. 스웨덴은 대규모 노동쟁의가 자주 발생하는 대표적 나라였는데 사민당이 집권한 직후인 1933년에도 건설부문에서 장기파업이 진행되었다. 사민당 정부는 도로, 병원 등의 건설을 통해 경기를 부양하고 고용을 창출할 계획을 갖고 있었는데 건설부문에서 파업이 발생하자 이러한 계획이 큰 차질을 빚게 되었다. 부르주아 정당들은 입법조치를 통해 해묵은 노동쟁의를 해결하라고 사민당 정부에 압박을 가해왔다. 사민당 지도부는 LO와 전국 수준의 고용주단체인 '스웨덴 고용주연합(SAF)'[17]에게 입법조치를 통해 문제를 해결할 수도 있다는 뜻을 전했다. 그러자 LO와 SAF는 모두 노동 문제에 대한 국가의 개입에 반대하며 자율적 협상으로 문제를 해결하겠다는 입장을 취했고[18] 사민당 정부는 이를 받아들였다.

LO와 SAF는 여러 해에 걸친 협상 끝에 1938년 스톡홀름 근교의 휴양지 살트쉐바덴에서 노동쟁의 해결방식에 관한 협약을 마련하는 데 성공했다. 이것이 바로 살트쉐바덴 협약[19]이다. 노동쟁의 해결절차를 제도화

---

17 1902년 결성된 전국적 수준의 고용주단체이다. SAF는 초기부터 매우 중앙집권적인 조직형태를 취해 산하 산별 고용주연맹이나 소속 기업에 대해 강력한 지도력을 행사했다. 20세기 초반에 SAF는 LO에 대해 매우 전투적 입장을 취해 파업과 직장폐쇄로 이어지는 격렬한 노동쟁의를 회피하지 않고 오히려 정면대결을 통해 LO를 약화시키려는 입장을 취했다. 그러나 1938년 「살트쉐바덴 협약」 이후에는 LO 및 사민당 정부와 협조적인 관계를 맺어 스웨덴의 노사관계를 안정시키는 데 기여했다. 그러다 1970년대 이후 LO와 사민당이 재계에 대해 공세적 입장을 취하자 SAF도 강력한 반격을 시도했고, 자본운동의 세계화, 신자유주의의 득세 등의 정세에 힘입어 노사관계에서 확고한 우위를 다시 탈환했다. 2001년 공업부문의 재계단체인 '스웨덴 산업연합(Sveriges Industriföbund)'과 통합되어 '스웨덴 재계(Svenskt Näringliv)'로 재출범했다.

18 SAF는 LO와 정치적으로 결합된 사민당 정부가 입법조치를 취하게 될 경우 일방적으로 노동조합에게 유리한 방향으로 법이 제정될 가능성이 높다고 우려했다. 또한 LO는 사민당 정부가 정치적 우군이긴 하지만 정부가 노사관계에 자주 개입하게 되면 노동조합의 자율성이 약화될 수 있다는 점을 우려했다

해 가능한 한 평화적으로 분쟁이 해결될 수 있도록 만든 이 협약이 타결된 후, 노동쟁의가 극적으로 감소했고 스웨덴은 노동쟁의 발생률이 가장 낮은 나라 중 하나가 되었다. 정부의 개입을 최소화하면서 전국 수준의 노동조합과 고용주단체가 자율적으로 문제를 해결해가는 스웨덴식 노사관계의 기틀이 마련된 것이다. 그리고 스웨덴식 노사관계는 제2차 세계대전 이후 발전한 스웨덴의 사회경제 시스템인 '스웨덴 모델'[20]의 가장 기본적이고 중추적인 요소로 자리 잡았다.

한손과 비그포르스 등 사민당 수뇌부는 경제위기 극복을 위해서는 자본가들과의 협력이 필수적이라 판단해 사민당 집권에 대한 그들의 불안감을 해소하려 노력했다. 사민당 수뇌부는 자본가들이 생산과 투자에 전념해 고용을 많이 창출하는 것이 사민당 정부가 기대하는 것이라며 자본가들의 경제활동을 장려했고 불필요하게 그들을 자극하지 않으려 했다. 한손이 1920년대부터 구상한 국민정당노선이 결실을 맺어간 것이

---

19 「살트쉐바덴 협약」의 주요 내용은 다음과 같다. 첫째, LO와 SAF로부터 각기 3인씩 파견되는 대표들로 노동시장위원회를 구성하여, 기업이나 산업 단위에서 교섭을 통해 해결되지 않는 분쟁사항이 발생할 경우 이 문제를 노동시장위원회에서 다루도록 했다. 둘째, 노동쟁의 절차를 제도화하는 동시에 파업이나 직장폐쇄 같은 극한적 형태의 노동쟁의가 발생하는 것을 어렵게 만들었다. 우선 노동쟁의 시에 상대방에 대한 사전고지를 의무화했다. 또 대표적 분쟁사항인 해고 문제와 관련된 규칙을 상세하게 제정했다. 또 중립적 제3자에게 피해를 주기 쉬운 노동쟁의를 규제하기로 했다. 그리고 사회적으로 중요한 기능을 손상시키기 쉬운 노동쟁의의 경우 LO와 SAF가 앞장서 가능한 한 평화적으로 문제를 해결하도록 했다.

20 스웨덴 모델을 구성하는 핵심적인 제도·정책 틀은 ① 스웨덴식 노사관계, ② 대기업 편향적인 자유주의적 산업정책, ③ 케인스주의적 거시경제정책, ④ 보편주의적 복지국가, ⑤ 조합주의적 의사결정구조 등이다. 여기에서 조합주의적 의사결정구조란 LO나 SAF 같은 이익단체가 정부와 협력해 정부 정책의 입안과 집행과정에 적극적으로 참여한다는 것을 의미한다. 대다수 연구자들은 스웨덴 모델을 구성한 여러 요소 중에서도 스웨덴식 노사관계가 가장 중추적인 제도 틀이라고 판단한다. 스웨덴 모델이란 용어를 가장 좁은 의미로 사용할 경우에는 바로 스웨덴식 노사관계를 의미한다.

다. 상황이 이렇게 전개되어가면서 한손이 1928년 의회 연설에서 언급한 '인민의 가정'은 사민당의 점진적 개혁주의, 복지국가주의, 자본가계급과의 협력노선을 상징하는 용어로 정착되어갔다.

제2차 세계대전과 스웨덴의 중립노선

제2차 세계대전이 발발하자 스웨덴은 전쟁의 위협을 강하게 느꼈다. 한손은 전쟁의 위협에 대비하려면 정당 간의 협력이 필수적이라고 판단해 공산당을 제외한 모든 정당을 내각에 참여시켜 거국내각을 구성했다. 물론 한손이 계속 수상직을 맡았다.

1939년 독일과 소련 사이에 불가침협정이 체결된 후 소련이 핀란드를 침공했다. 핀란드는 1809년부터 1917년까지 소련의 식민지였고 그전에는 600년간 스웨덴의 식민지였다. 그래서 핀란드에는 스웨덴계 주민이 많이 살고 있었고 스웨덴은 핀란드를 가장 가까운 우방국 중 하나로 간주하고 있었다.

소련이 핀란드를 침공하자 군부·외무부 등을 중심으로 스웨덴이 핀란드 전쟁에 개입해야 한다는 여론이 강하게 형성되었다. 소련이 핀란드를 군사적으로 지배하게 되면 다음에는 스웨덴이 공격대상이 될 것이라는 우려가 강했고, 스웨덴 국민 대부분이 소련에 대해 강한 거부감과 두려움을 갖고 있었다.

스웨덴이 핀란드 전쟁에 개입해야 한다는 입장을 가진 집단은 크게 보면 두 부류였다. 하나는 군부와 외교부 등에 포진한 보수적 엘리트들이었다. 그들은 반소련 정서, 우방국인 핀란드에 대한 의리, 과거 오랜 기간 핀란드를 지배했던 스웨덴의 국가적 자존심 등을 이유로 핀란드 전쟁에 개입해야 한다는 입장을 취했다. 다른 하나는 북구 국가들 사이의 협력정신을 중시하는 입장과 이웃 약소국에 대한 동정심 때문에 개입을 주장하는 집단으로, 1932~1939년 외무부 장관직을 맡았던 사민당 원로 리카르드 산들레르가 대표적 인물이었다.

한손은 핀란드 전쟁에 대한 불개입노선을 확고하게 견지했고 결국 산들레르는 외무부 장관직에서 스스로 물러났다. 한손이 보기에 핀란드 전쟁에 개입하게 되면 결국 소련과의 본격적 전쟁에 휩싸여 참화를 피할 길이 없었다. 그러나 스웨덴은 핀란드 전쟁에서 완전히 중립적인 입장을 취하지는 않았다. 핀란드에 군수물자와 필수품을 지원했으며 스웨덴 국민이 자원병을 조직해 핀란드 전쟁에 참전하는 것을 막지 않았다.

핀란드 전쟁에 대한 한손의 불개입정책은 군부 지도자들의 분노를 샀고 일부 군부 수뇌부는 쿠데타를 일으켜 한손을 실각시키고 다른 인물을 수상직에 앉히려는 모의까지 했다. 한손이 국제정치와 외교 문제에 관해 식견이 부족한 인물이라는 점도 군부와 외교부 등에 포진한 보수적 엘리트들이 한손에 대해 불만과 불안감을 품게 된 원인으로 작용했다.

핀란드 전쟁이 소련의 승리로 끝난 후 새로 불거진 더욱 심각한 문제는 독일로부터의 압박이었다. 나치 독일은 스웨덴의 이웃 나라인 덴마크와 노르웨이를 침공했으며 얼마 지나지 않아 유럽 대륙 전체를 군사적으로 지배하게 되었다. 나치 독일은 스웨덴 정부에게 노르웨이와 독일 사이의 휴가병력과 군수물자의 이동을 위해 스웨덴 철도를 정기적으로 이용할 수 있게 해달라고 요구했다. 이는 스웨덴에게 군사적으로 위협이 되고 국제정치적으로도 모욕적이며 윤리적으로도 곤란한 요구였으나 한손이 이끄는 거국내각은 이 요청을 수용했다. 거부할 경우 독일의 침공이 불가피하고 독일에 군사적으로 저항하는 것은 현실적으로 거의 불가능하다는 것이 그 이유였다. 독일은 이어서 1941년 6월에는 노르웨이에 주둔한 독일군 중무장 보병사단의 핀란드로의 이동을 위해 스웨덴 영토를 통과하게 해달라는 요구까지 했다. 이는 과거의 휴가병력 이동을 위한 스웨덴 철도 이용 요구보다 더 강한 요구였으나 스웨덴 정부는 그 요구도 수용했다.

또한 1940년 12월 스웨덴과 독일은 무역협정을 체결했는데 주요 내용은 스웨덴의 철강을 독일로 수출하는 것이었다. 수출된 철강은 주로 독일 군수산업의 원자재로 사용되었다. 결국 스웨덴은 독일의 요구를 거의 다 들어준 셈이었다. 스웨덴 정부는 언론 검열을 통해 독일을 비판하는 기사가 나가는 것을 막으려고도 했다.

그러다 1943년 독일군이 스탈린그라드 전투[21]에서 소련군에 패하자 스웨덴 정부는 태도를 바꾸었다. 천하무적으로 보였던 나치 독일이 전쟁에서 패배할 수도 있다고 판단한 것이다. 그리하여 영국 등 연합국이 노르웨이와 독일 사이의 휴가병력 이동열차 운행을 중단해달라고 요구하자 스웨덴 정부는 이를 받아들였다. 또한 독일에 대한 철강 수출 규모도 급격히 줄었다. 독일과 점점 더 거리를 두고 연합국의 요구를 점점 더 많이

---

21 소련의 스탈린그라드(현재의 볼고그라드)에서 1942년 8월부터 1943년 2월까지 독일과 소련 사이에 전개된 대규모 전투. 스탈린그라드 전투는 제2차 세계대전 기간에 일어난 전투 중 최대 규모의 전투였다. 독일군은 전략적 요충지인 스탈린그라드를 점령하기 위해 대규모 병력을 동원해 스탈린그라드 대부분의 지역을 점령했다. 그러나 소련군의 강력한 반격이 개시되어 양군 간에 치열한 시가전이 전개되었다. 결국 독일군은 22만여 명의 전사자를 남긴 채 퇴각했다. 이 전투를 통해 전쟁의 형세가 소련 쪽으로 기울었고 스탈린그라드 전투는 제2차 세계대전의 방향을 바꾼 핵심 분수령으로 역사에 기록되었다.

수용하는 방향으로 외교정책노선을 전환했던 것이다. 스웨덴의 중립노선은 문자 그대로 어느 쪽 입장도 편들지 않는 철저한 중립이 아니라 전쟁 상황에 따라 강한 쪽의 요구를 수동적으로 수용하는 아슬아슬한 줄타기 외교의 중립노선이었다고 할 수 있다.

한손이 이끈 거국내각이 일관되게 고수한 중립노선, 보다 정확하게 말하면 전쟁불참노선에 대해 사민당 내에서도 불만이 없지 않았다. 특히 독일에게 너무 양보한다는 비판이 있었다. 그러나 한손은 스웨덴 정부와 사민당이 도덕적인 상처를 입는다 하더라도 스웨덴 국민을 전쟁의 참화로부터 지켜내는 것이 무엇보다 중요하다는 입장을 일관되게 고수했고 이는 대다수 스웨덴 국민의 희망과 일치하는 것이기도 했다.

제2차 세계대전 시기에 한손은 잦은 라디오 연설을 통해 배급정책 등 정부의 전시정책에 협조해주기를 당부했는데, 설탕·커피의 배급 등 대중의 일상생활과 직결된 문제에 많은 시간을 할애해 연설을 하며 스웨덴 국민들을 위로하고 격려했다. 대중적 언어로 소탈하게 이야기하는 한손의 라디오 연설은 그와 그가 이끄는 거국내각에 대한 국민의 지지를 높이는 데 크게 기여했다.

한손은 점차 정파를 넘어 대다수 국민에게 전쟁위기로부터 스웨덴을 구하기 위해 최선을 다하는 '국부'로서 인식되어갔다. 1943년 일반 국민을 상대로 시행된 여론조사에서 '만일 한손이 수상직을 사퇴한다면 누가 후임자가 되어야 한다고 생각하는가'라는 설문에 대해 응답자의 83%가 '한손 외에는 다른 사람을 전혀 떠올릴 수 없다'고 응답했다고 한다.

노동자정당의 지도자다운 죽음

 전쟁이 끝나갈 무렵, 전후(戰後) 사민당이 스웨덴 사회를 어떤 방향으로 이끌어갈 것인가 하는 것이 사민당의 주요 관심사가 되었다. 일단 사민당의 승리가 확실시되는 1945년 총선 이후에 거국내각을 해산하고 사민당 단독 정부를 구성하자는 입장이 대세였다. 한손은 이 입장에 반대했다. 거국내각이 매우 성공적으로 나라를 이끌었기 때문에 전쟁 종결 이후에도 굳이 해산시킬 필요가 없다는 것이었다.

 1944년 사민당과 LO는 전후 스웨덴 경제의 운영방향 구상인 「노동운동의 전후 강령」을 공동으로 작성했는데, 이 강령은 비그포르스와 뮈르달의 주도로 쓰여졌다. 「노동운동의 전후 강령」은 상당히 급진적 내용을 담고 있었다. 금융시장에 대한 공적 통제를 강화하기 위해 기존의 보험회사들을 국유화하고 국영 상업은행을 신설할 것을 제안했다. 산업부문에서도 시장구조가 독과점적이거나 시장경쟁이 비효율적으로 이루어지는 경우에는 민간기업을 국유화할 것을 제안했다. 특히 석유유통업의 국유화가 제안되었다. 또한 국가 주도로 산업합리화를 강력하게 추진할 것을 제안했다.

 한손은 이 강령에 반대했다. 너무 급진적인 내용이어서 사민당의 지지기반을 약화시키기 쉽다는 이유에서였다. 그러나 한손의 입장은 이제 사민당 지도부 내에서도 지나치게 보수적인 것으로 간주되었고 한손은 점차 당 지도부 내에서 고립되어갔다. 한손은 이 강령에 반대했으나 일단 강령이 공식적으로 채택되자 사민당 최고 지도자로서 대외적으로 앞장서 이 강령을 옹호했다.[22] 1945년 총선 이후 사민당 단독 정부가 구성되었고 한손은 계속 수상직을 맡았다.

한손은 전쟁이 끝난 뒤 약 1년 후인 1946년 10월 6일에 사망했다. 그날은 노르웨이 정부 대표단이 스웨덴을 방문한 날이었다. 한손은 제2차 세계대전 기간에 노르웨이와 독일 사이에 휴가병력 열차를 운영한 것 등과 관련해 노르웨이 국민에게 미안한 마음을 갖고 있었는데 그날 노르웨이 정부 대표단과의 회동은 우호적인 분위기에서 진행되었고, 비로소 한손은 마음의 짐을 상당히 덜 수 있어서 매우 기분이 좋았다고 한다. 밤 늦게 모든 일정이 끝나자 회동에 참석했던 뮈르달은 한손에게 함께 택시를 타고 귀가하자고 권했다. 한손은 평소에 늘 수행원 없이 전차를 타고 출퇴근했는데 그날은 너무 시간이 늦었으니 택시를 함께 타자고 권했던 것이다. 그러자 한손은 "오늘같이 기분 좋은 날엔 서둘러 귀가하고 싶지 않다"며 뮈르달을 먼저 보내고 혼자 전차를 탔다. 그리고 전차에서 내려 기차로 환승하기 위해 걸어가다가 심장마비로 쓰러졌다. 지나가던 행인에 의해 병원으로 옮겨졌지만 병원에 도착했을 때에는 이미 사망한 후였다. 일국의 수상의 죽음치고는 너무나 쓸쓸한 죽음이었지만 한 사민당 당원은 한손의 사망 소식을 듣고 "노동자정당의 지도자로서 가장 어울리는 죽음을 맞았다"고 평했다고 한다.

---

22 『노동운동의 전후 강령』에 맞서 부르주아 정당들과 재계는 '계획경제 반대 Planhushållningsmotståndet: PHM) 캠페인을 대대적으로 전개해 이 강령의 실현을 저지했다. 이 강령이 정책으로 실현될 수 없었던 데에는 부르주아 진영의 반대 외에 다른 요인도 작용했다. 이 강령은 전쟁이 끝나면 유효수요가 감소해 심각한 불황이 올 것이라는 전제에서 작성되었다. 그러나 제2차 세계대전 이후 오히려 물가 상승을 동반하는 호황이 찾아옴에 따라 이 강령이 비현실적으로 보이게 되어 사민당 내에서도 이를 관철시키려는 흐름이 약화되었다. 또한 석유유통업의 국유화가 '전후 강령'에서 매우 중요한 부분을 차지하고 있었는데 이것이 미국의 압력으로 무산됨에 따라 '전후 강령'의 틀 자체가 무너진 측면이 있다.

국민정치노선과 대중적 리더십

지금까지 살펴본 한손의 정치노선에서 발견되는 핵심적 특징은 다음과 같다. 첫째, 계급정치노선에 대비되는 국민정치노선이다. 계급정치노선이란 사민당의 핵심 지지기반인 노동자계급, 특히 산업노동자의 이익을 최우선시하며 자본가계급과 노동자계급 사이의 계급투쟁을 강조하는 노선이다.

반면에 국민정치노선이란 노동자뿐만 아니라 서민대중의 이익을 폭넓게 대변하는 한편 국민 전체의 공통 이익이 존재한다는 점을 인정하고 이를 구현하려는 노선이라 할 수 있다. 앞에서 설명한 바와 같이 한손은 일찍이 사민당이 정치적으로 성공하려면 계급정당보다는 국민정당으로 발전해가야 한다고 생각했다.

그러나 국민정치노선이 반드시 노동자계급의 이익을 경시하거나 자본주의사회에 존재하는 계급대립을 무시하는 것은 아니다. 국민정치의 틀속에서 노동자계급의 이익을 증진시킬 수 있기 때문이다. 앞에서 인용한 「인민의 가정, 국민의 가정」이라는 연설에 따르면, 좋은 가정에 비유할 수 있는 좋은 사회에서는 "현재 국민을 지배자와 신민, 수탈자와 피수탈자로 나누는 모든 사회적·경제적 장벽의 철폐"가 이루어져야 한다. 즉, 사회의 여러 계급 및 집단 사이의 협력을 통해 사회를 좋은 가정과 같이 발전시켜나갈 수 있지만, 이는 사회적·경제적 장벽을 철폐해 노동자계급을 위시한 사회경제적 약자층의 처지를 개선시켜나갈 때에만 가능하다는 것이다. 평등주의적 개혁을 통해서만 진정한 '인민의 가정, 국민의 가정'이 형성될 수 있고 사회통합이 달성될 수 있다는 것이다. 실제로 스웨덴 사민주의자들은 1930년대 이후 국민정치의 형식 속에서 사회복지제도의 확충 등을 통해 노동자계급을 비롯한 서민대중의 이익을 우선적으로 구현해갔다.

한손이 대표한 이러한 국민정치노선은 현대 정치학 용어로는 '헤게모니 전략'이라고 표현할 수 있다. 즉, 실질적으로는 노동자계급을 위시한 서민대중의 이익을 우선적으로 추구하되, 이것이 그들뿐만 아니라 사회구성원 전체에게 이익이 된다는 식으로 정당화함으로써 다른 사회계급·계층도 이에 반대하기 어렵게 만드는 전략이라 할 수 있다.

이러한 노선은 다른 말로 표현하면 '주류화 전략'이라고 할 수도 있다. 노동자계급에 기초한 사민주의 정당이 자본주의사회의 착취와 억압에 저항할 뿐만 아니라 사회경제적 차별의 해소를 통해 계급갈등을 완화시켜 사회통합을 실현하며 스웨덴 국민과 나라 전체의 발전을 주도해간다는 의미다.

필자는 이를 '장남 전략'이라고도 표현하고 싶다. 즉, 사회구성원들이 사민당을 정의감은 있지만 사회의 운영을 맡기기에는 어딘가 불안해 보이는 '차남'보다는 책임감 있고 유능한 '장남', 특히 사회구성원 중 약자의 이익을 우선시하는 속 깊고 마음 따뜻한 '장남'으로 볼 수 있도록 노력하고 그러한 역할을 제대로 할 수 있도록 스스로를 발전시켜가는 전략이라도 할 수 있다.

한손은 이런 '주류화 전략'의 구현을 위해 스웨덴의 전통과 문화를 존중하는 태도를 강하게 드러냈다. 사민당은 당시 스웨덴 사회의 불평등에 저항하는 정당이기도 했지만, 스웨덴의 역사 속에서 발견되는 민주주의적이고 평등주의적 요소를 제대로 계승하고 더 발전시켜나가는 정당으로 보이도록 노력했다. 한손의 이러한 '애국주의적' 입장은 단지 정치전략의 소산이라기보다는 진심의 발로였을 가능성이 높아 보인다. 실제로 한손은 애국주의에 대해 그리 비판적이지 않았다. 애국주의는 뿌리 깊은 인간 심성의 발로이며 바른 방향으로 인도될 경우 긍정적 결과를 낳을 수 있다고 생각했다.

그는 폭력혁명까지 불사하는 공산당의 급진적 입장을 비판했을 뿐만 아니라 코민테른을 추종하는 공산당이 스웨덴의 전통과 문화에 이질적인 외래 이념 정당이라는 측면도 비중 있게 비판했다. 그리고 만일 공산당이 사민당이 주도하는 정부에 들어와서 함께 일할 수 있게 된다면 외래 이념 정당적 성격을 머지않아 탈피해 스웨덴의 풍토에 제대로 뿌리를 내리는 방향으로 변화해갈 수 있으리라 전망하기도 했다. 또한 그러다 보면 결국 사민당으로 다시 들어올 수밖에 없으리라 생각했다.

둘째, 부르주아 세력과의 협력 가능성을 중시하는 노선이다. 스웨덴에서는 이런 노선을 '상호이해(samförstånd)노선'[23]이라고 부른다. 한손은 사민당이 부르주아 정당들과도 사안별로 상호이해에 기초해 협력할 수 있고 노동자계급과 자본가계급 사이에도 협력이 가능하다고 생각했다. 사민당이 1933년 농민당과 정책협력을 이루고 1936년 농민당과 연립정부를 구성한 것, 그리고 1939년 모든 부르주아 정당이 참여하는 거국내각을 구성한 것이 '상호이해노선'의 사례라 할 수 있다. 또 한손은 1928년 총선 이후 사민당이 가급적 계급투쟁 담론을 자제해야 한다고 생각했으며, 전쟁 이후에도 거국내각을 유지하려 했다.

한손의 이런 협력노선은 정치전략의 소산이기도 하고 한편으로는 그가 가진 사회관의 표현이기도 했다. 그는 사민당이 계급투쟁을 예리하게 강조해서는 소수파 지위에서 결코 벗어날 수 없다고 판단해 계급 간 협

---

23 'samförstånd'는 영어의 'mutual understanding' 또는 'consensus'에 해당된다.

력을 강조했다. 또한 1930년대 유럽 전역을 휩쓴 파시즘의 물결이 스웨덴에 상륙하는 것을 차단하려면 계급투쟁보다는 국민 전체의 이익과 계급 간 협력을 강조할 필요가 있다고 생각했다.

그러나 여러 연구자들은 한손의 사회관 자체가 사회경제적 지위가 서로 다른 계급들 사이에도 어느 정도 상호이해와 협력이 가능하다는 생각에 입각해 있다고 평가해왔다. 그들에 따르면 한손은 사회주의 이념이라는 것 자체가 사회구성원 간의 협력과 상호이해를 극대화하자는 이념이며, 자본주의사회에서도 서로 다른 계급과 정치집단 사이에 상호이해와 협력이 가능하며 이를 강화해가는 것이 사회를 보다 사회주의적인 방향으로 개조해가는 길이라고 생각했다는 것이다. 다만 그것이 가능하려면 평등주의적 개혁을 지향하는 사민당이 권력을 장악하고 정치적 의제를 주도해가야 했다.

셋째, 민주주의를 최우선시하는 이념 노선과 담론전략이다. 한손은 시간이 지날수록 사회주의를 전면에 내세우기보다 민주주의 담론 속에 사회주의적 가치와 정책을 수용하고 용해시키는 담론전략을 구사했다. 즉, 민주주의의 극대화가 바로 사회주의라는 것이다. 이는 사민당의 이념과 정책을 국민이 더 쉽게 수용하도록 하기 위한 전략적 고려의 산물인 것만이 아니라 한손의 사고 자체가 그러했다. 그에게 민주주의란 보통선거권, 복수정당제, 다수결 등의 정치제도라기보다는 사회적으로 열악한 처지에 있는 사람들의 지위를 개선시키는 모든 제도와 정책, 운동을 의미했다.

한손은 절차적 민주주의는 민주주의의 최소한의 내용이며 사회복지제도의 확충, 노동자 경영참가 등도 모두 민주주의를 구성하는 주요 내용이라고 생각했다. 결국 사회주의란 민주주의 원리가 사회 모든 영역으로 확장·심화되어가는 과정이라고 본 것이다. 한손이 공산당을 비판한 핵심적 근거의 하나도 공산당이 민주주의 원리를 존중하지 않는다는 점에 있었다. 한손에게 민주주의와 독재 사이의 대립구도는 사회주의와 자본주의 사이의 대립구도 못지않게 중요한 것이었다.

넷째, 긍정적 가치를 전면에 내세우는 담론전략이다. 한손은 자본주의 사회와 자본가계급을 비판하는 부정적·소극적 담론보다는 사민주의 운동이 지향하는 사회주의적 가치들이 얼마나 아름답고 긍정적인가를 부각시키는 적극적 담론을 즐겨 구사했다. 사회주의적 가치란 사회구성원 간의 우애와 연대, 상호지원, 타인에 대한 배려, 사회 전체의 이익에 대한 헌신 등 인간의 가슴속에 있는 가장 따뜻하고 고상한 가치라는 점을 부각시키려 했다.

한편 한손의 리더십 스타일에서 발견되는 뚜렷한 특징으로 다음과 같은 것을 꼽을 수 있다. 첫째, 그는 대중성을 중시했다. 한손은 서민대중이 이해하기 어려운 추상적 이념 논쟁을 기피했으며 대중의 일상생활과 직결되는 문제에 관심을 집중하고자 했다. 사민당이 추진하는 정책들도 대중의 일상생활과 관련지어 설명하려 했다.

또한 그는 중요한 정치적 의사결정에 봉착할 때 사민당 엘리트나 관료뿐만 아니라 서민대중의 목소리를 가능한 한 많이 들으려 애썼다. 한손의 성장배경과 인품 자체가 매우 서민적이기도 했다. 그는 소탈하고 검소했으며 축구에 열광하는 등 취미도 대중적이었고 학식도 별로 없는 사람이었다. 오랜 기간 사민당 2인자로서 한손을 보좌했던 비그포르스에 따르면, 한손은 "대다수 대중의 삶을 채우는 생각과 감정, 희망을 공유했다."

학식이 부족해 자신의 사고를 체계적이고 정교하게 제시할 능력이 없었던 한손은 사실 스웨덴 사민주의 이념사에 관심이 있는 연구자들에게는 그리 매력적인 존재가 아니다. 오히려 연구자들에게는 당시 최고의 사상가이자 경제정책가라 할 수 있는 비그포르스가 훨씬 더 매력적으로 다가온다. 스웨덴 사민주의 이념사를 다룬 스웨덴 내외의 주요 연구들에서 한손은 비그포르스에 비해 거의 주목받지 못해왔다.

그러나 스웨덴의 평범한 대중의 입장에서는 한손이야말로 '우리 편'이자 '우리 사람'으로 다가왔을 것이다. 한손의 말과 생각, 그리고 삶의 이력 전체가 서민대중의 고통과 희망을 대변하는 것으로 느껴졌을 것이다. 사민당 내에서 한손은 자주 'Per Albin Folk(페르 알빈 인민)'라는 별명으로 불렸다고 하는데, 이는 한손이 '인민(folk)'이라는 말을 입에 달고 살았기 때문이기도 하지만 그 자신이 스웨덴의 평범한 인민의 정서와 관심을 체현한 인물이었기 때문이기도 할 것이라 짐작된다.

둘째, 한손은 포용력과 결단력을 겸비한 리더십을 지녔다. 한손이 이끄는 내각에 참여한 바 있는 뮈르달의 회상에 따르면, 한손이 주재하는 당 지도부 회의나 국무회의는 매우 자유롭게 다양한 의견들이 거침없이 제시되는 분위기였다고 한다. 한손은 주로 말없이 경청하다가 충분한 논의가 이루어진 후에 최종결론을 제시했는데 일단 한손이 결론을 내리면 누구나 두말없이 수용하는 분위기였다고 한다. 그러나 이는 한손이 권위주의적 리더십을 행사해서가 아니라 회의 참석자들 대부분이 한손이 심사숙고해서 결정한 것은 대개 틀림이 없다는, 과거 경험에 기초한 믿음을 공유했기 때문이라고 한다. 한손은 다양한 의견을 경청하는 과정에서 자신의 본래 입장을 수정하는 경우가 많았는데, 이런 태도가 오히려 한손이 내린 결론에 대한 신뢰를 높였다고 한다. 그만큼 한손이 열린 마음으로 사고했다는 것으로 이해되었기 때문이다.

한손은 결단력과 추진력을 가진 정치인이었다. 1928년 총선에서 패배한 후 사민당의 노선과 조직을 크게 재정비하는 과정에서 적지 않은 반발에 부딪쳤지만 자신이 제시하는 노선의 정당성에 대해 확신을 가지고 모든 책임을 스스로 떠안으면서 그것을 관철시켜간 사례가 이를 잘 보여준다.

한손의 정치노선과 리더십과 관련해서 이념적 입장에 따라 사뭇 다른 해석이 가능하다. 예컨대 공산주의자나 사민당 내 급진파의 입장에서는 한손이야말로 사민당을 보수적인 방향으로 이끈 원흉이었을 것이다. 1980년대 공산주의 계열의 저자들이 집필한 스웨덴 노동운동사 책자는 한손을 '기회주의의 화신'이라 비난하고 있다. 또한 대부분의 핵심 사안에서 한손의 입장을 지지했지만 한손에 비해 좌파적 성향이 강했던 비그포르스는 한손이 애용했던 '인민의 가정'이라는 용어를 좋아하지 않아서 한 번도 그 말을 입에 올리지 않았다. 사민주의자가 사용하기에는 너무 가부장주의적이고 보수적인 느낌이 강한 용어라고 판단했기 때문이다. 그리고 한손이 이끈 거국내각이 표방한 중립노선의 핵심이 사실상 나치 독일에 대한 수동적 양보정책이었다는 점은 스웨덴 국민에게 깊은 상처를 남겨 역사적 콤플렉스를 갖게 하는 대목이다.

반면에 한손의 노선을 계승해온 사민당 주류의 입장에서는 한손의 정치노선과 리더십 스타일이야말로 사민당이 대중의 폭넓은 공감을 끌어내어 장기 집권과 지속적 개혁을 달성할 수 있게 한 일등공신으로 여겨질 것이다.

대다수 스웨덴 국민에게 한손은 최대의 대내외적 국난으로부터 스웨덴 국민을 구출해낸 '국부'로 인식되어왔다. 한손의 정치노선의 긍정적 측면과 부정적 측면, 밝은 면과 어두운 면 모두를 포함해 스웨덴 사민당과 LO는 지금까지도 대체로 한손의 노선 위에서 발전해 온 것으로 평가할 수 있을 것이다.

신정완 성공회대학교 사회과학부 교수로 경제학을 가르치고 있다. 주요 전공 분야는 스웨덴 사회민주주의와 스웨덴 모델이다. 저서로는 『복지자본주의냐 민주적 사회주의냐: 임노동자기금논쟁과 스웨덴 사회민주주의』(2012), 『자본주의 이후의 새로운 사회』(이하 공저, 2007), 『우리 안의 보편성』(2006), 『현대 마르크스 경제학의 쟁점들』(2002) 등이 있다.

참고문헌

김인춘. 『스웨덴 모델, 독점자본과 복지국가의 공존』. 삼성경제연구소. 2007.

미야모토 타로. 『복지국가 전략: 스웨덴 모델의 정치경제학』. 임성근 옮김. 논형.
　　2003.

변광수. 『북유럽사』. 대한교과서주식회사. 2006.

신정완. 『복지자본주의냐 민주적 사회주의냐: 임노동자기금논쟁과 스웨덴
　　사회민주주의』. 사회평론. 2012

_____. 「적극적 노동시장정책의 변모과정을 통해 본 스웨덴 모델의 부침」.
　　《사회경제평론》. 제15호. 풀빛. 2000.

_____. 「스웨덴 사회민주주의」. 김수행·신정완 편. 『자본주의 이후의 새로운
　　사회』. 서울대학교출판부. 2007.

안재홍. 「개혁주의에 대한 스웨덴 사민주의자들의 논쟁에 표상된 민중의 관심,
　　1886~1911」. 《한국노동경제논집》. 제1권 제1호. 1995.

이병천·김주현 편. 『사회민주주의의 새로운 모색: 스웨덴의 경우』. 백산서당.
　　1993.

Esping-Andersen, Gøsta. *Politics against Markets: The Social Democratic Road to
　　Power*. Princeton, New Jersey: Princeton Univ. Press. 1985.

Fredriksson, Gunnar, Dieter Strand, Bo Södersten. *Per Albin-linjen*(페르 알빈
　　노선). Stockholm: Nordstedts. 1970.

Hadenius, Stig. *Swedish Politics During the 20th Century*. Stockholm: The Swedish
　　Institute. 1990.

Heclo, Hugh & Henrik Madsen. *Policy and Politics: Principled Pragmatism*.

Philadelphia: Temple Univ. Press. 1987.

Jonter, Thomas. *Socialisering som kom av sig: Sverige, oljan och USAs planer påe n ny ekonomisk världsordning 1945-49*(중단된 사회화: 1945-49년의 스웨덴, 석유, 그리고 새로운 세계경제질서에 관한 미국의 구상). Stockholm: Carlssons. 1995.

Kristensson, Kaj., Hans Nyström, Örjan Nyström. *Från mörkret stiga vi mot ljuset: Arbetarrörelsens historia i Sverige*(우리 암흑으로부터 일어나 광명을 향해 서다: 스웨덴 노동운동사). 3rd ed. Göteborg: Proletärkultur. 1985.

Lewin, Leif. *Ideology and Strategy: A Century of Swedish Politics*. Cambridge Univ. Press. 1988.

Magnusson., Lars. *Sveriges ekonomiska historia*(스웨덴 경제사). Stockholm: Rabén Prisma. 1996.

Myrdal, Gunnar. *Hur styrs landet*(나라는 어떻게 통치되는가). Rabén & Sjögren: Stockholm. 1982.

Olsson, Lars & Lars Ekdahl. *Klass i rörelse: Arbetarrörelsen i svensk samhällsomvandling*(운동하는 계급: 스웨덴 사회변동에서 노동운동의 역할). Arbetarrörelsens arkiv och bibliotek & Arbetarnas Kulturhistorika Sällskap. 2002.

Pontusson, Jonas. *The Limits of Social Democracy: Investment Politics in Sweden*. Ithaca and London: Cornell Univ. Press. 1992.

Shüllerqvist, Bengt. *Från kosackval till kohandel: SAP:s väg till makten*(코작 선거로부터 적녹연합까지: 권력으로 가는 스웨덴 사민당의 길). Stockholm: Tiden. 1992.

Söderberg, Per et. al. (red.). *Berömda svenskar*(스웨덴의 저명인사들). Malmö: Nationalencyklopedin AB. 2005.

Tilton, Tim. *The Political Theory of Swedish Social Democracy: Through the Welfare State to Socialism*. New York: Clarendon Press. 1990.

부드러운 카리스마로
전 유럽의 통합을 이끌다

로마노 프로디 Romano Prodi, 1939~

" 오직 오늘만 생각한다면,
더 이상 내일에 대해
생각하고 대비할 수는 없을 것이다. **"**

탁월한 리더란 어떤 사람을 말하는 것일까? 탁월함이란 강인함일 수도 있고, 자신을 낮추고 상대를 설득하고 포용하는 부드러움일 수도 있다. 사회는 언제나 극복해야 할 위기를 안고 있고, 저마다 다른 성격의 위기는 그 위기를 극복하기에 적합한 새로운 리더를 필요로 한다.

그동안 우리가 떠올리는 리더십의 전형적인 모습은 아마 박정희 대통령 정도가 아닐까 싶다. 한국 사회에서는 '어떤 난관에도 굴하지 않는 남성다움'이라는 리더십이 크게 영향을 미쳐왔다. 군국주의의 지도자들을 주로 접하다보니 일종의 학습효과도 있었던 듯하지만 실상 부드러운 리더십은 상황에 따라 그 어떤 강력하고 카리스마 넘치는 리더십보다 뛰어난 힘과 역량을 발휘해 위기를 극복하는 힘이 된다. 지난 수십 년간 한국 사회를 관통한 사회적 갈등과 분열이 말해주듯, 우리에게는 수많은 난제를 봉합해 우리 사회의 일치된 힘을 더욱 드러낼 수 있는 탁월한 리더십이 요구되고 있다. 이탈리아의 정치지도자 로마노 프로디는 바로 그러한 부드러운 리더십의 전형으로 평가받는다.

지도자에 대한 불신임 투표, 파시즘의 역사와 반복된 선거개혁 그리고 마피아와 연루된 상황까지 이탈리아의 정치계는 여전히 불안하다. 이러한 불안 속에서 보수 성향의 거물 정치인 베를루스코니에 맞선 프로디는 특유의 부드럽고 합리적인 리더십으로 국민의 마음속에 파고들어가 이탈리아 총리에 당선된 인물이다. 좌파 소속 정치인이었으며, 볼로냐대학교 교수였고, 유럽연합 집행위원장을 지낸 프로디는 갈등과 분열에 빠진 사회를 봉합한 조용하고 부드러운 이미지의 탁월한 리더라 할 수 있다.

정치는 회사 경영과 다르다

프로디가 이탈리아의 다른 정치지도자들과 다른 점은 위기를 극복하는 탁월한 지략과 역량을 가졌다는 것이며, 이는 강력하고 굳건한 전투적 이미지의 리더십이 아닌 '부드럽고 온화하며 인간적인 리더십'에 기인한다. 프로디의 부드러운 리더십은 그의 최대 숙적이었던 베를루스코니와 비교하면 더욱 선명해진다. 특히 1996년 총선 이후 극명하게 대비되었던 두 사람 간의 대결은 2006년에도 이어졌고, 중도좌파와 중도우파 연합이라는 정치적 대칭구도 속에서 드러난 프로디와 베를루스코니를 정점으로 하는 선거 양상은 극단적으로 대비되는 리더십의 각축장이기도 했다.

베를루스코니의 정계 입문과정과 그에 얽힌 사건들은 그의 제왕적 성향을 짐작케 한다. 기업 경영에 천재적인 소질이 있던 그는 한때 유람선 가수로 활동하다가 1960년대 밀라노 동부 외곽에 건설했던 호화 아파트가 성공을 거두며 금융과 방송, 프로축구 사업으로 영역을 확대해 재벌그룹을 이룩한 보기 드문 신흥 자본가였다. 그의 정계 입문의 변은 다른 정치가와는 사뭇 달랐다. 축구를 좋아했고 AC밀란의 구단주였던 그는 "정치라는 그라운드에 시합하기 위해 들어선다"라고 정계 입문 연설을 했다. 또한 자신의 정당을 '포르차 이탈리아(Forza Italia)'라고 했는데, 우리말로 바꾸면 '힘내라 이탈리아(Go Italia)'로 축구 경기에서 이탈리아 국가대표팀을 응원하는 구호였다. 정치에 대한 베를루스코니의 상업성과 희화를 보여주는 사례이다.

하지만 베를루스코니가 단기간에 그토록 거대하게 성장할 수 있던 배경에는 경제수완 못지않은 정치적 보호가 있었다. 1969년 이후 베를루스코니는 유력한 정치가들과 관계를 맺으면서 전형적인 정경유착 기업가가 되었는데, 특히 크락시가 수상이었던 시절 그를 후견하면서 이탈리아 경제계의 기린아로 떠올라 오늘에 이르렀다. 베를루스코니 소유의 주요 회사로는 에딜노르드(건설), 이탈칸티에리(조선), 임모빌리아레 산 마르티노(부동산 및 투자), 핀인베스트(방송 및 금융) 등이 있다.

　방송사업가였던 베를루스코니가 1994년 조기 총선의 상황에서 만들었던 정당 '포르차 이탈리아'는 북부동맹[1]과 민족연맹[2] 등으로 구성된 우파연합을 이끌면서 선거에서 승리했다. 자수성가한 기업가 이미지가 강했던 베를루스코니는 이탈리아 경제를 살릴 수 있는 최고의 인물로 부각되며 좌파연합을 좌초시켰다. 2년 후인 1994년 좌파연합에 패해 프로디에게 총리직을 내주었지만 그는 우파연합의 결속을 다지며 이탈리아의 대표적인 보수파 수장으로 자리를 굳혔다. 2001년 베를루스코니는 우파연합에서 탈퇴했던 북부동맹을 다시 우파에 참여시키며 표를 모아 그의 인생에서 두 번째 총리직을 수행했다.

　정치가로서 베를루스코니의 변신이 생각보다 빠른 시간 안에 성공할 수 있었던 것은 성공한 사업가에 대한 국민의 환상과 새로운 유형의 정

1　1981년 보시(Umberto Bossi)가 북부 롬바르디아 지역에서 설립한 롬바르디아 자치주의자연맹(Alleanza Lombardia Autonoma)이 전신이다. 1989년 북부이탈리아의 자치를 주장하는 단체들과 연합해 북부연맹이 설립되었으며, 1991년 전국정당으로 거듭나기 위해 당명을 북부동맹으로 바꾸고 보수파 정부로서 베를루스코니와 연정과 탈퇴를 번갈아가며 당의 입지를 굳히고 있다.

2　1948년 구 파시스트 인사들을 중심으로 이탈리아 사회운동당(Movmento Sociale Italiano: MSI)이 결성되었는데, 1992년 총선까지 약 5%의 지지율을 유지하다가 1994년 총선을 앞두고 베를루스코니의 우파연정에 참여했다. 당시 당수였던 피니는 파시스트 이미지를 없애고 우파정당으로의 변모를 꾀했고, 사회운동당을 중심으로 민족연맹을 결성했다. 당내에는 여전히 무솔리니를 추종하는 인사가 많은데, 북부동맹이 연방제 주장의 핵심적 위치에 있었다면 민족연맹은 파시스트적 민족통합을 주장했다.

치가에 대한 열망 등 당시 어렵고 혼란하기만 했던 경제적·사회적 변화 속에서 나타난 결과였다. 물론 사회의 흐름을 읽어낼 수 있었던 베를루스코니의 역량도 하나의 이유가 될 것이다. 하지만 그는 대중이 선호하는 이미지를 만드는 것에는 성공했지만 애초부터 서민을 위한 정책과는 거리가 멀었다.

2005년 베를루스코니 정권 말기 우파는 주지사와 주의회 선거에서 좌파연합에 대패했다. 이는 수년간의 경제침체, 이라크 파병, 연립여당의 결속 약화에 기인한 것이기도 했다. 실제로 2005년 3/4분기를 기준으로 전체 실업률은 8.2%였지만, 청년 실업률은 25%에 달할 정도였다. 또한 북부와 남부의 실업률 차이[3]도 기록적이었는데, 남부의 실업률은 북부의 3배가 넘는 상황이었다.

베를루스코니가 어떤 인물인지 단적으로 보여주는 사건이 있는데, 이것은 목표를 이루기 위해 수단과 방법을 가리지 않는 그의 진면목을 보여준다. 그는 정치적 연줄을 이용해 이탈리아 중앙은행으로부터 1980년대 연간 5,000억 리라에 달하는 불법대출을 받았다. 이후 그 사건을 수사했던 담당 검사는 발표를 앞둔 상황에서 의문의 죽음을 맞았다. 이탈

3　이탈리아 정치경제의 특징 중 하나는 지역별 차이가 크다는 것이다. 밀라노를 중심으로 북부는 잘사는 지역이었고 남부는 상대적으로 낙후되어 있었다. 이는 역사적으로 이탈리아 통일운동을 주도한 리소르지멘토(Risorgimento)와 연관이 있다. 북부세력이 중심이었던 리소르지멘토는 (북부)국가의 확대 통일을 주장하며 남부를 북부 산업의 식민지역으로 간주하는 경향이 있었는데, 이러한 지역적 차별에서 이탈리아의 '남부 문제'가 발생했다. 19세기 후반 보호무역정책을 취하며 북서부에서는 외국 기술을 도입한 산업이 발전하게 되었고 특히 '라인강의 기적'에 필적할 만한 이탈리아의 발전의 핵심인 '피아트' 자동차 같은 대기업이 들어서게 된다. 반면 낙후한 농업지역이었던 남부는 북부 산업의 내수시장 역할을 할 뿐이었다. 이러한 남북의 격차는 '북부동맹'으로 이어져 '북부분리주의 운동'을 낳기도 했다. 베를루스코니 정권 하에서 남부지역 개발을 위한 장관직을 신설해 남부지역의 실업해소를 위해 노력하기도 했지만, 2005년 북부의 실업률이 4.7%인 것에 비해 남부는 14.9%의 높은 실업률을 나타냈다.

리아 국민은 이 사건의 배후에 베를루스코니가 있다고 공공연히 말해왔다. 이와 같은 베를루스코니의 정치적 이해관계에 얽힌 행동들은 오늘까지 이어지며 이탈리아 정치에 영향을 끼치고 있다. 친재벌 노동정책을 고수했던 그였기에 노동자계급과 계속 마찰을 일으켰으나, 베를루스코니가 이탈리아의 7개 방송 채널 중 6개를 장악하고 있기 때문에 어떤 언론도 그의 실책과 비리를 보도하지 못했다.

처음 등장한 1994년부터 지금까지 베를루스코니가 추구하고 있는 연정의 주요 경제정책의 방향과 기조는 신자유주의였다. 이를 이해하기 위해서는 이탈리아 산업자본가계급의 차이를 구분할 필요가 있다. 이탈리아에는 전통적인 산업자본가계급과 신흥자본가계급이 존재한다. 전통적인 산업자본가계급은 피아트나 올리베티로 대표되는 제조업 분야의 기업들이며, 신흥자본가계급은 1980년대 이후 성장한 서비스와 유통 등의 제3차산업 중심의 기업들로 베를루스코니가 대표적인 기업가라 할 수 있다. 이들 두 자본가계급의 주력 업종이 이질적이라는 점에서도 알 수 있듯이 실제로 그들 간의 경제적 이해관계는 차이가 있다. 결국 이러한 점들 때문에 이탈리아의 제조업종 기업과 서비스업종 기업은 경제적 헤게모니를 두고 치열하게 경쟁하게 되었는데, 베를루스코니가 정치권력을 잡게 되면서 그 중심축이 서비스와 유통을 주축으로 하는 기업에게 넘어가게 되었다.

오랫동안 노동자 친화적이던 이탈리아의 정책기조가 1990년대 이후 변화를 겪게 된 것은 이런 이유 때문이었으며, 결국 노동과 복지가 결합되었던 이탈리아 모델의 근간이 흔들리게 되었다. 이는 고스란히 중산층과 서민의 고통으로 가중되었다. 이런 점에서 베를루스코니 연정의 정책기조는 많은 이들에게 비판의 대상이 되었다. 이탈리아 경제를 회복시킬 수 있는 경제 전문 지도자라는 이미지가 허물어지면서 사회는 새로운 지도자를 요구하게 되었고, 유럽연합 가입이라는 절체절명의 국가적 사명과 보다 철저하게 국민의 삶을 이해하는 새로운 정책을 가진 지도자를 요구하게 되었던 것이다.

그러한 국민적 열망이 작동한 결과, 1996년 프로디는 총선에서 승리할 수 있었다. 이탈리아는 2001년 다시 베를루스코니에게 정치권력을 내준 이후 이탈리아 사회의 근간을 흔들어놓았던 베를루스코니에 맞설 수 있는 지도자로 다시 한 번 프로디를 선택한다. 그리고 2006년 제왕처럼 군림했던 베를루스코니의 강한 리더십과는 전혀 다른 프로디의 부드러운 리더십이 등장했다.

프로디가 정점이 되어 선거에서 연합정치라는 형식을 통해 이탈리아 정치계에 새로운 바람을 불러일으킨 것은 1996년이었다. 오랫동안 야당에 머물렀던 좌파민주당은 여러 좌파 세력을 묶어 이탈리아 최대의 국영기업체 이탈리아 산업재건공사(IRI)[4]의 사장을 역임했던 경제학 교수 프로디를 영입하고 '올리보 연합'[5]을 결성했다. 베를루스코니 역시 포르차

4　국영기업의 형태로 이탈리아의 경제·산업에 강력한 통제력을 발휘하며 경제와 산업을 안정시키는 역할을 한다. 1933년 파시즘 정권하에서 정부의 전액출자로 설립된 IRI는 초기에는 대공황으로 파산에 직면한 유력 은행이나 중화학공업회사의 구제기관 역할을 담당했으나, 1937년 정부의 산업통제기관이 되어 파시즘 정권하에서 산하 기업의 보호와 국방력 증강, 경제적 자립을 위한 권력 강화의 창구 역할을 했다. 1948년 새 IRI법에 의해 정부 통제가 완화되고 민관협력체제로 운영되었다. IRI의 통제력은 은행, 철강, 기계, 조선, 해운, 전화, 전력, 도로, 항공, 방송 등에 걸쳐 있다. 현재 60개 이상의 직할 사업회사와 55만 명 이상의 종업원을 거느리고 있다.

5　군소정당이 공존했던 이탈리아의 정치에서 의원내각제의 특성상 집권당이 되기 위한 관권은 과반수 의석을 확보하는 것이었다. 이에 각 정당은 선거 때 집권당이 되기 위해 크게 좌파와 우파로 연합해 선거를 치러왔다. 프로디가 당수로 있던 올리보 연합은 좌파연합으로서 올리보당을 중심으로 재건공산당, 로자당, 이탈리아공산당, 녹색당 등이 연합체를 이뤄 구성되었다.

이탈리아를 중심으로 '자유의 집'[6]이라는 우파연합을 결합해 선거에 본격적으로 참여했다. 세계에서 손꼽히는 부자로 제왕적 면모를 보였던 베르루스코니와는 달리 프로디는 자신을 과대 포장하는 것을 싫어하는 온화한 성품의 소유자였다. 베를루스코니가 1994년 처음 총리를 역임하면서 국내 정치활동에 매진했다면 프로디는 유럽위원회 위원장을 맡아 통합유럽을 이끈 지도자였다.

또한 프로디는 국민의 아픔을 아는 사람이었다. 어린 시절에 겪었던 전쟁을 통해 프로디는 국민이 어떤 생각을 하고 사는지 알게 되었다. 프랑스 방송과의 인터뷰에서 그는 그 시절에 대해 "반 아이들의 절반이 전쟁고아였다. 전후의 참상을 알기 위해 책을 들춰볼 필요가 없었다. 전쟁은 궁핍과 가족의 이별 등 많은 상처를 안겨줬다"라고 회고했다.

선거에 임하는 프로디는 조용하고 차분한 모습을 여과 없이 보여주었다. 특히 TV 토론에서 두 사람의 대조적인 성격은 분명하게 드러났다. 이탈리아 최고 재벌인 베를루스코니와의 토론에서 프로디는 결코 권위적인 모습이나 현란한 말로 군중을 휘어잡지 않았다. 심지어는 TV 토론에서 베를루스코니가 프로디의 부드러운 화법을 견디지 못하고 생방송 중에 "꽤 쓸 만한 멍청이"라고 발언하는 충동적인 모습을 보이기도 했다. 급기야 베를루스코니는 화를 참지 못하고 방송을 잠시 중단시키기도 했다. 상대방을 설득시키기 위해 부드럽지만 솔직한 화법으로 결론을 도출해내는 프로디의 진면목을 보여주는 사건이었다. 프로디는 마치 이웃집 아저씨가 반상회에서 주민의 의견을 모두 수렴한 뒤 최선 혹은 차선

6　좌파연합 울리보 연합에 대해 우파는 베를루스코니의 '포르차 이탈리아'를 중심으로 민족연합, 북부동맹 등의 우파 정당을 연합해 '자유의 집'이라는 이름으로 선거에 출마했다.

의 해결책을 제시하는 듯한, 조용하지만 단호한 솔선의 리더십을 보여주었다. 베를루스코니의 쇼에 질려 있던 대중은 오히려 소탈한 프로디에게 관심을 보였다.

경제정책에서도 프로디와 베를루스코니는 확연한 차이를 보였다. 베를루스코니는 '국민이 경제를 위해 이바지해야 한다'고 말하면서 그렇게 하면 누구나 자신과 같은 부자가 될 수 있다고 했지만, 프로디는 '경제가 국민을 위해 봉사해야 할 때'라고 말했다. 프로디는 기존 정당체제에서 벗어나 효율성과 성과 그리고 마케팅에 중점을 두고 운영했던 베를루스코니의 기업형 정당정치에 대해, 정치는 회사 경영과 다르며 국민과의 관계와 국민을 이해하는 것이 중요하다고 지적하는 등 베를루스코니를 향한 따끔한 경고도 잊지 않았다.

프로디는 조용하고 지적인 이미지 때문에 사람들에게 업무추진력을 의심받는 경우가 많았다. 실제로 정치적 경쟁자들이나 베를루스코니 같은 상대 정당의 지도자들은 프로디의 우유부단함과 사태를 비관적으로 보는 소극적인 자세를 항상 공격했다. 그러나 실제로 프로디는 매우 활동적이고 스포츠를 좋아하며 계획한 일을 상황에 맞추어 설계하고 실행하는 인물이었다. 그의 그런 면을 잘 보여주는 사건은 여러 번 있었다. 특히 1994년의 자전거 여행은 프로디가 지닌 불굴의 의지와 끈기를 잘 보여준다. 프로디는 IRI 사장직을 물러난 뒤 얼마 되지 않아서 6명의 친구들과 장장 3,500km의 자전거 여행에 나섰는데, 결국 목적지까지 완주하면서 자신의 새로운 인생에 대한 구상을 마쳤고 이후 정치가로서의 새로운 삶을 시작하는 계기를 만들었다.

또한 2006년 총선을 앞둔 2005년 12월, 바쁜 와중에도 볼로냐에서 개최된 마라톤 대회에 일반선수로 참가해 완주한 일화는 프로디의 의지와 실천력을 또렷하게 보여준다. 비록 좋은 등수나 기록을 내지는 못했지만 67세의 나이에도 불구하고 4시간 20분 정도의 기록으로 코스를 완주했다. 프로디는 대회 참가를 정치적으로 이용하지 않은 채 자신의 약속대로 완주했다. 이러한 그의 모습은 국민에게 실천하는 지도자의 모습이 어떤 것인지 알리는 계기가 되었고, 이탈리아의 정치적 위기와 새로운 전환기에도 그를 믿고 따를 수 있는 동력이 되었다.

2006년 이탈리아 총선은 좌파연합과 우파연합의 대결이었다. '올리보 연합'의 좌파와 '자유의 집'의 우파가 각축을 벌인 선거전은 그 누구도 우위를 점칠 수 없는 상황으로 전개되고 있었다. 드디어 2006년 4월 9일 이틀간의 일정으로 이탈리아 각지에서 선거가 치러졌다. 이탈리아 수상의 평균 재임기간이 1년이 채 못 되던 정치적 상황 속에서 5년 동안 장기집권에 성공한 베를루스코니의 정치적·사회적 배경에는 그를 대체할 만한 인물이 없었던 이유와 더불어 정부의 입장과 정책의 방향이 곧 베를루스코니 개인의 의견이기도 했던 이유도 있었다. 2002년 연두기자 회견에서 40여 개의 개혁입법을 공언했으나, 자신의 이익과 관련된 법안만 차례로 개정했던 베를루스코니였기에 선거를 앞두고 이탈리아 국민들은 친베를루스코니 경향과 반베를루스코니 경향으로 크게 분열되기도 했다.

재집권에 대한 베를루스코니의 강력한 열망을 뒤로 하고 이탈리아 선거사상 가장 적었던 약 0.1%의 득표 차이로 프로디를 내세운 중도좌파 연합이 이탈리아 정치의 중심에 서게 되었다. 변화를 열망하는 국민은 오랜 야당이었던 올리보 연합에게 정치권력을 맡겼으며, 1996년 선거 이후 다시 한 번 프로디라는 정치지도자를 선택했다.

프로디를 선택한 이탈리아의 2006년 총선은 몇 가지 점에서 이전 선거와는 다른 의미를 담고 있었다. 먼저 선거제도의 변화를 들 수 있다. 1993년 개정한 이후 2001년 선거까지 영향을 미쳤던 이탈리아의 선거법은 안정된 다수를 통한 정부의 통치력 강화를 위해 다수대표제를 채택했는데, 파벌이나 지방의 후견인제도가 갖는 영향력을 감소시키기 위해 도입한 '영국식 1인 소선구제'와 '봉쇄조항'[7]은 의석수와 득표율 간의 불일치 문제를 발생시켰다. 이 문제에 대한 장기간의 논의 끝에 2005년 12월 제1당이나 제1정당연합체에게 나머지 추가의석을 모두 배분하는 다수정당 프리미엄 비례대표제를 채택하게 되었다. 이는 1위를 한 정당이나 선거연합체에 하원과 상원 모두에서 안정적 국정 운영을 위해 과반수의 의석을 확보할 수 있게 하는 것이었다. 또한 2005년의 선거개혁은 선거연합체에 소속되지 않은 개별 정당이 전국적으로 4%의 최저득표율을 획득하면 비례대표 의석을 할당받을 수 있도록 했다.

　이러한 선거법 개혁을 추진했던 인물은 다름 아닌 베를루스코니였다. 그는 선거 여론조사에서 중도좌파가 조금 우세할 것이라는 예측에도 자신의 대중적 인기가 여전히 클 것으로 생각했고 아울러 공영방송인 RAI(Radio Audizioni Italia)를 장악하고 있는 상황에서 여론을 이끌어갈 수 있다고 판단했던 것이다. 실제로 개표하면서 양 진영의 득표율과 의석

7　비례대표제는 국민의 의사를 비교적 정확하게 의석에 반영하기 위해 생겨났는데, 제도 운영이 쉽고 선거비용이 적게 드는 반면 각 선거구별로 사표가 발생한다. 비례대표제에서는 사표 발생을 방지할 뿐만 아니라 군소정당의 무더기 의회 진출을 방지하기 위해 봉쇄조항을 설정하게 된다. 이탈리아의 봉쇄조항은 전국적 득표율이 일정 기준을 초과해야만 의석을 배분받을 수 있는데, 상원과 하원의 조항이 다르다. 하원은 4% 이상을 획득한 정당에 한해 의석을 배분한다. 상원의 경우 비례 의석은 정당이나 선거연합별로 직접 출마한 후보자의 총득표수에서 다수대표로 당선된 후보의 득표수를 뺀 표를 각 주별로 사당해 환산한 후, 주별로 할당된 비례대표의석을 일정 비율 이상을 획득한 정당들에게 배분한다.

수는 엎치락뒤치락하며 매시간 희비가 엇갈리는 상황이 연출되었다. 어느 한쪽도 안도의 숨을 쉴 수 없는 박빙의 상황이었다. 시간이 갈수록 한 치 앞도 예상할 수 없는 혼돈의 상황 그 자체였다. 국내 개표에서 좌파연합의 승리가 굳어지고 있는 가운데 관건은 6곳에 달하는 해외선거구였다. 그다지 큰 차이가 나지 않는 상황이었기에 해외선거구 개표에 따라 당락이 바뀔 수 있는 상황이었다. 해외선거구 개표까지 모두 끝나자 드디어 좌파연합이 우파연합을 2만 5,224표 차로 0.1% 정도 앞서게 되어 승리의 축배를 들게 되었다.

선거결과 좌파연합은 하원 49.8%, 상원 48.9%를 차지했고, 우파연합은 각각 49.7%, 50.2%를 차지해 하원에서는 좌파연합이 0.1% 앞섰고, 상원에서는 오히려 우파연합이 1.3% 앞서는 상황이 연출되었다. 하지만 2005년 선거법 개혁으로 등장한 다수당 과반수 확보라는 비례대표제 할당 원칙이 적용되어 좌파연합은 하원에서 총 67석을, 상원에서는 득표율이 우파연합보다 적었음에도 오히려 2석을 더 얻을 수 있었다.

어느 나라에서나 선거전의 양상과 그 결과는 선거 이후 승리한 당이 안고 가야 할 짐이 되며, 또한 그 짐은 해결하지 않으면 치유할 수 없는 분열의 원인이 되기도 한다. 문제는 선거 이후 분열된 여론과 이념, 상대 당에 대한 포용과 수용이었다. 2006년 선거기간 내내 드러났던 친베를루스코니와 반베를루스코니라는 이분법적인 대립은 이탈리아를 분열의 극한 상황으로 몰고 갔다. 하지만 한편으로는 이념적 틀과 다양한 색채의 정당이 존재했던 선거였던 만큼 이탈리아는 분명 갈등과 반목을 통해 변화를 시도하고 있었다. 2006년 총선에서 표출된 민심은 단순히 헌법 개정으로 국회의원 수나 지방자치의 내용을 조정하는 문제에 국민이 이의를 제기한 것에 한정되지 않는다. 이탈리아의 민심은 대통령이 갖고 있는 책무를 제한해 정부해산권을 수상에게 넘겨주는 방안과 경찰권·의료·보건·교육 부문에 대한 지방자치단체로의 이양 등 정치권력구조 변화에 더욱 주목했다.

이런 상황에서 1996년 이후 다시 국민의 선택을 받은 프로디 중심의 좌파연합은 그동안 흐트러졌던 대내외 정책기조를 추스르고 유럽통합의 방향이나 대외정책기조를 재검토했다. 당장 총선 승리 이후 조직된 내각의 구성과 각부 장관들의 면모를 통해 변화와 의미를 알리고자 했고[8], 오랫동안 이라크 전쟁에 개입하고 있던 이탈리아의 대외정책 기반 역시 근본부터 바꾸고자 했다.

좌파연합은 4월 총선이 끝나자 같은 달 28일 좌파 연립내각 내 극좌파인 재건공산당[9]의 베르티노티 의원을 하원의장으로 선출했다. 그러나 무엇보다 놀라운 것은 5월 10일 선출된 이탈리아 제11대 대통령이었다. 그날 이탈리아 헌정사상 최초로 좌파민주당의 나폴리타노 종신상원의원이 대통령에 공식 취임했다. 이는 이탈리아 역사에서 상징적인 사건이자 좌파민주당의 역사에도 기념비적 사건으로 기록될 만한 것이었다. 좌파민주당의 전신이 이탈리아 공산당이었다는 점을 감안한다면 비록 전(前)공

---

8 1996년 올리보 연합 제2기 내각의 수상이었던 마시모 달레마(Massimo D'Alema)가 부수상 겸 외무부 장관으로 입각해 이탈리아 대외정책기조에 상당한 변화가 있으리라 예상되었으며, 유럽부 장관에 '여성의 힘(Rosa del Pugno)' 정당 출신의 엠마 보니노(Emma Bonino)가 임명되어 대유럽연합 정책 역시 유럽주의 강화가 될 것이라는 점을 어렵지 않게 예측할 수 있었다.
9 그람시와 톨리아티 등이 창당 멤버였던 이탈리아 공산당(Partito Socialista Italiano: PCI)은 1989년 베를린 장벽의 붕괴와 함께 공산주의 쇠퇴와 함께 점차 지지세력을 잃게 되었다. 결국 당명을 '좌파민주당'으로 바꾸며 사회주의를 표방하며 정당을 이어갔고, 이에 반발한 공산당원들은 '재건공산당'을 창당했다. 재건공산당은 1999년 이후 좌파연합인 올리보 연합에 가담하지 않았으나 2006년 선거에서 좌파연합에 가담해 과반수 의석을 얻는 데 주요한 역할을 했다. 하지만 2008년 치러진 선거에서는 지지율이 떨어져 의원을 배출하지 못했다.

산당원일지라도 좌파가 대통령에 취임하는 것은 이탈리아 현대사가 이념적 갈등 시대를 마감한 것으로 평가될 수 있다. 이후 프로디 정부는 대유럽정책을 재개하고 이라크에서의 철군과 경제성장 촉진을 주요 우선 국정과제로 제시하면서 본격적으로 국민과의 소통을 시작했다.

2006년 총선 결과를 통해 다음의 몇 가지 사실을 분명하게 읽을 수 있다. 첫째, 이전 5년간 베를루스코니 정부가 보여준 실정은 장기적인 경제 침체로 이어졌고 변화와 정권교체의 열망이 표심으로 작용했다. 둘째, 1996년 이래 다시 한 번 중도좌파연합이 프로디를 중심으로 결집함으로써 새로운 유권자, 특히 젊은이와 중남부 서민 및 자영업자가 향후 총선에서 주요한 선택 변수이자 결정적 요인으로 등장했다. 이는 2008년 선거에서도 그대로 나타났다. 특히 재건공산당이 연정 안에 들어옴으로써 중도좌파연정의 득표율을 결집시켜 베를루스코니의 재집권을 막을 수 있었다. 여기에 유럽연합 집행위원회 의장을 역임하면서 보여주었던 프로디 개인의 인기와 역량이 선거에서 표로 나타난 것으로 볼 수 있다.

이 같은 정치일정과 개괄을 살펴보면 프로디라는 정치지도자의 부드러운 리더십을 알 수 있다. 프로디는 이탈리아의 다른 정치지도자들과는 크게 두 가지 측면에서 다르다고 할 수 있다. 하나는 위기를 극복하는 데 탁월한 지략과 역량을 가진 지도자라는 점이며, 다른 하나는 프로디 리더십이 강력하고 굳건한 전투적 이미지의 리더십이 아니라 부드럽고 온화하며 인간적인 리더십이라는 점이다. 지난 시대에는 빈곤과 비민주적 사회로부터 안정과 민주화를 이루어내기 위해 강력한 리더십이 요구되었다면, 이제는 갈등과 분열을 봉합하는 조용하면서 부드러운 리더십이 더 필요해진 것이다.

부드럽지만 결단력 있는 지도자

프로디는 1939년 8월 9일 이탈리아 볼로냐 지방의 스칸디아노라는 조그마한 도시의 전형적인 지방 부르주아 지식인 가정에서 태어났다. 그는 엔지니어였던 아버지와 초등학교 교사로 사회사업과 지역봉사활동에 전념하던 어머니 사이에서 7남 2녀 중 여덟째로 자랐다.

프로디와 비슷한 연령대의 사람들은 대부분 제2차 세계대전의 참화 속에서 가족과 이별하는 비극을 겪었지만, 다행히도 프로디 가족은 전쟁의 참화에서 벗어날 수 있었다. 프로디는 그때를 회상하며 "9남매 중 여덟째라면 생활 속에서 정치를 알게 된다. 다른 형제를 존중하면서 자신의 역할을 깨우칠 수 있었다. 자연스럽게 역할과 책임을 배우며 상호존중의 미덕을 배웠다. 만일 그런 배움이 없었다면 쉽게 좌절했을 것이다"라고 고백했다. 유년시절부터 온화하고 부드러운 친화성이 돋보이는 성격을 가지게 된 것에는 어머니의 공이 컸다. 인간에 대한 애정과 봉사정신을 몸소 실천했던 어머니의 모습을 보며 성인이 되어서도 드러나지 않게 봉사하고 사랑하는 방법을 스스럼없이 보여줄 수 있었던 것이다.

어린 시절 프로디의 꿈은 수상이었다. 그가 수상이 되길 원했던 이유는 비교적 단순했다. 수상이 되면 보다 많은 사람들에게 다양한 혜택을 줄 수 있고 가난을 없앨 수 있을 것이라는 다소 막연한 생각 때문이었다. 어렸을 때부터 많은 사람들에게 사랑을 베풀고 나누어줄 수 있는 직업으로 수상이라는 정치가를 매력적으로 생각했다는 사실은 그가 수상이 되는 데 중요한 동기를 제공했다.

프로디는 부드러운 성품을 가졌으면서도 결단력 있는 모습을 보여주곤 했다. 학창시절 친구들과 함께 공동과제를 할 때였다. 친구들 중 자신의 역할과 과제가 마음에 들지 않았던 친구가 하나 있었는데, 프로디가 다른 친구들과 달리 그 친구를 끝까지 설득해 결국 공동작업을 완수했다는 일화는 그의 일면을 잘 보여준다. 설득과 공동의 팀워크를 중요시하고 화합하며 단결하는 프로디의 모습은 어릴 적부터 쌓여 온 인품이었던 것이다.

프로디는 대학에서 경제학이 아닌 법학을 전공했지만 이후 런던정경대학에서 경제학을 전공하고 1963년부터 인생의 스승이자 학문적 스승인 베니아미노 안드레아타의 조교로 볼로냐대학교에서 학자로서의 경력을 쌓기 시작했다. 1971년 32세의 나이에 볼로냐대학교 정치산업경제학과 소속 정교수가 되어 트렌토대학교에서 정치경제학을 강의하고 하버드대학교에서 초청교수로 활동한 후 1999년까지 볼로냐대학교에서 강의했다.

프로디는 사회적으로도 왕성하게 활동했다. 1974년부터 1998년까지 스승의 도움으로 이탈리아 최고 사회과학출판사 중 하나인 일 물리노의 사장을 겸직했다. 경제학자와 출판사 사장이라는 경영자로서의 경험을 살려 1981년 '노미즈마'라는 경제컨설팅 회사를 설립해 큰 성공을 거두기도 했다. 또한 1992년 이탈리아 공영방송 라이 우노(Rai 1)의 경제 프로그램 〈선택의 시간〉 사회자로도 발탁되어 명쾌하고 간결한 설명을 곁들인 해박하고 부드러운 진행으로 국민적 인기를 누리기도 했다. 이것은 후에 정치지도자로서 국민에게 다가설 수 있었던 계기가 되기도 했다. 프로디는 이런 다양한 여러 과정을 거치면서 지도자로서의 내적인 힘을 키울 수 있었다.

볼로냐대학교의 경제학과 교수였던 프로디가 정치지도자로서 국민들에게 다가설 수 있었던 데에는 그의 스승 안드레아타의 역할이 컸다. 기민당 좌파[10]의 수장이었던 그는 정계에서도 상당한 영향력을 가지고 있었기에 애제자인 프로디의 정치 경력에 직간접적인 도움을 주었다.

프로디가 직접적으로 정치를 시작한 계기는 1963년 레지오 에밀리아 시의 자문위원으로 선출되면서부터다. 대학을 졸업하자마자 당시 집권 여당인 기민당 소속의 정치자문위원으로 정치에 입문한 경력은 이후 지속적으로 정계와 끈을 놓지 않을 수 있었던 계기가 되었다. 프로디는 대학교수로서 활동하는 기간에도 기민당 좌파 정치가들과 지속적으로 교류했다.

정치에 그다지 큰 관심이 없던 프로디를 정계로 이끈 것은 복잡하고 혼란한 이탈리아의 정치 사정과 그에 비례해 새로운 시대를 갈망했던 변혁의 시대정신이었다. 당시 이탈리아는 정치·사회적으로 남부와 북부라는 심각한 지역 문제[11]를 안고 있었다. 이후 정치가들은 지역적 특색을 정치적 생명을 연장하는 수단으로도 사용했는데, 이탈리아의 지역 문제는 현재까지도 국가 통합의 가장 커다란 걸림돌이 되고 있다. 또한 전 세

---

10 1919년 결성된 인민당의 후신인 기민당은 1948년 이탈리아의 제헌헌법 제정 후 치러진 최초의 총선에서 제1당이 된 이래 1992년 마니 폴리테 운동으로 와해될 때까지 이탈리아 정부를 구성하는 친미·보수 성향의 사실상 여당 기능을 했다. 1990년에 들어서면서 당 내부의 파벌싸움과 함께 노선 변경을 둘러싸고 갈등이 생겨 세력이 약화되었으며, 기민당 좌파 세력은 인민당에 집결했으나, 일부 의원들이 반발하며 당을 이탈해 기독민주센터와 기독민주동맹이 창당되기도 했다.

11 이탈리아의 지역 문제는 주로 '남부 문제'이다. 이탈리아의 마피아를 가리켜 '이탈리아를 움직이는 제3의 부르주아 지배계급'이라 이를 만큼 마피아는 이탈리아의 정치에 많은 영향을 끼치고 있다. 마피아는 남부지방이나 시칠리아 같은 섬 지방의 입후보자나 득표까지 통제할 수 있을 정도로 막강한 지방 권력을 가지고 있다. 마피아는 제2차 세계대전 이후 기민당의 출현과 밀접한 관계가 있다. 이들은 '후견인주의'로 정계에 쉽게 연결될 수 있었고, 1950년대 이후 격차가 많이 났던 남부 문제를 해결하기 위한 정부의 국책사업에 개입하면서 현재는 공식적인 사업체를 갖추고 중앙정치에 많은 영향을 미치고 있다.

계를 휩쓸었던 68운동도 프로디에게 영향을 주었다. 이탈리아 68운동[12]의 주체세력들은 노동자들이었는데, 그들 중 일부는 정치운동이나 노동운동으로 흡수되었고 극단적 노선을 표방하는 이들은 테러리즘이나 폭력적 성향의 노동조직으로 흡수되었다. 그리하여 이탈리아의 1970년대를 '테러리즘의 시대'라고도 부른다. 프로디가 본격적으로 정계에 발을 들여놓은 1970년대의 이탈리아에는 우파에서 극좌파에 이르는 수많은 테러단체가 존재했다. 이는 이념적으로나 제도적으로나 이탈리아의 정치발전에 커다란 걸림돌이었다.

조용하고 부드럽지만 결단력과 실천력을 겸비했던 프로디는 줄리오 안드레오티의 네 번째 내각 출범과 함께 1978년 11월 산업부 장관을 맡으면서 본격적으로 정계에 발을 들여놓았다. 비록 4개월의 짧은 기간 동안 장관직을 수행했지만 위기를 맞이한 기업들을 위한 회생법안을 제출하는 등 적극적으로 활동했다. 그가 산업부 장관을 맡을 당시 이탈리아 경제는 1973년과 1979년의 연이은 유가 인상에 따른 고물가와 높은 부채로 신음하고 있었다. 이전 정부는 경기수축정책을 펴고 이탈리아 화폐인 리라에 대한 평가절하를 실시했지만, 수입과 국내 시장의 어려움을 가중시켰을 뿐이었다. 경기 침체와 실업률 상승은 심화되었고 급기야 이탈리아는 독일과 IMF로부터 구제금융을 받기도 했다. 이러한 상황에서 프로

---

[12] 이탈리아에서 68운동은 1967년부터 대학가에서 베트남전에 맞서는 저항 움직임으로부터 시작했다. 베트남전의 참상을 알리는 사진 전시와 영화 상영 등이 진행되었고, 대학생들의 정치파업이 이어졌다. 또한 대학 내에서는 반(反)대학을 부르짖으며 언론의 자유라는 기본권 침해를 주장했고 이러한 움직임은 각 대학으로 번져갔다. 이후 학생운동은 '반권위주의'를 주장하는 그룹과 '노동자주의' 진영, '마르크스레닌주의' 진영으로 나뉘었고, 대학교육의 방향을 비판하면서 노동운동과 결합해 학생으로 이루어진 '공장위원회'를 설립하기도 했다. 이탈리아에서는 68운동 이후 1969년 12월 밀라노에서 학살 사건이 발생하면서 '뜨거운 가을'의 민중폭동이 일어나 사회는 혼돈 속으로 빠져들었다.

디가 제출한 법안(자신의 이름을 따 '프로디 법'이라 명명했다)은 유동성과 재정적 위기에 처한 대기업에 회생의 기회를 주기 위한 법안으로, 300명 이상의 종업원을 거느린 대기업은 3개월간 종업원 월급 동결(1년간 유예기간 규정)을 할 수 있도록 법으로 허용함으로써 대기업의 경영정상화와 경제위기 극복을 유도하도록 했다. 이 법안은 1999년 프로디가 수상으로 재임하면서 스스로 법안 폐기를 제안함으로써 소멸되었다.

이탈리아 최대 국영기업을 회생시키다

이탈리아의 경제와 산업을 담당했던 프로디의 능력이 검증된 것은 이탈리아 최대 국영기업인 IRI의 사장직을 맡았던 1982년부터라 할 수 있다. 이탈리아 경제에서 빼놓을 수 없는 분야가 국영부문인데, 대표적인 이탈리아의 국가지주회사로 IRI와 '국립탄화수소공사(ENI)'가 있다. IRI는 파시즘하에서 출범했는데 전후 항공운송, 전화통신, 텔레비전 및 라디오, 철강, 조선, 여객수송, 은행업 등 국가의 중추적인 역할을 담당했다. 따라서 IRI의 사장을 맡는다는 것은 국가의 산업을 통제하는 권한을 가지는 것이나 다름없었다. 당시 IRI는 이탈리아의 정치위기와 수출환경 악화, 공사 내의 비능률과 권위주의 등의 구조적 결함이 표면화되면서 경영위기를 겪고 있었다.

프로디가 취임할 당시 IRI는 관계자가 '쓰레기통'이라 표현할 만큼 재정 상태가 엉망이었다. IRI는 240억 달러의 채무가 있었으며 매일 500만 달러의 손해가 나고 있는 상황이었다. 취임 후 프로디는 IRI의 많은 것들을 변화시켰다. 그는 4년의 재임 기간 동안 IRI가 건전한 수익구조로 돌아설 수 있도록 바꿔놓았다.

일단 프로디는 대대적인 인사를 단행했다. 70%에 달했던 정치인 간부를 전문 관리인으로 교체했다. 또한 성과급제를 도입했다. 한편 급진적인 노동조합과의 협상에서 4년 동안 일자리 6만 개를 줄이는 것에 대해서 양보를 받아냈다. 프로디가 취한 이러한 산업회생 정책의 효과는 IRI 소속 통신회사인 이탈텔(Italtel)을 통해 여실히 증명되었다. 이탈텔은 30% 인원감축을 통해 생산라인을 재편할 수 있었고, 4년 동안 3배가 넘는 판매실적을 이루었는데, 영국의 금융잡지 《유로머니》는 이를 두고 경영합리화를 이룬 대표적인 사례라며 극찬하기도 했다.

프로디의 계획 중 중요한 것은 비전략사업을 민영화시키는 것이었다. 그는 "국가가 아이스크림을 만들어서 뭘 어쩌자는 건가"라고 언급하기도 했는데, 《유로머니》와의 인터뷰에서 "최소한의 자원 배분은 필요하며, 국가가 중재하는 산업은 최소화하면서 민영화에 대한 준비를 해야 한다"고 말했다. 이러한 구상은 알파로메오 자동차회사와 메디오방카 상업은행 등 1988년까지 29개의 회사를 민영화하는 실행으로 옮겨져 위기를 벗어날 수 있게 한 또 하나의 해법이 되었다. 프로디는 민영화 과정에서 강성 노조 소속의 노동자들과 많은 갈등을 겪기도 했지만, 합리적인 설득과 대화를 통해 노동자 한 사람 한 사람을 납득시켰다.

프로디의 노력에 힘입어 IRI는 1986년까지 손익분기점을 맞출 수 있었으며, 1987년에는 처음으로 이익을 냈다. 만년 적자에 허덕이던 국영기업을 흑자구조로 전환시키는 데 성공한 것이었다. 불과 수년 만에 이룩한 그의 경영능력과 공기업 혁신방안 등은 당시 이탈리아뿐만 아니라 유럽의 여러 국가들에서도 주목했다. 그러나 1989년 프로디는 이해관계가 얽혀 있던 여러 정당과 정치가들의 압력으로 사임했다. 하지만 그는 위기 상황에 대한 뛰어난 대처능력뿐만 아니라 시대 변화의 흐름을 읽을 줄 알았던 탁월한 통찰을 인정받아 정치적 위기 상황이었던 1993년부터 이듬해까지 다시 한 번 IRI 사장직을 역임하게 된다.

베를루스코니에 맞서 정권교체를 이룩하다

1994년 IRI를 사임한 프로디는 3,500km의 자전거 여행 이후 본격적으로 국민을 위한 정치를 펼치기 위해 1996년 선거에 출마했다. 기민당이 와해되면서 재창당된 좌파민주당과의 제휴를 받아들이면서 울리보 연합의 대표로 1996년 선거에서 베를루스코니와 숙명의 대결을 펼쳤다. 낡고 어두웠던 구시대를 뒤로하고 새로운 열망과 변화를 기다리고 있던 이탈리아가 손을 내밀었을 때, 프로디는 마치 오랫동안 준비를 하고 있었다는 듯이 조용하면서도 결단력 있게 이탈리아가 원하는 정치가의 모습으로 대중 앞에 나섰던 것이다.

프로디가 지도자로서 본격적인 행보를 내딛은 1990년대는 세계적으로나 이탈리아 내부적으로나 변화의 시기였다. 그 변화의 흐름이 가장 먼저 닥친 곳은 정계였다. 전후 50년 가까이 집권당이었던 기민당과 연정 파트너였던 사회당 등의 중소정당은 오랜 기간 정권을 유지하면서 각종 부패사건으로 정부와 사회 곳곳을 오염시켰다. 부정부패의 심각성은 개혁적인 소장파 검사들이 주축이 된 '마니 풀리테(깨끗한 손)'[13] 운동이라

---

13 1992년 2월 17일 사회당 밀라노 지부 위원장 마리오 키에사(Mario Chiesa)의 뇌물 수수 사건을 계기로 전개된 마니 풀리테 운동은 이후 '반부패운동'의 대명사로 자리를 잡게 된다. 피에트로(Antonio Di Pietro) 검사가 중심이 된 밀라노 검사집단에 의해 시작된 불법정치자금

불리는 부정부패 척결운동으로 일반 국민들에게 드러났다. 당시 국회의원의 3분의 1 이상이 연루되는 사상 초유의 부패사건으로 정치개혁과 새로운 정권에 대한 열망이 그 어느 때보다 강해졌다. 이 사건으로 결국 기민당 정권은 몰락하고 전문 행정 관료들이 수반이 된 과도정부가 구성되었다.

정치변혁에 대한 국민적 열망은 선거제도 개정에까지 이어져, 1993년 국민투표에 의해 순수정당명부식 비례대표제에서 다수대표제로 75%를 선출하고 비례대표제로 25%를 선출하는 새로운 선거제도로 전환되었다. 비례대표제에서 다수대표제로의 변화는 과거 집권여당이었던 기민당의 장기집권을 마감하고 야당에 의한 정권교체 가능성을 마련했다. 정당명부식 비례대표제는 정치적 후견인주의[14]와 명망가들에 의한 연정을 가능하게 하는 제도였다. 반면에 다수대표제는 후보의 당락을 표의 다수에 따라 결정했기에 투표구에 따른 의원 수로 집권당을 결정할 수 있었다. 따라서 장기간의 집권으로 부패한 기민당이 몰락할 수 있는 제

수사는 이후 전국적으로 확대되면서 3,200명이 재판에 회부되었고, 그중 1,211명이 최종판결에서 유죄가 입증되었다. 수사과정에서 당시 수상이었던 크락시가 키에사의 뇌물수수사건의 배후에 있었다는 사실이 밝혀졌고, 이어 안드레오티 전 수상과 기민당의 포를라니 등 상당수의 정치인과 관료들이 연결되어 있는 사실이 밝혀졌다. 이는 전후 이탈리아의 최대 부패 스캔들이라 할 수 있다. 그 과정을 거쳐 마니 풀리테 운동은 국민의 적극적인 지지를 바탕으로 이탈리아 정치개혁운동으로 발전되었다. 그 결과 연립내각을 이루고 있던 기민당이 붕괴되고 새로운 선거제도가 도입되기도 했다. 베를루스코니가 집권 후 피에트로 검사를 기소하는 등 집요한 방해를 한 탓에 마니 풀리테 운동은 침체를 맞았다가 1996년 프로디 정부가 들어서면서 정치개혁에 대한 열망을 불러일으켰다. 하지만 1997년 경제위기를 거치면서 2001년 베를루스코니가 다시 정권을 잡았고 마니 풀리테 운동은 여전히 진행 중이다. 피에트로는 후에 '이탈리아 가치당'을 창당했다.

14 이탈리아의 오랜 정치적 전통의 하나로 로마 시대 토지소유자와 군사적 실력자들 사이에 맺어진 관계에서 유래된 정치적 관행. 보통 중앙의 주요 인물을 후견인으로 놓고 그 아래 수많은 직위와 끈들이 연결되어 있는 형태이다.

도적 기반이 완성되었고, 오랫동안 야당에 머물렀던 좌파민주당(구 공산당)[15]은 새로운 집권세력으로 부상할 수 있었다.

선거법 개정을 계기로 이탈리아에는 '제2공화국'이 들어섰고, 줄리아노 아마토를 수반으로 하는 과도정부에 이어 신흥자본가 베를루스코니가 새로운 선거법으로 집권에 성공했다. 베를루스코니는 엄청난 자본력으로 1994년 잠시 수상에 오르기도 했지만, 정경유착을 통한 정치적 퇴행은 부메랑이 되어 그에게 되돌아갔다. 베를루스코니는 1994년 부패 혐의에 연루되어 피에트로 검사가 이끄는 밀라노 반부패 검사 그룹에 의해 피소되었다. 총리의 부패 연루는 연립정당 간 균열을 일으켰고 북부동맹이 내각불신임 결의안을 의회에 제출함에 따라 베를루스코니는 내각과 함께 사임하게 되었다.

1996년 베를루스코니는 포르차 이탈리아를 중심으로 우파연합을 조직했고, 프로디의 좌파연합은 좌파민주당을 중심으로 이탈리아 공산당, 녹색당 등으로 구성되었다. 여기서 중요한 것은 중도우파인 이탈리아 국민당의 좌파연합 참여와 극우파인 북부동맹이 우파연합에서 탈퇴해 독립당으로 출마했던 것이다. 이러한 선거 양상은 분명 베를루스코니에게 불리한 상황이었다. 그렇다고 프로디에게 유리한 상황도 아니었다. 북부동맹과 재건공산당의 지지율에 따른 연합형태에 따라 다수당이 결정될 수 있었던 상황이었다.

치열했던 선거운동 기간이 끝나고 1996년 4월 총선이 실시되었다. 총

---

15 1892년 창당된 사회당에서 분당해 창당한 공산당의 후신. 1921년 극좌파 혁명주의자들이 이탈해 창당했으며, 1991년 2월 당명을 좌파민주당으로 개정했다. 전후부터 제2당의 위치를 고수해왔으며, 1996년부터 2001년 6월까지 좌파연합(올리보 연합)을 이끌었다. 1998년 전당대회를 통해 '좌파의 민주적 정당'에서 '좌파민주주의자'로 당명을 개정하고 로고에서 공산주의를 상징하는 망치와 낫을 없애고 사회주의를 상징하는 장미 문양을 넣었다.

630석이 걸린 하원에서 좌파연합은 45%를 획득해 284석을, 우파연합은 39%의 지지를 얻어 246석을, 북부동맹은 9.3%의 지지를 얻어 59석을, 재건공산당은 5.6%의 지지를 얻어 35석을 각각 확보했다. 만일 베를루스코니의 부패가 없었고 북부동맹이 우파연합에 속해 있었다면 베를루스코니가 또다시 총리가 될 수 있는 상황이었다. 베를루스코니를 누른 프로디는 과반수 이상의 의석 확보를 위해 극좌파인 재건공산당과 각외협력을 통해 대연정을 구성함으로써 이탈리아 역사상 전후 최초의 중도좌파 연립내각을 구성할 수 있었다. 이후 비정치인 출신인 프로디는 2008년 두 번째 총리직을 사임할 때까지 지도자의 길을 걸었다.

이탈리아의 숙원, 유럽연합 가입

정권교체를 이룬 프로디 정부는 1998년 10월까지 약 2년 4개월간 집권했다. 프로디 정부는 특히 경제적인 측면에서 성공을 거두었다. 유럽연합이 EMU에 가입하기 위한 조건으로 제시한 재정적자 감소를 성공시켰고 실업률을 감소시키는 등 이탈리아 경제체제를 개혁하는 데 기여했다.

경제적인 성공을 이루어야만 했던 프로디 정부의 가장 가시적인 성공은 EMU에 가입한 일이었다. 1991년 마스트리히트 조약에 의하면 늦어도 1999년부터 EMU를 수립하기로 했는데, EMU에 가입하려면 국내총생산(Gross Domestic Product: GDP)의 3% 이내의 재정적자와 GDP의 60% 이내의 공공부채, 최선의 3개국 평균보다 1.5% 이상 높지 않은 인플레이션율을 유지해야 했다. 이탈리아는 이미 1992년 재정적자를 해소하지 못해 EMS(유럽통화체제)에서 떨어져 나온 수모를 겪었다. 이는 리라화에 엄청난 압력으로 작용했고 향후 이탈리아의 EMU 가입을 대단히 어렵게 만들었다. 이러한 일련의 국가경제의 위기 상황 때문에 EMU 가입이 절실했던 이탈리아는 가입을 위한 조건을 달성하자는 데 자연스럽게 사회적 합의를 이룰 수 있었다.

아마토 정권 이후 참피, 베를루스코니, 다니 정권을 거치면서 재정적자를 줄이려는 노력은 계속되었지만 1996년 프로디가 정권을 잡았을 때의 상황은 열악하기 그지없었다. 1995년 재정적자는 7.7%를 기록해 EMU 가입 기준인 3%와는 차이가 너무 컸다. 또한 국가부채는 국내총생산의 122.9%를 기록한 상황이어서 60% 기준선을 크게 웃돌고 있었다. 마스트리히트 조약의 조건을 충족시키는 것은 불가능해 보였다.

프로디 내각은 EMU 가입을 위해 이탈리아 사회의 고질적 병폐였던 탈세를 줄이는 데 집중했고, 예산부를 재무부에 편입시키는 제도적 혁신도 단행했다. 정부의 지출을 줄이면서 '유로세'를 도입해 세수를 증가시키는 방안도 활용했다. 정부의 수입을 늘리는 방편으로는 민영화정책을 실시해 1990년대 말 전기, 철강, 철도 등 많은 부분에서 민영화가 진행되었다. 민영화를 통한 재정수입 확대는 성공적이었다. 마침내 1997년 말 재정적자 2.7%, 인플레이션 2.0% 등 EMU 가입을 위한 기준을 충족시킬 수 있었다. 국가부채는 기준에 근접하지 못했으나 분명한 감소 추세를 보이고 있었다. 마침내 1998년 5월 이탈리아는 유럽연합 창설 회원국으로 확정되었다. 이와 같은 성공적인 목표 달성의 이면에는 프로디의 리더십과 함께 노동자를 비롯 국민의 합의가 뒷받침되었음은 두말할 필요가 없을 것이다.

유럽연합 가입이라는 일차적 목표가 실현되기는 했으나, 1998년 이탈리아는 다시 한 번 갈등과 대결 국면으로 내몰리게 되었다. 국가적 목표였던 유럽연합 가입이 달성되자 노동자들은 그동안 유보했던 노동정책을 전면적으로 실시할 것을 주장하며 정부와 갈등을 빚었다. 노조 입장에서 가장 큰 문제는 안정된 일자리 보장과 주 35시간제 노동시간 및 연금 관련 연령조정 문제였다. 이에 반해 정부는 국영기업과 정부경영의 효율성을 이유로 각종 공사의 민영화를 추진해 재정부담을 줄이는 방향으로 정책을 펼치려고 했다.

여기서 잠시 이탈리아 정부와 노동계의 대립을 살펴볼 필요가 있다. 당시 좌파연합인 올리보 연합의 가장 큰 세력은 좌파민주당이었으며, 프로디는 특정 정치세력을 거느리지 않은 독자적 인물이었다.[16] 그 외에도 올리보 연합에는 녹색당과 이탈리아 인민당 등 여러 소규모 정당들이 소속되어 있었다. 따라서 정책과 관련해 주도적인 역할을 하고 있던 세력은 공산당의 후신인 좌파민주당이었다.

복잡한 세력구조와 역학관계는 노동정책과 복지정책을 두고 집권연합 내에서도 종종 이견과 갈등이 발생하는 원인이 되었다. 따라서 연금정책이나 국가경영의 효율성을 내세우는 프로디를 비롯한 경제전문가 측과 정치적 주도세력인 좌파민주당의 충돌은 어느 정도 예견된 것이었다. 더군다나 집권 연합세력은 아니었지만 이탈리아 공산당의 당명 개정과정에서 떨어져 나온 재건공산당은 정부의 노동자 희생 정책을 반대하고 있었다. 결국 프로디 정부는 이와 같은 역학구도에서 충분한 정치적 역량을 발휘하지 못하고 퇴장했고, 좌파민주당의 당수였던 달레마를 수반으로 하는 제2기 좌파정부가 들어섰다.

1996년 4월 총선으로 집권한 프로디 정부가 가장 먼저 입법화한 법안

---

16 프로디 지지 세력은 후에 '마르게리타(Margherita)'라는 정당으로 결집되었다.

중 하나가 노동시장의 유연화 정책이었다. 노동과 관련한 직업교육이나 이에 따른 교육 프로그램 등을 제도화한 것도 같은 맥락에서였다. 이탈리아는 2000년 이후 2009년 상반기까지 평균 12%대의 높은 실업률을 기록하고 있었는데, 특히 남부와 청년층의 실업률은 50%에 이를 정도로 구조적 문제가 심각했다. 프로디 정부는 이 같은 실업률의 구조적 폐해가 노동시장의 경직성에서 비롯되었다고 보았고, 이를 해소하기 위한 조처로 노동시장의 유연화와 고용창출을 위한 국가 개입을 제도화하려 했다. 이탈리아는 고용에 따른 법적인 경직성으로 인해 노동시장에서의 원활한 고용과 일자리 창출이 매우 어려웠다.[17] 따라서 유연화 정책은 고용의 경직성을 완화하는 방향으로 주로 임시직이나 파트타임 노동자의 고용을 통해 해결하려 했다.

그러나 유럽통화동맹의 가입을 위해 이와 같은 노동자 중심 정책은 유예되었고, 가입을 위한 기본조건이 마련된 후에야 노동자와 국가 사이의 갈등과 조정 국면이 추진될 수 있었다. 프로디 정부에 이어 탄생한 달레마 정부는 1998년 고용창출과 경제발전을 위한 협약을 노사정 합의로 체결했다. 협약의 주요 내용은 지역적으로 낙후되어 있으며 실업률이 높은 남부 이탈리아 문제를 해결하기 위한 발전기구의 설립, 노동비용 삭감을 위한 여러 제도적 장치 마련, 노사정 삼자협의체를 중앙정부뿐만 아니라 지방정부와 지역 단위로 설치하는 문제 등이었다.

여기에 재건공산당의 정책 참여로 정부의 노동정책과 복지정책은 노동자 중심으로 크게 바뀌었으며 노동조합의 역할과 위상이 높아졌다. 노

---

17 여기서 경직성의 의미는 고용 자체가 어려운 것이 아니라 고용에 따르는 부대적 상황, 즉 고용에 대한 세제적이고 제도적인 부담을 사용자가 감당해야 되기 때문에 고용시장의 원활한 흐름 유지가 어려웠다는 뜻이다.

동조합은 임금인상과 노동권 등의 기본권을 사용자와의 직접 협상으로 해결할 수 있게 되었고, 국가는 중재자 역할을 벗어나 노사와 대등한 입장에 서게 됨으로써 정책 입안과 제안 등의 이해관계가 소통되면서 이탈리아의 노동정책은 새로운 시대를 맞이하게 되었다. 그러나 2001년 5월 총선에서 베를루스코니가 이끄는 우파연합이 승리한 후 의도적이고 정치적인 정부의 개입으로 이탈리아의 노동정책은 또 다른 전환점에 서게 된다.

유럽단일통화 시스템의 출범을 앞두고 경제적으로 위기에 처해 있던 이탈리아를 자격요건을 갖춘 국가로 이끌었던 정치가는 바로 프로디였다. 1996년 총선에서 승리해 총리를 역임한 뒤 물러난 그의 능력을 높이 평가한 것은 이탈리아 국민뿐만은 아니었다. 유럽통합의 열렬한 지지자인 그는 1999년 제10대 유럽위원회 위원장에 취임했다. IRI 사장으로 재직할 당시 탁월한 위기 대처능력을 보여주었고, 이탈리아의 총리로서 단절되어 있던 국민과 정부 간의 소통을 주도하면서 사회를 통합한 그의 리더십이 세계적인 주목을 받았던 것이다. 부드러웠지만 통찰력과 결단력을 지녔던 프로디는 이제 이탈리아를 넘어 유럽통합의 초석을 다지는 국제적인 지도자로서 역량을 발휘하게 되었다. 그는 유럽위원회 위원장으로서 회원국 간 이해관계를 조율하는 노력을 했으며, 유로화 도입과 신규 가입국 확대, 국제사회에서의 영향력 확대 등을 이끌어내는 성과를 올렸다.

1991년 마스트리히트 조약으로 유로화를 구상한 지 10년 만에 유럽인의 손에서 유로화가 본격적으로 거래되었던 것은 프로디가 유럽위원회 위원장으로 재임할 때였다. 장부상에만 등장했던 유로화가 2002년 1월 1일 그리스와 핀란드를 시작으로 '유로랜드' 12개국의 현금지급기에서 일제히 통화로 사용된 것이다. 유럽 각지에서는 유로화 출발을 기념하는 행사가 열렸고 오스트리아 빈을 방문 중이었던 프로디 유럽위원회위원장은 유로화로 꽃을 구입해 부인에게 선물했다. 그는 "이제 막 크고건강한 아이가 탄생했다"며 "유로화는 유럽통합의 상징이며 안정과 성장의 도구"라고 강조했다.

프로디는 진정한 유럽연합이 되기 위해서는 가입국의 확대가 중요하다고 생각했다. 유럽통합에 대한 논의가 시작되면서 체결되었던 단일유럽의정서(1986), 마스트리히트 조약(1991), 암스테르담 조약[18](1997) 그리고 니스 조약[19](2001)까지 유럽연합(EU)이 체결했던 여러 조약을 하나로 포괄하면서 EU의 역할과 권한을 규정하는 유럽헌법이 만들어졌다. 여기서니스 조약을 체결했던 이가 바로 프로디였다.

니스 조약을 통해 만장일치의 적용범위가 축소되고 다수결 제도가 채

---

18 1997년 6월 EU 15개국 정상들이 암스테르담에 모여 회의를 열고 체결한 협정으로, 1991년 체결된 「마스트리히트 조약」에서 한 유럽 통합을 현실적으로 추진하기 위한 정치체제를 보다 실효성 있게 구축하기 위한 조약이다. 「마스트리히트 조약」이 1992년 6월부터 시작된 각국에서의 조약 비준 단계에서 덴마크가 국민투표에서 비준을 얻는 데 실패하고 프랑스에서 근소한 차이로 가까스로 과반수 찬성을 얻는 데 그치는 등 커다란 장벽에 부딪치자, 이에 대한개정론이 대두되고 「암스테르담 조약」이 체결되었다. 「암스테르담 조약」은 「마스트리히트 조약」에 따른 외교·안전 보장, 경제·통화·사회 통합 등이 기대만큼 진전되지 못하자 다단계 통합방안의 도입으로 과반수 국가들 사이에서 합의가 성립되면 이들 국가 간에 먼저 통합을 실시할 수 있도록 했으며, 조약에 참가하지 않았던 영국도 참가시켰고, 공통외교·안보정책에 관한의사결정에 관해서는 전 회원국의 일치를 원칙으로 하지만, 다수결로 공동행동을 결정할 수있는 경우도 있도록 했다.
19 2000년 12월 7일 프랑스 니스에서 EU 15개국 정상이 모여 신규 회원국의 가입과 유럽연합의 확대에 따른 제도개혁을 논의하고, 이 논의에 따라 합의된 내용을 규정한 국제조약이다. 2001년 2월 정식으로 서명된 뒤 2002년 10월 아일랜드가 최종적으로 조약 수용을 결정함으로써 2003년 2월 1일부터 정식 발효되었다. 회원국은 그리스, 네덜란드, 덴마크, 독일, 룩셈부르크, 벨기에, 스웨덴, 아일랜드, 스페인, 영국, 오스트리아, 이탈리아, 포르투갈, 프랑스, 핀란드 등 15개국이다.

택되어 유럽연합 가입의 폭이 넓어졌으며, 유럽연합의 집행기관인 유럽위원회 위원수를 제한하고 순번제를 도입해 회원국들이 번갈아가며 집행위원을 할 수 있게 됐다. 동유럽의 신규 회원국 가입을 위한 길도 확대됐다. 2003년 2월 1일 EU 확대를 규정하는 니스 조약이 발효되는 자리에서 프로디는 "유럽의 지도자들이 수년간 마라톤 협상을 통해 마련한 니스 조약은 유럽 대륙의 평화적 통합을 위한 초석을 닦았다"고 평가했다. 니스 조약은 2002년 10월 아일랜드가 15개 회원국 중 마지막으로 비준함에 따라 최종 발효되었다.

프로디는 EU의 확대와 내부기구 개혁, 유럽의회 의석 재할당 등을 통해 EU이라는 거대한 조직체를 재정비했다. 니스 조약으로 10개국이 추가 가입하면서 유럽연합 가입국은 25개국으로 확대되었다. 또한 유럽헌법이라 할 수 있는 유럽헌장에 대한 회원국 정상들의 서명을 이끌어낸 것도 프로디의 탁월한 리더십이었다는 것이 일반적인 평가이다. 프로디는 EU의 목표를 "미국과 어깨를 나란히 할 수 있는 초강대 체제를 유럽 대륙에 건설하는 것"이라 말했다. 그러기 위해서는 유럽 국가들의 협력관계를 확대하는 것이 무엇보다도 중요하다고 생각했다. 따라서 그는 유럽 대륙에서 발생하는 분쟁을 해소하고 닫힌 마음을 여는 '과정'에 집중하며 임기를 채웠다.

2004년 유럽위원회 위원장으로서 5년의 임기를 성공적으로 마친 프로디는 조국 이탈리아로 돌아가야 했다. 2001년 선거에서 베를루스코니가 승리했지만, 이라크 파병에 대한 국민의 불만이 높았고 경제는 침체일로의 상황이었다. 세금 감축과 대규모 건설사업에도 불구하고 지속적인 경제부진은 국민의 고통을 가중시키고 있는 상황이었다.

베를루스코니, 이탈리아를 분열시키다

우파와 좌파의 대결이었던 2006년 선거에서 프로디는 좌파연합을 이끌면서 승리했고 다시 이탈리아의 총리가 되었다. 이는 위기에 처한 이탈리아를 구하기 위한 국민의 선택이었다. 그러나 0.1%라는 박빙의 차이로 가까스로 집권에 성공했지만 프로디의 새로운 도전은 그리 오래가지 않았다.

상황은 상원에서 3석을 확보하고 있던 기독민주당의 클레멘테 마스텔라 법무장관과 그의 아내가 부패 스캔들로 검찰조사를 받고 물러나면서부터 시작되었다. 마스텔라는 이후 연정을 탈퇴해 베를루스코니의 야당연합에 동참해버렸다. 당시 베를루스코니는 연립내각의 불안정을 이유로 프로디에게 사임의 압박을 높이고 있었다. 원래 중도우파 성향인 기독민주당은 3석의 상원 의석을 갖고 있었지만 좌우파 사이에서 캐스팅 보트[20]를 행사하고 있었다. 따라서 프로디 연립내각은 기독민주당이 탈퇴하자 상원에서 단 1석의 차이로 소수당으로 전락하는 상황이 전개되었던 것이다. 프로디는 신임투표를 제안했다. 하원에서는 찬성 326표, 반대 275표로 승리했지만, 상원에서는 찬성 156표, 반대 161표, 기권 1표로 불신임을 받아 프로디는 취임 20개월 만에 물러나고 말았다. 그리고 베를루스코니가 프로디의 뒤를 이어 이탈리아의 총리가 되었다.

프로디 연립내각이 실패했던 요인은 다음과 같다. 첫째, 아프가니스탄

---

20 합의체인 의회에서 표결 결과 가부동수인 경우 의장이 가지는 결정권으로, 의장이 표결권 또는 결정권을 갖는 것은 각 합의체의 규칙과 관습에 따라서 다르다. 2대 정당의 세력이 우열을 가리기 어려울 때 제3당이 표결을 좌우하는 것을 뜻하기도 한다. 세력이 양쪽으로 나뉘어서 균형을 이룬 경우 대세를 좌우할 열쇠를 쥔 나머지 표를 가리키기도 한다.

파병 연장안을 통과시킨 중도좌파 연정의 정체성에 대해 유권자가 실망했기 때문이다. 둘째, 프로디에게 기대했던 경제회복에 대한 열망이 무너지면서 그에 대한 대안으로 어쩔 수 없이 베를루스코니를 선택할 수밖에 없었다. 셋째, 법무장관 클레멘테 마스텔라 장관이 자신과 아내의 부패 스캔들로 검찰조사를 받은 사건은 연정 내부의 불화를 격화시키며 프로디의 실각에 결정적 계기를 제공했다. 넷째, 마스텔라가 속한 기독교민주당이 보수적인 교황과 교황청의 영향력에서 자유롭지 못했기 때문에 투표 결과에까지 영향을 미쳤다. 더군다나 미국발 세계경제의 침체에 따른 경제위기에서 이탈리아 역시 자유롭지 못했기 때문에 유권자들은 오랜 침체에 빠진 경제를 되살리기 위해 기업가 출신 베를루스코니에게 다시 한 번 기회를 주었던 것이다.

이런 정치적 상황에서 베를루스코니가 포르차 이탈리아를 해산하고 신파시스트 정당의 후신인 민족동맹과 합당해 탄생시킨 자유인민당[21]이 승리했다. 베를루스코니가 승리한 것은 무엇보다도 전통적인 지지층뿐만 아니라 갈 곳 없어 방황하던 부동층까지 지지자로 전환시키는 데 성공했고 남부를 중심으로 전국에서 고른 지지를 받았기 때문이었다. 지역별 득표율 변화와 함께 눈여겨볼 수 있는 것이 계층과 직업별 득표 현황이다.[22]

---

21 1994년 1월 베를루스코니가 창당한 포르차 이탈리아의 후신으로, 보수우파의 자유시장경제를 표방한다. 2006년 선거 이후 포르차 이탈리아, 기독민주연합, 북부동맹 등은 당 통합에 관한 가능성을 논의했으나, 기독민주연합의 당수였던 카시니(Pier Ferdinando Casini)가 당의 역사적 연맹의 의미를 강조하며 거리를 두었고, 북부연맹 또한 관심을 보이지 않았다. 그러다 2010년 선거를 앞둔 2009년 포르차 이탈리아에 민족연맹이 합당하며 당명을 '자유인민당'으로 바꾸었다. 프로디의 총리 사임 후 2008년 선거와 2010년 선거에서 승리했다.
22 이하의 주요 자료와 수치는 총선 직후인 2008년 4월 19일에 RAI E SKY 24 방송국에서 실시한 여론조사 결과이다.

주부들은 보수 성향의 자유인민당에 47.9%라는 절대적인 지지를 보냈다. 좌파민주당이나 이탈리아 가치당[23]의 총합이 31.2%인 점을 미루어 볼 때 베를루스코니에게 전폭적인 지지를 보내준 것이었다. 이러한 상황은 기업인과 중소자영업자도 비슷했다. 반면 좌파민주당을 지지한 노동자계층은 30%가 채 되지 않는 29.4%에 그쳤다. 노동자계층에게 지지를 받지 못했던 자유인민당이 37%를 얻은 것에 비하면 참패라고 할 수 있었다. 대졸 이상 고학력자층에서도 표차가 조금 줄긴 했지만 북부동맹과 자유인민당은 좌파민주당과 이탈리아 가치당보다 높은 지지를 받아냈다. 좌파연합은 학생과 사무직 유권자의 지지율에서 조금 앞섰을 뿐이었다.

이런 계층별 투표 성향을 볼 때 자유인민당과 북부동맹의 전통적인 지지층에 변화가 있었음을 알 수 있다. 특히 북부동맹의 선전에는 좌파정부 지지자들이 지지정당을 바꾼 것이 결정적이었다. 노동자와 학생층의 지지율이 적지 않음을 감안한다면 자유인민당과 북부동맹의 지지영역 확대가 성공적이었음을 알 수 있다.

이에 반해 좌파민주당은 전통적인 표밭이라 할 수 있는 노동자와 학생의 압도적인 지지를 획득하는 데 실패했으며, 거대 통합정당인 자유인민당과 공약에서 차별성을 부각시키지 못하면서 정책정당이나 수권정당으로서의 모습도 보여주지 못했다. 무엇보다 심각한 것은 전통적으로 좌파정당의 정통성을 이어오던 재건공산당이었다. 3%대의 지지율에 머물렀던 재건공산당은 2006년 총선에서 10%의 지지를 획득했지만 2008년 선거에서는 국회의원을 1명도 배출하지 못하는 초유의 사태를 맞이했다.

---

23 중도 성향과 대중주의, 반부패의 성향을 가진 이탈리아의 정당으로, 마니 풀리테 운동의 수장이었던 피에트로 검사가 당수다.

이는 좌파정당으로서의 정체성과 정책정당으로서의 한계를 그대로 보여주면서 이전의 지지층이 이탈했기 때문인 것으로 분석된다. 특히 많은 지지자들이 대안으로서 좌파민주당이 아닌 북부동맹이나 자유인민당을 선택한 것은 오히려 지지 철회를 통해 새로운 도약과 내부 혁신을 통한 새로운 모습을 요구한 것이 아닌가라는 생각도 든다. 아울러 한 가지 흥미로운 점은 남부 문제로부터 발생했던 북부동맹 세력의 지지기반이 남쪽으로도 이어졌다는 것이다.

프로디는 2008년 선거에서 정계 은퇴를 선언했다. 정계를 떠나며 베를루스코니에게 물가 때문에 고통 받는 국민에게 더 많은 불안감을 조성하지 말 것을 당부하며 "세상에는 더 많은 기회들이 있고 미래는 만들어가는 것"이라는 말을 남겼다. 이제 더 이상 이탈리아 정치계에서는 그를 볼 수 없을 것이다. 하지만 언제나 '사람 중심'이었던 그는 이탈리아뿐만 아니라 세계 곳곳에서 그가 지닌 부드러움과 통찰의 힘으로 '분열'이 아닌 '화합'의 메시지를 전하고 있다.

나는 오늘 지난 수십 년간 이야기해왔던 사실을 다시 한 번 반복하지 않을 수 없습니다. 지난 세기 이탈리아 사회를 이데올로기적 대립과 역사적 경험을 통해 분열시키면서 지배해왔던 기민당을 비롯한 수많은 기득권을 대표하는 정당들이 표방했던 이른바 개혁정책이 여전히 새로운 21세기에도 국민을 분열시키고 있습니다. 왜 그래야만 하는지에 대한 더 이상의 정당한 이유가 없음에도 불구하고 말입니다. 과거의 분열은 더 이상 존재해야 할 이유가 없지만, 미래를 위한 새롭고 풍요로운 통합의 이유를 우리는 이제 분명하게 창조해야만 할 것입니다. 그 시작이 바로 오늘입니다.

프로디라는 인물이 국민적 지도자로 각광받을 수 있었던 것은 그의 지성과 부드러운 지도자적 자질, 국민에게 실제로 보여주고 증명해낸 실천력 때문이었다. 프로디는 정치에 입문했을 때뿐만 아니라 총리가 된 이후에도 한 주가 시작될 때면 일반 서민처럼 기차를 이용해 출퇴근을 했다. 경쟁 당에서는 인기를 노리는 행동이라고 공격했지만, 그의 지인들은 "늘 그래왔다"고 말했다. 그에게 지도자로서의 중요한 덕목은 언제나 '국민을 이해하는 것'이었다. 그런 이유 때문인지 프로디는 수상이 된 뒤에도 "올바른 일을 하기 위해서는 때때로 국민에게 인기가 없을 줄도 알아야 한다"고 자주 이야기했다.

은퇴한 프로디를 기억하는 많은 이탈리아 국민은 그가 여전히 세계의 중심에서 자신만의 독특한 방식으로 부드럽고 온화한 리더십을 발휘하고 있으리라 믿고 있다. 비록 정치권력을 내주기는 했지만, 이탈리아 국민에게 각인되어 있는 부드럽지만 강력한 추진력을 가진 프로디의 리더십은 평화와 인류의 번영을 위해 또다시 부활할 것이다.

프로디는 자신의 선거 유세장이나 여러 언론 매체들과의 인터뷰에서 당대를 탁월하게 읽어내고 이해하는 이야기들을 많이 했다. 그는 항상 시대의 아픔을 이해하려 했고 미래를 위해 선택해야 하는 순간마다 국민을 감동시키고 미래지향적인 비전을 제시하려고 노력했던 지도자였다.

김종법 이탈리아 토리노 국립대학교에서 그람시 헤게모니 개념에 대한 연구로 국가연구박사 학위를 받았다. 그람시를 비롯한 이탈리아 정치사상가와 현대 이탈리아 정치 및 유럽통합에 대한 연구에 몰두하고 있다. 현재는 서울대학교 국제대학원 EU연구센터 HK연구교수로 재직 중이다. 저서로는 『현대 이탈리아 정치사회』(2012), 『천의 얼굴을 가진 이탈리아』(2012) 등이 있다.

참고문헌

김종법. 「하부정치문화요소를 통해 본 베를루스코니 정부의 성격」.
　　《한국정치학회보》, 제38집 제5호. 2004.

_____. 『이탈리아 선거법』. 중앙선거관리위원회. 2004.

_____. 「변화와 분열의 기로에 선 이탈리아: 2006 이탈리아 총선」.
　　《국제정치논총》, 제46집 4호. 2006.

_____. 「좌우동거의 기묘한 불완전한 양당제 국가 이탈리아」. 『지구촌의 선거와
　　정당』. 한국외국어대학교출판부. 2007.

_____. 「이탈리아 권력구조 전환가능성과 시도: 연방주의와 대통령제로의
　　전환모색」. 《세계지역연구논총》, 제25집 3호. 2007.

정병기. 「이탈리아 정치적 지역주의의 생성과 북부동맹당(Lega Nord)의 변천」.
　　《한국정치학회보》, 제34집 제4호. 2001.

_____. 「이탈리아 정치사회변동과 중도−좌파정부(1996−2001) 정책」.
　　《한국정치학회보》, 제37집 제3호. 2003.

허인. 『이탈리아사』. 대한교과서주식회사. 1991.

이준 필립. 『이제는 유럽이다』. 교보문고. 2009.

유훈. 『공기업론』. 법문사. 2000.

유럽정치연구회. 『유럽정치』. 백산서당. 2004.

리프킨, 제러미. 『유러피언 드림』. 이원기 옮김. 민음사. 2009.

길혀홀타이, 잉그리트. 『68운동』. 정대성 옮김. 들녘. 2006.

바크, 데니스. 데이비드 그레스. 『도이치 현대사 3: 아, 동방정책』. 서지원 옮김.
　　비봉 출판사. 2004.

AA.VV. a cura di Farnetti, Paolo. *Il sistema politico italiano*. Bologna: Il Mulino. 1973.

AA.VV. a cura di Sani, Giacomo. *Mass Media ed Elezioni*. Bologna: Il Mulino. 2001.

Sewell, William H. Jr. *Logics Of History: Social Theory And Social Transformation*. Chicago: University of Chicago Press. 2005.

Tranfaglia, N. *La transizione italiana*. Torino: Garzanti. 2003.

http://www.romanoprodi.it
http://nonciclopedia.wikia.com/wiki/Romano_Prodi
http://www.la—politica.net/partiti/prodi.htm

문화대혁명의
폐허 위에서
새로운 중국의
기틀을 닦다

덩 샤 오 핑 鄧小平, 1904~1997

66 흰 고양이든 검은 고양이든
쥐를 잘 잡는 것이 좋은 고양이다. **99**

마오쩌둥이 건설한 사회주의 중국과 중국공산당은 문화대혁명으로 큰 위기를 맞았다. 중국공산당은 정치적으로는 사회주의를 계속 견지하고 건설해나가야 하는 숙제가 있었고, 경제적으로는 사회주의적인 생산방식이 가진 한계를 돌파할 새로운 발전 모델이 필요했다. 마오쩌둥 사망 이후 당내의 권력투쟁을 거쳐 중국을 변화로 이끌 새로운 지도자가 된 덩샤오핑은 과감한 개혁개방 정책을 실시했다.

그 결과 2010년, 중국은 일본을 제치고 미국에 이어 세계 2위의 경제대국으로 부상했다. 미국의 한 보고서에 의하면, 2027년 중국은 미국을 추월해 세계 1위의 경제대국으로 부상할 것이라고 한다.

가난하고 낙후된 인구대국을 경제대국으로 변신시킨 오척단신의 덩샤오핑. 13억 중국을 이끈 작은 거인 덩샤오핑은 실사구시의 이념으로 굳게 닫힌 중국의 문을 열어 '부국'의 길로 인도한 지도자였다. 그가 추진한 개혁개방 정책의 그늘도 있지만 위기의 중국에 다시 활력을 불어넣은 그의 공은 누구도 부정할 수 없을 것이다.

넘어져도 다시 일어나는 부도옹(不倒翁)

1978년 11월 10일 베이징 징시호텔에서는 마오쩌둥 사망 이후 중국이 어디로 나아갈 것인가를 결정할 중국공산당 중앙공작회의가 시작되었다. 마오쩌둥이 사망하기 직전 후계자로 지명한 화궈펑 중국공산당 주석은 당과 국가사업의 중심을 경제건설로 이동하는 전략을 논의하기 위해 이 회의를 개최했다. 그런데 이런 중심의제와는 상관없는 민감한 의제가 11월 12일 중국공산당의 원로인 천원에 의해 제기되었다. 천원은 문화대혁명(이하 문혁) 시기에 부당하게 비판받고 변절자로 판정되었던 사람들의 명예회복을 주장했다.

그중에서도 가장 주목받은 발언은 "톈안먼 사건은 베이징의 수백만 군중이 저우언라이 총리의 죽음을 애도하고 '4인방'을 반대하며, 덩샤오핑 동지에 대한 비판을 반대한 위대한 군중운동이었다. 당 중앙은 반드시 이 운동을 인정해야 한다"는 주장이었다. 마오쩌둥이 내린 결정이기 때문에 뒤집을 수 없다는 이유로, 마오쩌둥이 죽은 지 2년이 넘도록 덩샤오핑의 완전한 복권을 미루어왔던 당 지도부의 저지선이 무너져 내리는 순간이었다.

이러한 천원의 문제제기는 중국공산당 내에서 화궈펑 등 실권파가 문화대혁명 시기에 비판받은 원로 간부들의 복권 문제에 소극적인 태도를 취해온 것에 대해 쌓여 있던 불만을 일거에 폭발시켰다. 이 같은 불만에 위협을 느낀 화궈펑은 11월 25일 덩샤오핑을 비롯한 원로 대부분의 복권을 결정했다.

이는 덩샤오핑의 정치 역정에서 세 번째의 복권이었다. 덩샤오핑은 국민당에 대항해 유격전을 전개하던 1933년 2월 첫 번째로 숙청을 당했다. 당시 중국공산당 지도부에 의해 부농을 우대하며 계급투쟁을 방기한 것으로 규정된 마오쩌둥의 노선을 따랐다는 이유 때문이었다. 당시 같이 숙청된 네 명 중에는 마오쩌둥의 동생 마오쩌탄도 포함되어 있었다. 이는 후일 문혁 시기 마오쩌둥이 덩샤오핑을 사지에 몰지 않고 새로운 기회를 주었던 중요한 원인이 되었다. 덩샤오핑은 중국공산당 홍군이 국민당 군대의 포위공격을 견디지 못하고 생존을 위해 기약이 없는 길을 떠난 대장정이 중요한 고비에 이른 1935년 1월 초, 중국공산당 중앙 비서장으로 임명되면서 복권되었다. 중국공산당 중앙이 옌안에 정착하고 1937년 항일을 목표로 국민당과 합작을 이룬 후 덩샤오핑은 군사적 영역에서 능력을 발휘하기 시작했다. 공산당의 홍군은 국민당군으로 재편되면서 '팔로군'이라는 명칭을 부여받았고 팔로군은 세 개의 사단으로 나뉘어졌는데, 덩샤오핑은 그중 한 사단의 정치위원으로 임명되었고 화베이 지역에서 항일근거지 개척을 지휘했다.

덩샤오핑은 문혁이 시작된 직후인 1967년 4월 '자본주의의 길을 걷는 당권파'로 비판을 받으며 두 번째로 숙청되었다. 1956년부터 줄곧 맡아오던 중국공산당 중앙 총서기[1]에서 축출되었고, 1969년부터 장시성의 한 트랙터 공장에서 수리공으로 노동개조에 참가했다. 그러나 문화대혁명이 시작된 이후 마오쩌둥의 새로운 후계자로 지명된 린뱌오가 문화대혁명의 또 다른 주축세력인 장칭 등의 4인방 세력과의 정치투쟁에서 패배하고, 1971년 9월 몽골 상공에서 의문의 비행기 추락으로 사망했다. 마오쩌둥은 린뱌오 사망이 초래한 충격과 혼란을 수습하기 위해 문화대혁명

---

[1] 1982년 이전까지 중국공산당의 최고지도자는 주석이었고, 총서기는 사업 집행을 총괄하는 직책이었다. 1982년 개인숭배를 조장할 가능성이 있다는 이유로 주석직이 폐지된 이후 총서기가 중국공산당의 최고지도자 역할을 하기 시작했다.

초기 숙청당했던 간부들을 다시 발탁했다. 덩샤오핑도 그 기회를 놓치지 않고 마오쩌둥에게 복귀를 요구하는 편지를 보냈다. 그 편지를 받은 마오쩌둥은 덩샤오핑의 문제는 류사오치와는 달리 인민 내부의 모순에 속한다고 규정했다. 마오쩌둥은 덩샤오핑이 과거 마오파로 비판받았던 점과 전쟁에서 공을 세운 것 등을 특별히 언급하며 복권의 길을 열어주었다. 그리고 1973년 3월 덩샤오핑은 6년간의 장시성 생활을 청산하고 국무원 부총리로 다시 중앙 정치무대에 복귀했다.

그런데 문혁의 혼란을 수습하기 위한 덩샤오핑의 정책이 마오쩌둥에게는 문혁을 부정하는 것으로 보였다. 그리고 1976년 4월, 같은 해 1월에 사망한 저우언라이를 추도하는 자발적인 시위가 톈안먼 광장에서 벌어졌다. 이에 마오쩌둥은 이를 반혁명사건으로 규정하고 사건에 대한 책임을 물어 덩샤오핑을 실각시켰다. 이것이 덩샤오핑이 세 번째로 당한 정치적 숙청이었다. 당시 72세였던 덩샤오핑의 오랜 정치 역정은 완전히 끝난 것처럼 보였다. 그러나 그는 오뚜이처럼 다시 일어났고 부도옹[2]이라는 별칭을 얻었다. 하지만 덩샤오핑의 세 번째 복권이 순탄하게 진행된 것은 아니었다.

1976년 9월 마오쩌둥이 사망한 이후 중국공산당의 부주석이자 총리인 화궈펑은 당내 원로들의 지원을 받아 문화대혁명 주도세력인 4인방을 전격적으로 체포하고 최고지도자의 지위를 확보했다. 그러나 덩샤오핑의 존재는 중국의 권력구도를 변화시킬 수 있는 중요한 변수였다. 덩샤오핑은 1977년 7월 세 번째로 숙청되기 이전의 직책을 회복했지만 반혁명사건인 톈안먼 사건에 덩샤오핑이 중요한 책임이 있다는 마오쩌둥의

---

2   부도옹(不倒翁)은 '넘어지지 않는 늙은이'라는 뜻으로 오뚜이를 의미한다.

결정은 계속 유효했다. 이런 상황에서 덩샤오핑의 정치적 역할도 제한적일 수밖에 없었다.

화궈펑 등이 덩샤오핑의 완전한 복권에 소극적이었던 것에는 덩샤오핑에 대한 견제 외에 또 다른 중요한 이유가 있었다. 경력이 일천하고 조직적 기반이 약한 화궈펑이 최고지도자에 오를 수 있었던 것은 마오쩌둥이 사망하기 직전에 그를 총리로 임명하고 "당신이 일을 맡으면 내가 안심할 수 있다"는 유지를 남겼기 때문이다. 다시 말해서, 화궈펑 체제의 정당성은 전적으로 마오쩌둥에 의존하고 있었던 것이다. 화궈펑은 "무릇 마오쩌둥이 내린 결정은 단호히 옹호해야 하며, 무릇 마오쩌둥이 내린 지시는 그대로 따라야 한다"고 주장하는, '두 개의 무릇(兩個凡是)'이라는 방침을 들고 나왔다. 이에 따르면 마오쩌둥이 결정한 덩샤오핑에 대한 비판도 부정될 수 없는 것이었다. 그뿐만 아니라 문혁 시기의 '프롤레타리아트 독재하의 계속혁명'이라는 기본노선이 계속 고수된다면 중국에서 새로운 변화의 모색은 실로 어려웠다.

이런 장벽을 돌파한 것이 1978년 5월 10일 《광명일보》에 「실천이 진리를 검증하는 유일한 기준이다」라는 제목으로 게재된 논설에서 시작된 '진리표준 논쟁'이다. 이 주장에 따르면 마오쩌둥이 내린 결정과 지시도 실천적 결과에 따라 검증되어야 하며 무조건 따라서는 안 되는 것이었다. 이에 대해 화궈펑의 측근세력은 절대적 진리인 마오쩌둥 사상을 상대화시키는 것이라고 비판했다. 그러나 마오쩌둥이 만들어놓은 질곡에서 벗어나기를 원하는 사람들이 많았기 때문에 논쟁의 저울추는 점차 전자의 방향으로 기울어졌다. 이를 통해 마오쩌둥 사상의 무오류성이라는 신화는 무너졌고, 덩샤오핑의 완전 복권을 위한 사상적 기초가 형성되었다.

이러한 변화가 진행되는 가운데 앞에서 이야기한 것처럼 천원이 적극 개입하면서 덩샤오핑의 완전 복권이 실현되었다. 그리고 중앙공작회의에 이어 중국공산당 제13기 3차 중앙위원회 전체회의(이하 중전회)가 12월 18~22일에 개최되어 개혁개방의 추진을 결정하면서 중화인민공화국의 새로운 역사가 시작되었다. 문혁의 혼란으로 지쳐 있던 중국을 추동해 거대한 변환을 이끌어내야 하는 임무가 74세 덩샤오핑의 두 어깨에 맡겨졌다.

정치적으로는 분열되고 경제적으로는 낙후된 중국

덩샤오핑이 물려받은 중국은 30여 년의 사회주의 건설 노력에도 불구하고 정치적으로는 분열되고 경제적으로는 낙후되어 있었다. 정치적 분열은 건국 이후 반복된 정치운동의 결과였다. 중국공산당은 1949년 10월, 대륙에서 장제스를 몰아내고 중화인민공화국을 건설한 이후 적대적 계급과 사회주의를 위협하는 요소를 제거하기 위한 정치운동을 계속 전개해왔다. 1949~1978년 사이에 전개된 크고 작은 정치운동은 67차례에 달했다. 중국공산당의 정치는 적대적 타자가 없이는 존재이유가 없다는 강박관념에 지배되었다고 해도 과언이 아니었다. 건국 초기 정치운동의 대상은 당연히 지주·자본가 등 적대적 계급이었다. 이들이 정치적으로 무력화된 이후에는 국민당과의 내전에서 중국공산당에 협력했던 민족자본가나 지식인이 정치운동의 대상이 되었다. 1957년에 전개된 반우파운동은 비공산당계열의 정치세력을 완전히 소멸시켰다.

외부에서 적을 찾기 어려워진 정치운동은 내부에서 적을 찾았다. 1959년부터 시작된 대약진운동의 문제점을 진언한 국방장관 펑더화이 등을 우경 기회주의자로 비판한 정치운동이 그 전환점이 되었다. 1966년 시작된 문화대혁명은 '자본주의의 길을 걷는 당권파'를 대상으로 삼아 중국 공산당의 지도부 대부분을 공격하고 축출했다. '당권파'가 거의 축출된 이후에는 문혁 주도세력 내에서 새로운 정치투쟁이 전개되었다. 중국 정부의 자료에 따르면 1966~1975년 문혁 시기 동안 중화기가 동원된, 10명 이상의 사상자가 발생한 무장충돌이 5만 7,227건에 달했고, 100명 이상의 사상자가 발생한 사건은 9,790건에 달했다. 자본주의의 부활 가능성을 막고 사회주의적 길을 지킨다는 목표 아래 진행된 정치운동은 이처럼 비인간적이고 불확실성으로 가득한 정치환경을 만들었다. 마오쩌둥이 사망했을 때 중국은 심각한 정치적 분열과 통치정당성 위기에 직면해 있었다.

경제적 상황도 나을 것이 없었다. 1950년대 초반까지 GDP의 연평균 증가율은 6.1%, 1인당 GDP의 연평균 증가율은 4%에 달해 다른 개발도상국과 비교할 때 평균 이상의 실적을 기록했다. 그러나 사회주의 개조가 완료된 이후 1957~1978년 GDP 연평균 증가율은 5.4%로 줄어들었다. 게다가 1956년 이후 인민의 생활수준이나 경제효율성은 거의 개선되지 않았다. 특히 농촌에서 급진적으로 추진된 토지소유의 집단화는 농민의 생산의욕을 약화시켜 농업생산을 장기적 정체상황에 머무르게 했다. 1인당 양식생산량은 1956년에 310kg이었는데 1978년에도 320kg 수준에 머물렀다. 대약진운동이 전개된 1960~1962년에는 농업생산량이 대폭 감소하고 기아로 인한 사망자가 1,500만 명이 넘는 비극적 상황이 발생했다.

뿐만 아니라 투자가 중공업 부문에 집중되면서 국민의 생활수준을 높이는 경공업과 농업의 발전은 크게 제약받았다. 같은 시기 한국, 타이완, 홍콩이 고도성장을 기록했음을 고려하면 중국의 경제적 낙후 현상은 더욱 분명하게 드러난다. 건국 초기 중국과 타이완의 1인당 GDP의 격차 비율은 1:2를 약간 넘는 수준이었으나 1978년에는 1:5를 초과했다.

덩샤오핑이 넘겨받은 유산 중 긍정적인 요인을 찾자면 바로 중국에게 유리한 방향으로 바뀐 국제 환경이었다. 중국은 1971년 타이완(중화민국)을 국제연합에서 축출하고 국제연합 안보리 상임이사국으로 국제무대에 화려하게 복귀했다. 더욱 극적인 사건은 1972년 2월 닉슨이 베이징을 방문해 마오쩌둥과 회담을 하면서 미국과 중국의 협력이라는 새로운 시대를 연 것이다. 이념적으로 적대적이며 한반도에서 전쟁을 치르기도 했던 두 나라는 정치적 계산에 따라 손을 잡았다. 당시 양국은 모두 소련의 팽창을 경계했고, 이에 공동대응하기로 합의했던 것이다. 주로 안보적 이유로 발전된 중미관계는 개혁개방 이후 중국에게 경제적으로 매우 중요한 의미를 갖게 되었다. 개혁개방 정책이 결정된 직후인 1979년 1월 1일부터 양국의 외교관계는 정상화되었다. 이를 통해 중국은 IMF와 IBRD 등 국제금융기구에 가입하고, 미국 시장에 낮은 관세로 진출할 수 있는 길을 확보했다. 이제 중국은 개혁개방의 성공에 필수적인 자금·기술·시장을 획득할 수 있게 되었다. 하지만 1978년의 시점에서 보았을 때 변화된 국제 환경이 이렇게 긍정적으로 작용할 것이라는 전망은 뚜렷하지 않았다. 당시로서는 중국의 미래에 대해 정치적으로나 경제적으로 낙관할 수 있는 근거를 찾기가 쉽지 않았다.

문혁을 극복하기 위한 일관된 행보

　이처럼 어려운 상황에서 중국은 왜 덩샤오핑을 지도자로 선택했을까? 중국인들은 왜 덩샤오핑을 정치적 혼란과 경제적 낙후에서 벗어날 수 있게 해줄 수 있는 지도자로 생각했을까?

　중국공산당의 승리를 이끌고 건국 이후 최고지도자의 자리를 지키고 있었던 저우언라이가 1976년 1월, 주더가 7월 그리고 마오쩌둥이 9월에 각각 사망했다. 따라서 생존해 있던 중국공산당의 원로 중 덩샤오핑보다 화려한 정치경력을 가진 사람은 없었다. 앞서 설명한 것처럼 덩샤오핑은 1935년 중앙 비서장으로 임명되면서 중국공산당 중앙에서 경력을 쌓기 시작했고, 항일전쟁이 시작된 이후 중국공산당 주력부대의 하나인 129사단의 정치위원을 역임했다. 그리고 국공 내전의 막바지에는 제2야전군 정치위원으로 국공 내전의 승패를 사실상 결말짓는 '화이허 전투'를 승리로 이끌었다. 1949년 10월 1일 베이징 톈안먼에서 중화인민공화국의 건립을 선포하던 시점에 덩샤오핑은 중국 서남 지역의 쓰촨을 해방시키는 전투를 지휘하고 있었다. 덩샤오핑의 군사적 공적은 국공 내전 시기 군사적으로 가장 큰 공을 세운 린뱌오에 버금가는 것이었다. 린뱌오는 국민당과의 관계를 열세에서 우위로 전환시킨 동북 지역에서의 전투를 지휘했고, 중국의 가장 남쪽에 있는 하이난다오를 해방시키기까지 대륙을 남북으로 관통하며 활약했다. 반면 덩샤오핑은 대륙을 동서로 관통하며 통일에 기여했다.

　건국 이후 덩샤오핑은 소위 '오마진경(五馬進京)'을 계기로 다시 중앙 정치무대에서 활동하기 시작했다. 오마진경은 전쟁 시기 형성된 분파주의와 지방할거주의를 통제하면서 중앙권력을 강화하는 한편, 차세대 지도자를 육성하기 위해 다섯 명의 지방 실력자를 중앙 요직으로 발탁한 일을 가리킨다. 당시 덩샤오핑은 국무원 부총리가 되었다. 그러나 그 당시 가장 주목받았던 이는 덩샤오핑이 아니라 중국공산당 둥베이국 서기에서 계획위원회 주석으로 발탁된 가오강이었다. 마오쩌둥이 당시 2인자인 류사오치에게 불만을 갖고 있음을 알아차린 가오강은 류사오치를 실각시키려고 시도했으나 실패하고 자살로 생을 마감했다. 그 후 덩샤오핑은 점차 차세대 지도자로서 지위를 굳혀갔다. 특히 1956년 9월 개최된 중국공산당 제8차 전국대표대회에서는 당 중앙의 일상업무를 총괄하는 총서기로 선출되었다. 문혁 초기 덩샤오핑은 자본주의의 길을 걸었던 당권파의 2인자였다는 비판을 받았다.

그러나 중국이 74세의 덩샤오핑을 최고지도자로 선택한 이유는 단지 그의 화려한 정치경력 때문만은 아니었다. 더 중요한 이유는 두 번째로 복권된 후 문혁이 초래한 문제들을 해결하면서 보여준 덩샤오핑의 강인하고 일관된 지도력이었다. 특히 문혁 주도세력인 4인방에 대한 비타협적인 행보가 덩샤오핑이 문혁 이후 중국의 최고지도자로 선택되는 데 결정적인 역할을 했다. 문혁을 자신의 가장 중요한 업적 중 하나로 생각했던 마오쩌둥이 생존해 있는 상황에서 문혁을 정면으로 부정해서는 정치생명을 유지하기 어려웠다. 문혁으로 실각된 경험을 가진 덩샤오핑은 이를 누구보다 잘 이해하고 있었다. 그렇지만 덩샤오핑은 내용적으로는 문혁의 기본노선을 수정하려는 시도를 멈추지 않았다. 특히 1975년 초 덩샤오핑은 중국공산당 중앙군사위원회 부주석 및 인민해방군 총참모장, 국무원 제1부총리, 중국공산당 부주석에 연이어 임명되면서 당·군·정의 일상업무를 관장하는 권한을 갖게 되었고, 이후 마오쩌둥의 신뢰를 무기로 문혁이 초래한 문제들을 해결하기 위해 더욱 적극적으로 나섰다.

당시 덩샤오핑은 마오쩌둥이 군대에 내린 '정돈이 필요하다'는 지시를 돌파의 무기로 삼았다. 총참모장에 임명된 직후인 1975년 1월 25일, 덩샤오핑은 군대를 정돈해야 한다는 주장을 내세워 문혁 시기 강화된 파벌주의와 해이해진 규율 문제에 손을 댔다. 덩샤오핑은 여기서 더 나아가 '정돈'을 다른 영역, 특히 경제와 교육 영역으로 확장시키는 '전면정돈'으로 나아갔다. 3월에는 철도운수 부문에 대한 정돈에 나서 운송 문제를 해결했고, 4월 이후에는 철강공업, 군수공업 부문에 대한 정돈을 진행했다. 덩샤오핑이 주도하는 '정돈'은 공업생산을 빠르게 회복시키는 성과를 거두었다. 정돈은 주로 문혁이 시작된 이후 발언권과 영향력이 강화된 좌파 파벌에 대한 통제를 시도한 것이기 때문에 이들을 지지기반으로 삼은 4인방의 불만을 샀다. 4인방은 덩샤오핑의 정돈을 프롤레타리아트 독재하에서 계속적인 계급투쟁을 강조한 문혁의 기본노선을 부정하는 것이라고 마오쩌둥에게 그들의 불만을 계속 전달했다.

마오쩌둥은 덩샤오핑을 복권시키면서 출중한 실무능력을 갖고 있는 덩샤오핑과 이념적으로 자신을 충실하게 따르는 4인방이 협력해 그의 사후에도 중국이 계속 그의 노선을 따라 발전하기를 희망했다. 덩샤오핑의 실무능력은 1930년대부터 당·군·정의 요직을 두루 섭렵하며 그 업무를 충실하게 수행했다는 점에서 이론의 여지가 없었다. 마오쩌둥이 특히 높이 평가한 것은 덩샤오핑이 1959년 이후 소련과의 이념 논쟁에서 보여준 완력이었다. 덩샤오핑은 여전히 사회주의진영의 지도적 역할을 수행하던 소련공산당 지도부와의 논전에서 조금도 물러서지 않고 중국의 입장을 옹호했다. 1960년 11월 덩샤오핑이 낙상으로 목발을 짚고 중소협상을 위해 모스크바에 도착했을 때 소련공산당 서기장 흐루시초프는 "이번에는 우리를 혼내주려 몽둥이를 들고 왔다"고 농담할 정도였다. 1973년

12월 마오쩌둥은 덩샤오핑을 일처리가 비교적 과감하며 "부드러움 가운데 강직함을 가지고 있고, 솜 안에 바늘을 숨기고 있다(柔中寓剛 綿裏藏針)"고 평가했다. 마오쩌둥은 4인방을 정치사상적으로 신뢰했지만 그들의 국가 관리능력에는 회의적이었기 때문에 덩샤오핑과 4인방이 협력하면 자신의 사후에도 중국이 자신의 노선을 견지하며 발전할 수 있을 것이라고 기대했던 것으로 보인다.

그러나 마오쩌둥의 기대와는 달리 덩샤오핑과 4인방 사이에는 반목과 대립이 계속되었다. 특히 4인방은 덩샤오핑이 자신들의 투쟁성과를 앗아가는 것에 큰 불만을 갖고 있었기 때문에 그에게 계속 도발적인 태도를 취했다. 양자의 대립에 대해 마오쩌둥은 덩샤오핑을 지지하고 4인방을 비판하기도 했다. 그러나 마오쩌둥은 점차 덩샤오핑의 문혁에 대한 태도에 의구심을 갖고 '정돈'에 불만을 표시했다. 11월 마오쩌둥은 조카인 마오위엔신을 덩샤오핑에게 보내 그에 대한 자신의 불만을 당내의 불만이라는 표현으로 전달했는데, 덩샤오핑은 태도를 굽히지 않고 자신의 정당성을 계속 주장했다. 이 보고를 받은 마오쩌둥은 다시 덩샤오핑에게 문혁에 대한 새로운 결의안, 즉 문혁의 성과를 긍정적으로 평가하는 결의안 작성을 주재하라고 요구했다. 그러나 덩샤오핑은 자신은 하방 중이었기 때문에 문혁의 진행 상황을 잘 모른다는 이유로 이를 거부했다. 당시 덩샤오핑은 "한나라가 있는지도 몰랐는데 위나라와 진나라는 말할 것도 없다(不知有漢 無論魏晉)"는 도연명 시의 한 구절을 인용했다.

저우언라이도 평소 덩샤오핑의 결단력과 과감성을 높이 평가했다. 1975년 9월, 저우언라이는 생전 마지막 대수술을 받기 직전에 문병 온 사람들 앞에서 덩샤오핑을 침대 곁으로 불러 큰 목소리로 "당신은 일 년 동안 훌륭하게 일을 처리했다. 당신이 나보다 훨씬 낫다"고 말했다. 그

러나 저우언라이는 다른 한편으로는 덩샤오핑의 지나치게 강경한 태도
에 불안감도 갖고 있었다. 특히 덩샤오핑이 마오쩌둥에 반발하는 것을
우려해 간접적으로 마오쩌둥을 만나 관계를 개선해보라고 권하기도 했
지만 덩샤오핑은 "원칙 문제에 대해서는 결코 양보할 수 없다"는 입장을
밝혔다고 한다. 특히 덩샤오핑을 비판하는 정치운동이 사실상 시작된
1975년 12월 초 저우언라이는 덩샤오핑에게 "태도가 앞으로 변할 수 있
는가"라고 물었는데, 덩샤오핑은 "영원히 변하지 않을 것이다"라고 완강
한 태도를 견지했다. 덩샤오핑의 딸 마오마오의 서술에 따르면 저우언라
이는 "그렇다면 나는 안심이다"라고 답했다고 한다. 그러나 저우언라이
평전을 집필했던 연구자는, 이것은 저우언라이가 진짜 마음을 놓았다
는 의미보다는 최후의 순간에 어쩔 수 없는 심정을 표명한 것이라고 해
석했다.

　이 대화는 저우언라이와 덩샤오핑의 성격 차이를 잘 보여준다. 저우
언라이는 문혁 시기 문혁이 초래한 여러 문제를 해결하고자 동분서주했
고 국가가 완전한 마비상태로 빠지는 것을 막아냈던 지도자로 존경받았
다. 그렇지만 그가 행한 모든 일은 마오쩌둥이 설정한 한계 내에서 그의
승인을 받아 진행되었다. 따라서 저우언라이는 문혁 시기 어려운 처지에
빠졌던 사람들을 도와준 것으로 기억되기는 하지만 동시에 문혁의 책임
에서 완전히 벗어나기도 힘들다. 덩샤오핑도 문혁 시기 저우언라이가 처
했던 어려운 처지와 문혁의 피해를 최소화시킨 그의 공을 인정하면서도
"저우언라이가 없었으면 문혁으로 인한 중국의 참상이 더욱 심했겠지만,
그가 없었다면 문혁이 이렇게 오래 지속되지도 않았을 것이다"라고 저우
언라이의 처신을 평가했다.

　이처럼 덩샤오핑은 두 번째로 복권된 후 내용적으로 문혁을 극복하는

것을 분명한 목적으로 설정했고 이를 위해 계속 노력했다. 그로 인해 그는 1976년 4월 세 번째로 숙청되는 운명을 맞았다. 덩샤오핑이 실각한 지 5개월 만에 마오쩌둥이 사망하지 않았다면 역사는 다른 방향으로 전개되었을지도 모른다. 그러나 마오쩌둥은 1976년 9월 사망했고, 중국인의 마음속에 덩샤오핑은 문혁에 대해서 마지막까지 정면 도전했던 지도자였다는 인상이 남게 되었다. 이것이 문혁 이후 덩샤오핑이 지도자로서 주목받게 된 가장 중요한 원인이었다. 그러나 덩샤오핑 앞에 놓인 과제는 무겁고 어려운 것이었다. 항상 그렇듯이 과거의 경력이 미래의 성공을 보장하는 것은 아니었다. 혁명이 아니라 건설, 전통적 발전 모델이 아니라 새로운 발전 모델이 필요한 중국의 상황은 덩샤오핑에게 새로운 길을 뚫고 개척해나갈 것을 요구하고 있었다.

마오쩌둥을 어떻게 평가할 것인가

덩샤오핑이 가장 먼저 직면한 것은 경제 문제가 아니었다. 경제 문제가 중요하지 않아서는 아니었다. 경제발전이 가장 핵심적 문제라는 점은 덩샤오핑의 복권을 막았던 화궈펑도 동의했고 그 자신이 먼저 문제를 적극적으로 제기하기도 했다. 무엇보다도 새로운 지도자로서 지도력을 인정받으려면 인민의 생활수준을 재고하는 일이 시급한 과제라는 것은 모두에게 분명했다. 하지만 1978년 12월 개혁개방이 결정된 시점에서 가장 민감한 문제는 바로 여러 곡절이 있었던 건국 이후의 중국 역사와 마오쩌둥의 역할을 어떻게 평가할 것인가였다.

진리표준 논쟁을 거치면서 마오쩌둥의 무오류성에 대한 신화가 깨지고 건국 이후 마오쩌둥에 의해 비판받았던 중국공산당 원로들의 복권이 이루어졌다. 그러나 마오쩌둥에 의한 정치운동의 직접적인 피해자만 해도 수백만 명에 이르렀으며, 그들은 자신의 복권과 자신과 관련된 정치적 사건에 대한 재평가를 요구했다. 또한 중국이 새로운 발전의 길을 찾기 위해서는 프롤레타리아트 독재하의 계속혁명이라는 문화대혁명의 기본노선을 부정해야 했는데 이는 마오쩌둥에 대한 평가로 이어질 수밖에 없었다.

이에 따라 중국 사회에서 비마오[3]화 움직임이 출현했다. 중국공산당 제11기 3중전회가 끝난 직후인 1979년 1월 베이징에서 중국공산당 당내 이론가들이 모인 토론회가 진행되었는데 여기서 《인민일보》 이론부의 왕뤄쉐이는 "마오쩌둥 사상 중 오류는 부분적인 것이 아니라 그가 반복해서 강조해온 사상이었다"고 주장해 마오쩌둥 사상의 옹호자들에게 충격을 주었다. 그리고 프롤레타리아트 독재하의 계속혁명 이론[4]에 대한 비

3 　非毛化. 마오쩌둥을 부정하는 흐름.
4 　문화대혁명의 이론적 기초로 문혁의 혼란이 절정을 행해 치닫던 1967년 11월 《인민일보(人民日報)》, 《홍기(紅旗)》 등 중국공산당의 주요 선전매체를 통해 발표된 글에서 처음 체계적으로 설명되었다. 중국공산당은 1953년부터 1956년 사이에 농업·수공업·상공업의 소유를 집단화시키는 사회주의 개조를 완료하고, 1956년 개최된 중국공산당 제8차 전국대표대회에서 사회주의로의 진입을 공식 선언했다. 이 회의에서는 인민의 생활과 문화에 대한 높아지는 요구와 낮은 단계에 머물러 있는 생산력이 주요 모순이라고 규정하고 생산력 발전을 국가와 당의 중심 과제로 제시했다. 반면 계급투쟁은 사회주의 시기 제한적인 영역에서만 존재하는 부차적인 과제가 되었다. 그러나 1957년 마오쩌둥은 이에 대해 부정적 입장을 밝히기 시작했고 자본주의와 사회주의 모순이 당시 중국 사회의 주요 모순이라고 주장했다. 그리고 1958년 중국공산당 제8기 2차 전국대표대회의 결정에도 마오쩌둥의 이러한 주장이 반영되었다. 대약진운동의 실패 등을 거치면서 마오쩌둥의 수정주의에 대한 경계심은 더욱 증가해 1962년 9월 중국공산당 제8기 10차 중앙위원회 전체회의에서 마오쩌둥은 사회주의 역사 단계에서도 자산계급이 존재하고 자본주의가 부활할 위험도 존재한다고 단언하며 계급투쟁을 해마다 달마다 매일 강조해야 한다고 주장했다. 문화대혁명은 이러한 논리의 연장선에서 시작된 것이고, 이 논리를 체계화한 것이 '프롤레타리아트 독재하의 계속혁명' 이론이다. 1978년 결정된 개혁

판도 활발하게 진행되었다.

그러나 중국공산당의 발전과 혁명은 마오쩌둥과 분리될 수 없는 것이어서 그를 부정하는 것은 중국공산당의 통치정당성을 무너뜨리고 중국공산당을 분열시킬 가능성이 높았다. 덩샤오핑은 중국공산당의 지위가 흔들리게 되면 개혁개방이라는 전략노선을 성공적으로 추진할 수 없을 뿐만 아니라 중국이 분열과 혼란에 빠질 것이라고 판단했다. 덩샤오핑은 마오쩌둥이 중국과 중국공산당에서 차지하는 역사적·상징적 의미를 분명하게 인식하고 있었던 것이다.

따라서 덩샤오핑은 개혁개방 초기에 마오쩌둥을 그대로 계승할 수도 없고 그렇다고 부정할 수도 없는 딜레마에 직면했다. 여기서 덩샤오핑이 선택한 길은 마오쩌둥을 정면으로 부정하지 않으면서 마오쩌둥 사상을 새로운 내용으로 채워가는 것이었다. 자신의 복권 문제와 마오쩌둥에 대한 평가가 연관되어 있던 1977년 4월과 7월 덩샤오핑은 마오쩌둥이 특정 시간, 특정 상황에서 내린 결정과 발언을 마오쩌둥 사상으로 간주해서는 안 되며 마오쩌둥 사상을 '완전하게' 그리고 '정확하게' 이해해야 한다고 강조했다. 그리고 진리표준 논쟁[5]이 한창 진행되던 1978년 9월에는

개방 정책은 이 이론을 전면적으로 부정하고 계급투쟁이 아니라 경제발전을 국가와 당의 주요사업을 삼기로 한 결정이다.

5 1978년 5월 10일 《광명일보(光明日報)》에 '특약평론원'의 이름으로 「실천이 진리를 검증하는 유일한 기준이다(實踐是檢驗眞理的唯一標准)」라는 평론이 게재되면서 시작된 논쟁이다. 이는 중앙당교의 일부 학자가 당시 중앙당교 교장이던 후야오방의 지원을 받아 준비한 글로 중앙 선전부의 통제를 받던 《인민일보》에 바로 게재되기 어려울 것으로 판단해 중앙당교 내부 간행물인 《이론동태(理論動態)》에 먼저 게재하고 이를 전재하는 방식으로 《광명일보》, 《인민일보》 등에 게재했다. 주요 내용은 이론과 실천의 통일이 마르크스주의의 기본원칙이고 "진리를 검증하는 기준은 사회실천일 수밖에 없다"는 것이다. 이 주장은 "무릇 마오쩌둥이 내린 결정은 단호히 옹호해야 하며, 무릇 마오쩌둥의 지시는 그대로 따라야 한다"는 당시 당의 기본방침인 '두 개의 무릇'을 부정하는 의미를 담고 있었기 때문에 중국공산당 내에서 치열한 논쟁을 불러일으켰다.

실사구시가 마오쩌둥 사상의 정수라고 규정했다. 이를 통해 마오쩌둥 사상의 핵심을 정책과 지시 같은 구체적인 내용(예를 들어 덩샤오핑을 비판한 지시 등)이 아니라 실사구시라는 방법론으로 전환시키려고 했다. 또한 자신의 완전한 복권이 이루어지고 개혁개방의 추진이 결정된 직후에는 마오쩌둥과 문혁에 대한 비판이 사회주의와 중국공산당에 대한 부정으로 이어지는 것을 차단하기 위해 1979년 3월, 앞에서 언급한 토론회 폐막식 연설에서 '네 가지 원칙(사회주의의 길, 프롤레타리아트 독재, 공산당 영도, 마르크스레닌주의–마오쩌둥 사상)의 견지'를 제시했다. 그러나 이러한 원칙의 제시만으로는 마오쩌둥과 마오쩌둥 통치시기의 역사에 대한 논란을 잠재우기는 힘들었다. '네 가지 원칙의 견지'를 둘러싼 논란도 계속되었다.

이에 따라 중국공산당은 마오쩌둥에 대한 평가와 관련해 당내의 의견을 통일시키기 위해 건국 이후의 역사 문제에 대한 결의안 작성을 추진했다. 덩샤오핑은 역사 결의를 작성하던 1980년 3월에서 1981년 6월 사이에 9차례나 자신의 의견을 밝혔을 정도로 이 사안을 중시했다. 그의 의견 중에서 가장 핵심적인 내용은 '마오쩌둥의 역사적 위치를 확정하고 마오쩌둥 사상을 견지하고 발전시키는 것'을 가장 중요한 원칙으로 제시한 것이었다. 1957년 이후 마오쩌둥이 잘못을 범하고 잘못이 점점 커지기 시작했지만 전체적으로 보면 공이 과보다 더 중요한 측면이라는 평가 원칙도 제시했다. 특히 마오쩌둥의 잘못은 마오쩌둥 자신의 올바른 사상으로부터 멀어짐에 따라 발생한 것이기 때문에 실사구시의 정신으로 돌아가는 것이 마오쩌둥 사상의 원래 모습을 회복하는 것이라고 주장했다. 이러한 방식으로 덩샤오핑은 마오쩌둥의 오류와 마오쩌둥 사상을 분리시켰다.

이 결의안은 1981년 6월 「건국 이래 당의 역사 문제에 관한 결의」라는 제목으로 채택되었다. 이 결의안이 채택되는 과정에서 덩샤오핑은 마오쩌둥에 대한 평가라는 민감한 문제가 정치적 분열과 갈등을 유발하는 것을 방지하고 경제발전이라는 목표에 역량을 집중시킬 수 있는 정치 환경을 만들어냈다. 여기서도 목표는 확고하게 세우되 처해 있는 정치 환경과 주체적 조건을 고려해 적절한 방법을 찾아나가는 덩샤오핑의 실용주의적 면모가 잘 드러났다.

전인미답의 길, 계획경제에서 시장경제로

경제적인 면에서 가장 난제는 계획경제의 문제점을 어떻게 해결할 것인가였다. 국가소유제와 계획경제를 두 축으로 삼는 스탈린식 사회주의 경제 모델이 경제효율이라는 측면에서 심각한 결함을 갖고 있었다는 것은 널리 알려진 사실이었다. 문제는 이러한 경제체제를 개혁하는 것이 결코 쉽지 않다는 사실이었다. 1950년대부터 동유럽 사회주의국가에서 시도되었던 개혁은 모두 실패로 돌아갔다. 헝가리 출신의 저명한 경제학자 야노스 코르나이는 사회주의 계획경제의 점진적이고 부분적인 개혁은 불가능하다고 단언했다. 사회주의 체제는 꽉 짜인 체제이기 때문에 부분만 변화할 수 없다는 것이었다. 따라서 코르나이는 사회주의 경제체제의 개혁은 점진적 방식으로는 불가능하고 사유화·자유화를 중심으로 하는 경제체제의 급진적 개혁과 공산당 일당독재를 종식시키는 정치변혁이 함께 진행되어야만 성공할 수 있다는 결론을 내렸다.

개혁개방 직후 경제정책의 전환과 체제개혁을 주도한 사람은 천윈이었다. 그는 중국공산당 지도부 내에서는 가장 대표적인 경제전문가였다. 천원은 중화인민공화국이 설립된 이후 부총리 겸 재정경제위원회 주임으로 경제 관리의 책임을 맡아, 새로운 해방구 특히 대도시에서 자본가의 반발과 물가폭등 등을 효과적으로 통제하고 경제 질서를 안정시키는 데 큰 공을 세웠으며, 경제 질서가 회복된 이후에는 계획경제체제의 구축을 주도했다. 그러나 천원은 스탈린식의 경직된 계획경제체제의 문제점은 어느 정도 인식하고 있었다. 따라서 그는 국유경제와 계획경제가 사회주의경제의 핵심 요소라는 점은 인정했지만 이와 동시에 시장조절과 비국유경제, 일부 자영업의 보충적 역할의 필요성도 강조했다. 또한 그는 경제발전에서 균형적이고 안정적인 발전을 추구했다. 이에 따라 천원의 경제이론은 사적 소유와 시장의 소멸을 가장 중요한 과제로 삼고 급진적 발전을 추구했던 마오쩌둥의 사회주의건설사상과 충돌했고 마오쩌둥으로부터 여러 차례 비판을 받았으며, 1962년부터는 아예 병을 이유로 정치무대에서 물러났다. 하지만 개혁개방이 시작되자 그는 다시 재정경제위원회의 주임을 맡아 경제체제개혁과 새로운 발전전략의 수립을 주도하게 되었다.

천원은 1950년대와 마찬가지로 국유제와 계획경제의 중심적 역할을 전제로 비국유경제의 활동과 시장조절 기능을 제한적으로 회복시켜 경제효율을 높이는 접근법을 택하고 동시에 성장속도보다는 균형발전을 더 중시하는 원칙을 견지했다. 이러한 그의 경제론은 '새장경제론(鳥籠經濟論)'으로 알려지기도 했다. 즉, 시장조절은 계획경제라는 새장의 새와 같이 제한된 범위 내에서만 인정할 수 있다는 것이다.

그러나 중국공산당 내에서 천원의 조심스러운 접근에 비판적인 견해들이 등장하기 시작했다. 우선 자원분배의 효율성을 높이기 위해서는 상품교환에서 가치법칙을 더 적극적으로 활용해야 한다는 주장이 제기되었다. 즉, 국가의 강제적 명령이 아니라 상품의 가치에 따라 교환이 이루어져야 한다는 것이다. 이러한 논리는 1980년대 초반 천윈 등의 비판을 받았지만 이후 상품경제론(1984)과 시장경제론(1992)으로 이어졌다. 또한 경제성장 속도와 관련해서 천윈의 균형발전이 제안하는 것보다 더 빠른 속도의 발전을 요구하는 사람들이 많았다. 문혁으로 인한 생활수준의 장기적 정체상황에 대한 인민의 불만을 해소해야 했을 뿐만 아니라 중국과 주변 국가의 경제수준 격차가 크게 벌어져 있어 성장에 대한 열망이 더욱 강했던 것이다.

덩샤오핑은 이러한 문제들과 관련해 대체로 적극적인 경제체제개혁, 특히 시장화개혁과 더 빠른 경제성장을 원하는 입장에 힘을 실어주었다. 그렇지만 그것은 과거 어떤 사회주의국가도 시도하지 않았던 전인미답의 길이었다. 경제체제에서 계획경제를 넘어선다면 어떤 체제를 모색해야 하는가, 더 빠른 속도를 원한다면 과거 급진적 발전을 추구하다 참담한 실패로 끝난 대약진운동의 전철을 반복하지 않고 경제성장을 촉진할 수 있는 방법은 무엇인가 등의 문제가 앞에 놓여 있었다. 당시 사회주의경제이론에서는 이러한 문제에 답을 찾기 어려웠다. 덩샤오핑이 택한 전략은 구체제의 핵심요소인 계획경제체제와 국유기업에 먼저 손을 대는 것이 아니라 체제 외에서 새로운 실험을 하고 이 영역에서 경제 발전의 동력을 형성하도록 하는 것이었다. 그래서 이를 '체제 외 개혁'이라고 부르기도 한다.

돌파구는 농촌에서 먼저 만들어졌다. 포산도호(包産到戶)정책[6]의 도입

---

6 사회주의 시기 중국의 토지제도 중 하나로, 토지소유권은 국가가 갖고 경영권은 개인이 갖는 농업생산제도이다. 중국은 1953~1956년에 토지의 개인소유제를 소멸시키고 집단화를 완료했다. 그러나 대약진운동 시기에 집단화의 단위를 수십 가구에서 1만 가구까지 증가시키

이 그것이다. 개혁개방 이전 사회주의제도의 가장 중요한 기초 가운데 하나로 간주되었던 농업의 집단화와 식량에 대한 '통일구매, 통일판매' 시스템을 개혁한 것이었다. 법적으로 토지의 집단소유는 유지하지만, 경작권은 농민에게 나누어주는 것이었다. 즉, 농민은 집단소유제하에서 공동으로 노동하고 생산물을 노동시간에 따라 분배받는 것이 아니라 자신이 경작권을 가진 토지에서 개별적으로 노동하고 자신이 생산한 것 중 국가에 납부하는 부분을 제외하고는 자신이 모두 소유할 수 있게 되었고 자신이 소비하고 남은 부분은 자유롭게 시장에서 판매할 수도 있었다.

그러나 포산도호의 실시는 간단한 일이 아니었다. 1960년대 초 대약진 운동으로 인한 생산량의 급감 문제를 해결하기 위해 포산도호정책이 제안되었으나 마오쩌둥에 의해 사회주의를 후퇴시키고 자본주의를 부활시키는 노선이라고 비판받았기 때문이다. 그리고 이 문제를 둘러싼 논란은 이후 문혁을 촉발하는 도화선과 같은 작용을 했다. 결국 마오쩌둥 사상이라는 형식은 유지하면서 내용을 변화시키는 사상적 전환이 없으면 애초 논의도 불가능한 의제였다. 진리표준 논쟁을 거친 후에도 중국공산당 내에서는 이 정책에 대한 거부감이 적지 않았다. 따라서 덩샤오핑

고 평균주의적 분배를 실시한 정책이 노동인센티브를 약화시키고 생산성을 크게 하락시켰다. 여기에 자연재해 등의 요인이 결합되면서 1959년에서 1961년 사이에 천만 명 이상이 사망하는 사태가 발생했다. 이런 위기에 대응하기 위해 중국의 일부 지방에서는 소유권은 변동시키지 않고 경영권을 개별 농가에게 분배하는 방식으로 농민의 생산의욕을 높였다. 이러한 정책은 농업 위기를 극복하는 데 효과를 발휘했으나 마오쩌둥은 이를 농촌의 계급분화와 자본주의의 부활을 초래할 것이라고 강력하게 비판했다. 마오쩌둥은 포산도호의 확산을 중국공산당 내에서 자본주의의 길을 걷는 수정주의세력이 존재하는 근거로 인식했고 이는 문화대혁명을 발동시킨 주요 배경이 되었다. 개혁개방 이후 일부 농민이 상부에 보고하지 않고 자발적으로 포산도호를 실시했고, 이것이 알려지면서 중국공산당 내에서 치열한 논쟁이 발생했다. 그러나 농민의 적극성이 높아지고 농업생산량이 증가하자 1982년 중국공산당은 이를 공식정책으로 채택했다.

은 처음부터 이 정책을 전국적으로 보급하기보다는 산간벽지 등 집단노동이 어려운 지역에서 실험적으로 실시할 수 있도록 하자는 제안으로 이념 논쟁을 피하는 동시에 이 정책이 도입될 수 있는 길을 열었다. 농민의 노동에 인센티브를 제공한 결과 포산도호를 실시한 지역에서는 농업생산량이 빠르게 증가했다. 이러한 성과를 기초로 1984년부터 포산도호정책이 전국적으로 실시되었다. 1978~1996년 식량 생산량은 65.7%가 증가했고, 같은 기간 인구가 2억 613만 명이 증가했음에도 불구하고 1인당 식량소비량은 약 317kg에서 412kg으로 증가했다. 특히 개혁개방 초기에 식량생산이 빠르게 증가했다.

1978년부터 1984년까지는 농촌개혁 단계로 분류되는데, 농촌개혁의 성공으로 개혁개방에 대한 대중적 지지가 크게 확대되었고 더욱 적극적인 개혁개방을 추진할 수 있는 동력도 형성되었다. 1984년 10월에 열린 중국공산당 제12기 3차 중전회는 농촌개혁에서 도시개혁으로의 전환을 선언했다. 혁명 시기 농촌에서 근거지를 만들고 도시를 포위해갔던 전략이 개혁개방에도 적용된 것이었다. 이 회의에서는 또 다른 중요한 결정이 있었다. 바로 '계획이 있는 상품경제'를 발전시켜야 한다는 결정으로 본격적인 시장화의 길을 열었고 경제체제 개혁이 전통적인 계획경제라는 틀을 넘어서 진행될 수 있는 길을 열었다. 이로써 개혁개방은 되돌아올 수 없는 지점을 통과해 본격적인 궤도에 오르게 되었다.

이와 같이 덩샤오핑은 전인미답의 길을 개척하기 위해 섣부른 모델을 제시하기보다는 외부에서 문제를 해결할 수 있는 동력과 비전을 만들고, 실천을 통해 검증된 수단을 갖고 본질적으로 문제를 해결해가는 전략을 택했다. 이러한 점진주의적 전략은 천원이 먼저 사용한 표현이기는 하지만 '바닥을 더듬으며 강을 건너는' 전략으로 묘사되었는데, 거대한 중국을 변화시키는 데 매우 효과적으로 작동한 전략이었다.

최후의 결단, 톈안먼 사태에서 남순강화로

덩샤오핑식 개혁에 전혀 문제가 없었던 것은 아니었다. 점진주의적 개혁의 가장 큰 문제점은 성격이 다른 두 제도를 동시에 존재하게 만든 것이었다. 즉, 계획경제와 시장경제라는 두 제도 사이의 마찰과 부조화는 주기적인 물가상승과 부패 같은 경제혼란을 초래했다. 소비자물가 상승률은 1985년 9.3%에 달했고, 이후 약간 감소했으나 1988년 다시 18.8%에 달했다. 물가변동은 시장화에 따른 불가피한 결과이지만 계획경제와 시장경제 사이의 부조화가 문제를 더욱 악화시켰다.

개혁개방 초기 계획경제체제의 문제점을 해결하고 경제 활력을 높이기 위해 계획부문이 독점하고 있었던 투자, 대출, 국유기업관리 등의 경제권한을 지방정부와 각 정부 부처에 나누어주었다. 점진적인 시장화는 이러한 권한을 활용해 경제적 이익을 얻을 수 있는 기회를 증가시켰고, 이윤과 세금 중 상당 부분을 개인의 소유로 할 수 있었다. 즉, 분권화는 규범적인 시장경제를 발전시킨 것이 아니라 지방정부와 정부부문을 사익을 추구하는 경제행위의 주체로 만들었던 것이다. 특히 정부는 투자에서 발생하는 이익은 누리지만 잘못된 투자로 인한 손해는 은행 등에 넘길 수 있기 때문에 도덕적 해이를 피하기 어려웠다. 결국 도덕적 해이로 인한 과잉투자와 이를 뒷받침하기 위한 통화량 증가가 경기과열과 물가상승으로 이어졌다. 그뿐만 아니라 정부부문이 소유하고 있는 각종 경제권한은 부패를 초래하는 중요한 원인이 되었다. 이러한 문제가

1988년 통화량 증가를 용인한 경제정책상의 실수와 결합되면서 심각한 물가상승을 낳았다. 중국 내에서는 더 적극적인 개혁으로 문제를 해결하자는 주장과 시장화를 중단하고 계획경제를 강화하는 방식으로 문제를 해결하자는 주장이 맞섰고, 사회적 균열이 나타나기 시작했다.

경기가 과열되고 시장의 혼란이 발생하자 지나치게 빠른 시장화를 경계하는 보수파의 목소리가 높아져갔다. 그러나 학생과 시민은 과거의 계획경제로 돌아가는 것은 방법이 아니라고 생각했기 때문에 보수파의 움직임에 많은 불만을 갖고 있었다. 일촉즉발의 상황에서 1989년 4월 15일 진리표준 논쟁을 주도했고 중국공산당 총서기로 일선에서 개혁개방노선의 집행을 책임겼던 후야오방이 갑작스럽게 사망했다. 후야오방은 1987년 초 자유주의적 경향에 지나치게 온건한 태도를 보였다는 이유로 보수파 원로의 비판을 받고 실각되었기 때문에 중국공산당의 그에 대한 추도사는 총서기직을 역임한 경력에 비하면 지나치게 격이 낮았다. 이에 학생들이 후야오방에 대한 정당한 평가를 요구하며 자발적으로 톈안먼 광장으로 모이기 시작했다.

이로써 보수파와 개혁파가 전면적으로 대결하는 양상을 보였고, 덩샤오핑은 일생 중 가장 어려운 선택에 직면했다. 그는 결국 평화적 해결방식을 찾지 못하고 6월 3일 밤 인민해방군을 동원해 톈안먼 광장 시위를 무력으로 진압하라는 결정을 내렸다. 정치안정이 개혁개방의 성공을 보장하는 가장 중요한 전제라는 그의 일관된 생각이 그런 결정을 내리게 한 것이었다. 그렇지만 이 비극적 사건으로 인해 중국공산당 내에서 개혁파들이 사회주의의 길을 부정했다는 비판이 강화되고 개혁개방의 동력이 약화되는 것은 결코 그가 원했던 결과는 아니었다. 1989년 이후 동유럽 사회주의국가들이 붕괴되면서 중국공산당 내에서 보수파의 목소리는 더욱 높아졌다. 개혁개방은 최대 고비에 직면했다. 이미 80대 후반에 이른 덩샤오핑은 마오쩌둥이 사후에 문혁이 부정될 것을 우려한 것처럼, 자신의 사후에 개혁개방 노선이 부정될 것을 걱정하지 않을 수 없었다.

이에 따라 덩샤오핑은 파란만장한 일생에서 최후의, 어떻게 보면 가장 중요한 정치적 결단을 내렸다. 톈안먼 사태로 인한 국내의 정치적 위기가 수습되자 덩샤오핑은 서서히 톈안먼 사태 이후 사실상 중단된 개혁개방의 발걸음을 재촉하기 위한 계기를 모색했다. 첫 번째 움직임은 자신의 발언에 기초해 집필된 일련의 논설을 '황푸핑'[7]이라는 이름으로 상하이 시당위원회 기관지 《해방일보》에 발표하도록 한 것이다. 1991년 3월 2일, 14일, 4월 12일에 실린 이 논설들은 모두 대담하고 적극적인 개혁개방을 요구하는 것이었다. 그러나 그 결과는 그리 신통치 않았다. 베이징의 정치적 저울은 여전히 보수적인 방향으로 기울어 있었기 때문이다. 중국공산당 중앙에 소속된 매체들은 오히려 개혁개방에 대해서 '그 성격이 자본주의적인 것인가, 아니면 사회주의적인 것인가'를 따져야 한다는 보수파의 주장을 더욱 적극적으로 게재했다. 이러한 주장은 사실상 덩샤오핑의 주장을 비판하는 것이었다. 덩샤오핑을 더욱 조급하게 만든 것은 1991년 8월부터 소련에서 전개된 일련의 사태들이었다. 소련에서의 쿠데타와 실패, 옐친의 등장과 소련공산당의 불법화, 그리고 소련의 해체로 이어지는 사태가 가져온 충격은 다른 동유럽 사회주의국가들의 붕괴와는 비교할 수 없는 것이었다. 중국공산당 내에서는 당연히 소련이 붕괴에 이른 것은 고르바초프의 자유주의적 개혁에서 비롯된 것이며 이에

---

7   皇甫平. 상하이의 중심부를 가로질러 흐르는 '황푸강에서의 평론'이라는 뜻을 가진 글자와 발음이 같다.

대한 경계를 강화해야 한다는 주장이 등장했다. 그러나 덩샤오핑의 생각은 이와 완전히 달랐다. 즉, 경제발전을 하지 못한 것이 더 중요한 문제였으며, 중국에서도 가장 시급한 것은 정치구호가 아니라 경제발전이라고 판단했다.

사태의 전개를 관망만 할 수 없다고 판단한 88세의 덩샤오핑은 1992년 1월 18일에서 2월 21일 사이에 전 가족을 이끌고 상하이, 주하이, 선전 등을 시찰하며 보수파를 강하게 비판하고 개혁개방을 촉구하는 발언을 연이어 했다. 이 발언들은 남쪽을 순방하며 한 연설이라는 의미로 '남순강화(南巡講話)'라고 불렸다. 여기서 덩샤오핑은 보수파에 대해 '좌'도 사회주의를 망하게 할 수 있다고 경고했고, 더욱 대담한 개혁개방을 촉구하며 사회주의도 시장경제를 할 수 있다는 전통적인 사회주의경제이론의 틀을 벗어난 발언도 했다. 이러한 발언은 홍콩 언론에 먼저 보도되었고, 중국 내의 많은 사람들은 기대 반 우려 반으로 사태의 귀추를 주목했다. 아무런 공식적 직책을 갖고 있지 않은 덩샤오핑이 상태를 변화시킬 수 있을지에 대한 확신은 아무도 없었다.

그런데 2월 28일 중국공산당 중앙은 덩샤오핑 연설의 요지를 정리해 당내에 배포하면서 그의 주장이 당 정책으로 받아들여질 것이라는 신호를 보냈다. 1989년 6월 톈안먼 사건 이후 중국공산당 총서기로 선출된 장쩌민은 1992년 5월 중국공산당의 공식입장으로는 처음으로 중국의 경제체제개혁이 사회주의시장경제 건설을 목표로 한다는 점을 밝혔다. 그리고 1992년 10월 중국공산당 제14차 전국대표대회에서 '사회주의시장경제론'을 채택했다. 덩샤오핑은 14여 년을 돌아가는 길을 택했지만 결국 자신이 추구하려는 발전 모델을 만들어냈다. 그리고 이를 통해 자신의 사후에 개혁개방이 중단되지 않고 계속 당과 국가의 기본정책이 될 수 있는 이론적 기초를 확립했다. 1992년 이후 개혁개방은 여러 문제에 직면하기는 했지만, 중국은 본격적인 고도성장 국면으로 진입했다. 남순강화 이후 조용한 은퇴생활을 보내며 병마와 싸우던 덩샤오핑은 1997년 2월 19일 93세의 나이로 생을 마감했다.

덩샤오핑의 유산

덩샤오핑이 현재의 중국을 본다면 어떻게 생각할까? 자신의 성공에 대해 뿌듯해할까, 아니면 뭔가 잘못되고 있다고 생각할까? 이러한 의문을 제기할 만큼 현재 중국 사회에는 개혁개방의 빛과 그림자가 뚜렷하다.

덩샤오핑이 시작한 개혁개방이 경제적으로 큰 성과를 거두었고 낙후된 중국을 현대화된 중국으로 변화시켰다는 것에 동의하지 않는 사람은 거의 없을 것이다. 덩샤오핑이 닦아놓은 기초 위에서 그가 죽은 후에도 중국 경제는 더욱 빠른 속도로 성장했다. 2010년 중국은 일본을 제치고 미국에 이어 세계 2위의 경제대국으로 부상했다. 미국 골드만삭스의 연구원이 2009년 발표한 장기예측에 따르면, 중국은 2027년 미국을 제치고 세계 1위의 경제대국이 될 것이라고 한다.

그러나 고도의 경제성장과 함께 심각한 경제적·사회적 문제도 나타나고 있다. 무엇보다 심각한 문제는 계층과 지역 간의 경제격차이다. IBRD의 보고서에 따르면 소득불평등 정도를 나타내는 지니계수는 개혁개방 초기 0.30에서 2006년 0.47로 증가했는데 아시아에서 중국보다 지니계수가 높은 나라는 필리핀과 말레이시아뿐이었다. 2007년 도농(都農) 간의 소득격차 비율도 3.3∶1에 달했다. 중국은 2004년부터 허셰서후이(和諧社

會)론[8]을 제기하며 불균형발전이 초래한 사회·경제적 문제를 해결하고자 시도하고 있지만 격차의 증가 추세를 저지하기에는 역부족이다.

덩샤오핑은 개혁개방을 추진하면서 '선부론(先富論)'을 내세웠다. 이는 일부 사람이나 일부 지역이 먼저 부유해지는 것을 용인하자는 주장인데, 계획경제 시기의 평균주의적 분배로 경제적 인센티브가 작동하지 않아 경제가 장기적으로 침체되어 있는 상황에서 벗어나기 위한 전략이었다. 물론 덩샤오핑은 선부론만 이야기한 것이 아니다. 그는 최종적인 목표가 '공동부유'라는 점을 강조했다. 그러나 덩샤오핑도, 현재 중국의 지도부도 어떻게 공동부유로 나아갈 수 있는지는 분명하게 제시하지 못했다. 사회주의의 우월성을 강조하기도 하지만 현재 사회주의의 제도적 토대라고 하는 중국공산당의 영도나 국유기업의 주도적 역할 등이 공동부유를 보장하기는 힘들 것으로 보인다. 현재의 격차가 중국공산당 영도하에서 발생된 문제이고, 대형 국유기업은 계층 간 격차를 축소하기보다는

---

8 2002년 중국공산당 제16차 전국대표대회에서 후진타오가 총서기에 선출되는 등 새로운 지도부가 구성된 이후 중국공산당은 사회적 불평등 심화 등의 문제에 대응하기 위해 개혁개방 이후 효율 우선의 경제사회정책을 조정하고 새로운 발전관을 제시하기 시작했다. '허셰서후이'는 이러한 새로운 발전관의 핵심내용이다. 이 개념은 2004년 9월 중국공산당 제16기 4차 중앙위원회 전체회의에서 채택된 「당의 집정능력을 강화하는 것과 관련한 결정(關於加强黨的執政能力建設的決定)」에 처음 제시되었다. 이 결정에서는 당의 집정능력의 강화를 위한 여섯 가지 방향 중 하나로 "전체 인민이 자신의 능력껏 일하고 자신의 몫을 얻으면서 조화롭게 공존(相處)하는 사회를 건설하는 것이 당의 집정을 강화하는 사회기초"라며 '사회주의 허셰서후이'를 건설하는 능력을 강화할 것을 강조했다. 2006년 10월 중국공산당 제16기 6차 중앙위원회 전체회의에서는 「사회주의 허셰서후이 건설의 몇 가지 중대 문제에 관한 결정(關於構建社會主義和諧社會若干重大問題的決定)」을 채택하고 허셰서후이 건설을 국가의 기본방침으로 채택했다. 중국공산당은 이 결정에서 중국 특색의 사회주의사업의 전체구도를 사회주의 경제건설, 정치건설, 문화건설의 '삼위일체'에서 사회주의 경제건설, 정치건설, 문화건설, 사회건설의 '사위일체'로 발전시켜야 한다고 강조했다. 이에 따라 현재 중국에서는 효율 우선이라는 방침을 폐기하고 공평에 대한 고려를 강조하는 방향으로 사회경제정책의 전환이 진행되고 있다.

독점이윤을 누리며 소득격차를 증가시키는 원인으로 비판받고 있다.

또한 정치개혁의 지체도 경제발전을 중심 과제로 하는 덩샤오핑의 개혁개방전략에 의한 결과라고 볼 수 있다. 1989년 6월 톈안먼 사태 이후 중국은 정치안정을 앞세우며 정치개혁에 소극적인 태도를 견지해왔다. 권위주의적 체제하에서는 경제적으로 약자의 처지에 있는 집단들의 요구가 정책에 반영되기 힘들다. 결국 그들의 불만은 불법적인 방식으로 표출되며 사회불안의 주요 원인이 되고 있다.

사정이 이러하다보니 중국 내에서 개혁개방 노선에 대한 비판적 견해도 증가하고 있다. 그러나 중국인은 이런 문제의 책임을 모두 덩샤오핑에게 묻고 있는 것으로 보이지는 않는다. 오히려 활력을 상실한 중국에 새로운 힘을 불어넣은 덩샤오핑의 공을 적극적으로 인정하고 있다. 현재의 문제를 해결할 책임까지 덩샤오핑에게 묻는 것은 지나친 일이며, 덩샤오핑 이후의 사람들이 책임질 문제라는 것이 그들의 생각으로 보인다.

그렇지만 덩샤오핑을 그대로 따르는 것이 중국의 밝은 미래를 보장하는 것이 아니라는 점도 분명하다. 덩샤오핑이 그랬던 것처럼 덩샤오핑 이후의 중국 지도자들은 언젠가는 덩샤오핑을 넘어설 수 있는 길을 찾아야 할 것이다. 덩샤오핑이 남긴, 혹은 그의 개혁개방 전략으로 새로 나타난 문제는 적지 않다. 그러나 덩샤오핑은 앞으로도 중국을 위기에서 건져내고 새로운 발전의 길을 찾아낸 지도자로 기억될 것이다.

이남주 서울대학교 경제학과를 졸업하고, 중국 베이징대학교에서 정치학으로 박사학위를 받았다. 현재는 성공회대학교 중어중국학과 교수로 재직 중이며, 『창작과비평』 편집위원으로도 활동 중이다. 저서로는 『중국 시민사회의 형성과 특징』(2007), 『동아시아지역질서』(2005, 공저) 등이 있으며, 주요 논문으로는 「중국의 신발전관: 동아시아 발전모델의 부활?」(2010) 등이 있다.

노턴, 배리. 『중국경제: 시장으로의 이행과 성장』. 이정구 외 옮김. 서울경제경영.
　　2010.
등용. 『불멸의 지도자 등소평』. 임계순 옮김. 김영사. 2001.
백승욱. 『문화대혁명: 중국 현대사의 트라우마』. 살림. 2007.
솔즈베리, 헤리슨 E. 『새로운 황제들: 모택동과 등소평 시대의 중국』. 박월라 옮김.
　　다섯수레. 1993.
이희옥. 『중국의 새로운 사회주의 탐색』. 창비. 2004.
테릴, 로스. 『마오쩌둥』. 박인용 옮김. 이룸. 2008.

패전의 상처를 딛고
'21세기형 일본'
건설을 주도하다

나카소네 야스히로 中曽根康弘, 1918~

66정치가는 역사라는 법정의 피고이다.
(……)
정치가는 두들겨 맞고,
밟히고, 걷어 차여도,
꿋꿋하지 않으면 안 된다.
(……)
그것을 가능하게 하는 것은
뜻(志)의 견고함과 자신을 믿는 낙관주의다.**99**

전후 약 60년간 일본에는 서른 명 가까운 총리가 있었다. 대부분의 총리들이 관료 의존적인 조정형 리더십을 행사했으나, 나카소네 야스히로는 대통령적 하향식 리더십을 발휘한 최초의 총리였다.

나카소네는 제2차 세계대전 패전 직후 1947년 4월 실시된 중의원 의원선거에서 당선된 이래 약 56년간 중의원 의원을 역임하면서 일본 정치의 중심에서 활약했으며, 1982년 11월부터 1987년 11월까지 5년 동안 최고통치자인 총리로서 일본을 선두에서 지휘했다.

나카소네는 보수주의적 입장에 근거해 1980년대의 신냉전기 일본을 국제사회의 주요 행위자로 등장시키고 행정 개혁을 통해 재정의 건전화를 추구하는 등 일본의 국가 진로를 새롭게 만들고자 했다. 일본에서는 보기 드물게 대통령적 리더십을 발휘하며 일본을 이끌었던 정치가 나카소네는 일본 사회의 보수화에 깊은 족적을 남겼다.

국가주의자, 정치를 꿈꾸다

나카소네는 1918년 5월 27일 군마현 다카사키 시에서 부친 마쓰고로 와 모친 유구 사이에서 6형제 중 차남으로 태어났다. 제1차 세계대전의 호황을 배경으로 부친이 운영하는 목재상이 번창하는 가운데 그는 유복하게 자랐다. 나카소네는 초등학교와 중학교를 마친 뒤 고향을 떠나 시즈오카 고등학교에 진학했고 졸업 후에는 일본 최고의 수재들이 모이는 도쿄제국대학교(현 도쿄대학교) 법학부 정치학과에 입학했다. 학창시절 그의 성적은 우수했으며, 특히 역사철학을 좋아해 오루이 노부루, 니시다 기타로 등과 같은 일본 철학자들의 저서는 물론 헤겔, 랑케 등으로 대표되는 서양 철학자들의 저서까지 두루 섭렵했다. 이와 같은 청년기의 풍부한 독서경험은 나카소네가 다른 정치가와는 달리 자기 나름대로의 역사관과 전략관을 가질 수 있는 토대가 되었다.

1941년 3월 나카소네는 도쿄제국대학교를 졸업하고 내무성 공무원이 되었다. 그러나 일본이 중일전쟁 수행을 위해 필요한 자원 확보를 목적으로 동남아시아로 침략을 확대시키자, 나카소네는 당시 대부분의 청년 엘리트들과 마찬가지로 해군단기현역제도에 지원했다. 해군경리학교에서 단기교육과 군사훈련을 받은 후 보급과 복리후생을 담당하는 주계과(회계과) 장교로 임관된 그는 제1함대 제6전대의 기함인 순양선 아오바에 탑승했다. 그리고 일본이 태평양전쟁을 개시하자 필리핀을 필두로 한 동남아시아 전투에서 주계 장교로서 임무를 열성적으로 수행했다.

1954년 8월 15일, 일본의 패전과 함께 나카소네의 군대 생활도 끝났다. 약 4년간의 해군생활 경험은 나카소네의 애국심을 고무시켰으며 정치가의 길을 선택하는 데 막대한 영향을 끼쳤다. 또 해군경리학교 경력은 후일 '단현[1]인맥'을 형성해 그의 주요 지원세력이 되었다. 나카소네는 일본의 무조건항복을 인정한 일본 국왕의 항복 선언에 대해 "천황 전하가 가엽다고 생각했다.…… 그러나 다른 한편으로는 안도한 것도 사실이다"라고 회상했다. 엘리트로서, 또 군인으로서 전쟁에 적극적으로 참가했음에도 불구하고, 패전에 대한 나카소네의 인식은 대부분의 일본인과 비슷한 수준이었다. 즉, 전쟁이 끝나 시원섭섭하다는 인식은 있었으나, 일본이 행한 전쟁이 제국주의 침략전쟁이며 그로 인해 아시아의 많은 국가들과 사람들에게 피해와 고통을 주었다는 반성은 없었다.

그러나 일본 국민으로서의 '사명감'에는 변화가 없었다. 나카소네는 정계 진출을 끝까지 반대한 아버지를 다음과 같이 설득했다. "전쟁이 끝나 군인에서 민간인으로 돌아온 사람으로서 전사한 영령들에게 보답할 수 있는 최고의 선택은 정치의 제일선에 나아가는 것입니다." 또한 2006년에 출간된 자서전에서 "그들, 전사한 전우를 비롯해 함께 있던 2천 명은 이른바 전쟁에서 가장 고생한 서민이었다. (……) 그들의 애국심이 순수하다는 것을 (나는) 몸으로 느꼈다. (……) 그들 서민의 애국심이 내가 정치가의 길을 걷게 만들었다"고 서술하고 있다. 이렇듯 나카소네는 전쟁에서 사망한 일본인의 혼을 기리고 패전에 의해 폐허가 된 국가 재건에 중심적인 역할을 하기 위해 정치가가 되고자 했다.

1947년 4월 25일 연합군 최고사령부(GHQ)의 통치하에서 신(新)선거법에 근거해 실시된 제2회 중의원 의원선거에 나카소네는 민주당 후보로 출마해 당선되었다. 그의 나이 29세였다. 당선 직후 그는 고향 다카사키에 청년정치단체인 '청운숙(靑雲塾)'을 조직했다. 청운숙의 목표는 신일본

---

1 단현(短現)은 일본 해군경리학교 단기현역 보수(補修)학생을 뜻한다.

국 국민헌법의 제정, 외국군대의 완전철수 촉진, 영토 및 상실한 국권 회복, 운동과 교육의 쇄신 등이었다. 이렇듯 나카소네가 국회의원이 되어 최초로 설립한 정치단체 청운숙은 국가주의에 기초하고 있었다.

국회에서 나카소네의 국가주의적 성향은 요시다 시게루 수상에 대한 공격으로 나타났다. 일본이 GHQ의 점령을 받고 있는 상황에서 요시다 정권은 주권의 조속한 회복을 최대목표로 상정하고 있었다. 그리고 이를 원활히 달성하기 위해 미국의 요구에 따라 소련 등의 사회주의국가를 제외한 서방국가만을 상대로 한 강화조약 및 미국과의 안보조약을 체결하고자 했다. 그리고 요시다는 국제사회에서의 미국의 절대적인 힘을 인정하고 일본은 최소한의 군사력만을 갖추고 국가의 모든 힘을 경제발전에 집중시키고자 하는 '친미, 경무장, 경제발전' 노선, 이른바 '요시다 노선'을 국가발전전략으로 채택하고자 했다. 이런 요시다가 국가주의자 나카소네의 눈에는 "맥아더 사령부(미국)의 눈치만을 살피는" 비겁한 정치가로 보였다.

특히 요시다 내각이 추진한 자위대 발족에 대해 나카소네는 강력히 비판했다. 1950년 6월 한국전쟁이 발발하자 미국은 일본에 주둔하고 있던 미군을 한국으로 이동시켰다. 요시다 수상은 미군이 빠짐으로 인해 생긴 치안의 공백을 메운다는 명목하에 경찰예비대를 창설했다. 2년 뒤인 1952년 경찰예비대는 보안대로 개편되었으며, 1954년에는 자위대로 변경되었다. 그러나 일본은 무력을 가질 수 없었다. 왜냐하면 일본이 두 번 다시 전쟁을 일으키는 것을 방지하고 평화국가 일본의 건설을 목적으로 제정된 일본국헌법 제9조에 일본은 국가 간의 교전권 포기와 어떠한 전력도 가지지 않는다고 기재되어 있었기 때문이다. 야당을 중심으로 한 진보세력은 자위대가 위헌이라고 요시다를 공격했다. 이에 맞서 요시다는 "자위대는 통상적 관념으로 생각되는 군대와는 다르다. 헌법은 자위권을 포기하고 있지 않고 자위를 위한 최소한도의 실력은 헌법 제9조에서 말하는 '전력'에 해당하지 않으며 교전권의 행사와는 별도의 관념이다"라고 헌법을 확대해석했다. 한마디로 말해, 요시다는 헌법의 확대해석을 통해 평화헌법과 자위대 간의 모순을 희석시키고자 했다. 하지만 나카소네는 이와 같은 요시다의 소극적 태도에 수긍할 수 없었다.

국가주의자 나카소네가 볼 때 자주국가인 일본이 방위를 목적으로 무장을 갖추는 일, 즉 군대를 갖추는 것은 당연했다. 문제는 재무장을 금지하고 있는 평화헌법이었다. 따라서 제대로 된 수상이라면 헌법의 확대해석이라는 소극적 수단으로 자위대 발족을 합리화할 것이 아니라 평화헌법을 개정해 당당히 군대를 보유해야만 했다. 나카소네는 헌법의 개정을 주장했다. 그러나 GHQ의 주도로 만들어졌으며, 국민의 대다수가 지지하는 헌법을 개정하자는 나카소네의 주장은 당시의 사회분위기에 역행하고 있었다. 결국 돌출되는 일련의 행동으로 인하여 나카소네는 자신의 존재를 반(反)요시다파에게 알리기도 하였으나 '국가주의자', '우익'으로 낙인찍힌다.

한편, 1955년 일본의 정치는 보수 자민당과 진보 사회당에 의해 이루어지는 양당체제, 이른바 '55년체제'가 성립됨으로써 전후의 혼란이 극복되고 안정기로 접어들기 시작했다. 그러나 나카소네는 야당인 사회당은 물론 여당인 자민당 내에서도 금기시되고 있던 헌법 개정과 수상 공선론(公選論)을 대담하게 주장했다. 또 제2차 세계대전 말 히로시마와 나가사키에 투하된 원자폭탄의 피해경험으로 인해 사회분위기가 원자력발전에 부정적이었음에도 불구하고 경제발전에 따라 늘어난 에너지 수요를 따라가기 위해서는 원자력발전소의 설치가 필요하다고 앞서서 주장했다. 이렇듯 여야 정치가의 합의와 국민적 공감대를 거스르는 대범한 행동을 통해 나카소네는 정치가로서의 존재감을 부각시키며 자신의 지지 세력을 확보해나갔다. 1966년 12월 드디어 나카소네는 국회의원이 된 지 20년 만에 자신의 파벌인 '신정동지회'를 결성해 자민당 내 최연소 파벌 리더의 자리를 확보했다. 그러나 겨우 26명으로 이루어진 소수 파벌에 지나지 않는 신정동지회가 다수 파벌의 역학관계에 의해 운영되는 자민당 내에서 자신의 목소리를 내는 것은 어려웠다.

한편, 나카소네는 중의원 당선 6회 때부터 내각에 입각했다. 1959년 제2차 기시 노부스케 내각의 과학기술청 장관을 시작으로, 1967년 제2차 사토 에사구 내각의 운수대신, 1970년 제3차 사토 내각의 방위청 장관에 취임했다. 그러나 장관 직책은 1부 12성 8청 1위원회로 구성되어 있는 행정기관에서 격이 낮은 행정기관의 장에 지나지 않았으며, 운수대신 역시 내각의 실세와는 동떨어진 대신에 지나지 않았다. 나카소네는 본인의 의지와는 무관하게, 내각의 의사결정에 직접 참여할 수는 없었다. 당선 횟수 10회 차인 1972년 7월 처음으로 나카소네는 내각의 실세인 통상성 대신에 취임했다. 이후 1974년 12월까지 약 2년 반 동안 일본의 상업 및 통상정책을 지휘했다. 그리고 1980년 제1차 스즈키 젠코 내각에서는 행정관리청 장관에 취임해 스즈키 수상이 추진하는 행정 개혁을 적극적으로 지원했다. 이외에도 원자력 행정의 원만한 수행을 목적으로 내각부에 설치된 원자력위원회의 위원장과 군국주의시대에 타이완 침략을 위한 인재양성을 목적으로 설립된 대표적인 보수우익 대학 다쿠쇼쿠대학교의 제12대 총장을 역임했다. 이처럼 나카소네는 중요도는 그리 높지 않으나 내각의 다양한 직책을 두루 역임하며 정책에 대한 전문성과 대중적 기반을 확보해나갔다. 이것은 후일 수상에 취임한 후 새로운 정책을 입안·실시하는 데 있어 밑거름이 된다.

국회의원 당선 횟수가 거듭됨에 따라 자민당 내에서 나카소네의 위상도 높아져갔다. 드디어 1974년 나카소네는 당 서열 2위인 간사장에 임명되었다. 간사장으로서 나카소네는 총재 미키 다케오를 보좌하는 한편 중의원 선거, 국회 운영, 법안 심의, 당의 재정과 인사 등에 관련된 업무를 총괄하면서 영향력을 키워나갔다. 그리고 미키 내각에 이은 후쿠다 다케오 내각에서는 당 운영 및 국회활동에 관한 중요 사항을 결정하는 당내 최고의사결정기관 총무회의 의장인 총무회장으로 활약했다. 비록 내각의 핵심직책은 아니었지만 자민당 내에서의 입지를 확보했던 것이다. 당내 영향력을 확대한 나카소네는 1978년 자민당 총재 선거에 처음으로 출마했다. 그러나 총재로 선출된 사람은 오히라 마사요시였다. 민주당 출신으로 당내 아류이자 소수 파벌의 리더에 지나지 않는 나카소네가 당내 주류로 국내정치부문과 대외정책부문에서 요직을 역임해온 오히라에게 진 것은 파벌정치로 이루어지는 자민당의 운영원리로 볼 때 당연한 결과였다.

1947년 중의원에 처음 당선된 이래 30년 이상 목표로 삼았던 수상의 자리가 현실화되기 시작한 것은 1982년 10월이었다. 일본의 최대 우방국인 미국과의 관계 악화, 그리고 증가일로에 있던 국채 문제의 해결을 위해 추진한 행정 개혁의 실패로 궁지에 몰린 스즈키 젠코 수상이 자민당 총재 자리를 나카소네에게 위임하고자 했기 때문이다. 스즈키는 간사장과 총무회장이라는 당내 요직을 경험하고 행정관리청 장관으로 자신의 행정 개혁을 열심히 지지했던 나카소네를 후계자로 지정한 것이다.

1982년 10월 12일 스즈키 수상이 공식적으로 퇴진을 표명하자 후계 총재 선출을 위한 협의가 본격화되었다. 파벌 간의 협의에 의해 총재가 결정되는 구조하에서 소수 파벌인 나카소네가 불리하리라는 것은 명약관화했다. 나카소네는 소수 파벌인 자신의 불리함을 보완하기 위해 당내 최대 파벌인 다나카파와 전 수상 스즈키파의 지지를 확보해, 자신의 세력을 확대했다. 그러나 총재 경선이 예상외로 과열되자 선거 후유증을 염려한 스즈키 전 수상을 비롯한 주요 정치가들이 조정안을 내놓았다. 조정안은 자민당의 총재가 내각의 수상이 되어온 기존 방식과는 달리 자민당의 총재와 총리의 자리를 분리해 후쿠다 다케오를 총재에, 나카소네를 총리로 한다는 내용이었다. 당내 최고 파벌로부터 이미 지지를 확보하고 있던 나카소네는 조정안을 거부했다. 이에 따라 당원을 대상으로 한 총재 예비선거가 실시되었다. 나카소네는 55만 9,673표(득표율 57.6%)를 획득해, 26만 5,078표로 2위를 차지한 고모토 도시오를 큰 차이로 눌렀다. 이에 고모토를 비롯한 다른 후보가 본 선거 불출마를 선언함으로써 나카소네는 자민당 총재에 선출되었다. 그리고 11월 26일 나카소네는 제71대 내각총리대신으로 취임했다. 드디어 일본의 최고 리더가 된 것이다.

나카소네는 수상 취임을 앞두고 자신의 정권 색깔을 '온건한 중도에서 조금은 오른쪽'이라고 정했다. 그리고 중점적으로 추진할 정책을 다음과 같이 책정했다. "첫째, 스즈키 전 내각의 행관청 장관으로서 추진해 온 행정·재정 개혁을 단호히 실행해 작은 정부를 이룩한다. 둘째, 최악의 상황에 처해 있는 미일관계 및 한일관계를 개선해 일본 외교의 방향을 확립한다. 셋째, 교육, 첨단과학기술, 노동운동을 획기적으로 개혁한다." 또한 수상을 최측근에서 보좌할 내각 관방장관과 당 간사장을 자파 소속 의원이 아니라 당내 최대 파벌인 다나카파 소속 의원 가운데에서 선택했다. 정권 발족 초기에는 자신의 파벌 인물을 기용해 세력을 확대시켜왔던 역대 수상들의 인선방침과는 상이했다. 이것은 소수 파벌에 속하는 자신이 수상 역할을 원활하게 수행하기 위해서는 최대 파벌인 다나카파의 지원이 필요하다는 현실적 판단에 더해, 내각의 실적 달성에 필요한 인물을 발탁한다는 실용적 기준으로 인선을 행했기 때문이었다. 후일 다나카파의 도움 없이 국정을 이끌어갈 수 있게 되었을 때도 나카소네는 정책 실현에 필요한 능력을 인사기준으로 삼았다. 이렇듯 리더의 주요 조건 중 하나가 용인술이라는 것을 나카소네는 알고 있었다.

전후 정치의 총결산

1982년 11월 26일, 제1차 나카소네 내각이 발족했다. 나카소네는 국회에서의 소신표명 연설을 통해 '전후 정치의 총결산'을 자신의 정치과제로 제시했다. 이른바 전후 정치의 총결산이란 1945년 패전 이후 나카소네가 수상에 취임한 1982년까지의 약 40년 동안 일본 사회가 이룬 전반적 성과를 적극적으로 평가하는 동시에 '새로운 시각'으로 재검토해 비뚤어진 부분과 결함을 시정해 새로운 21세기를 준비한다는 것이다. 나카소네는 '새로운 시각'을 다음과 같이 제시했다. 일본국헌법과 교육기본법은 패전 후 일본을 점령한 GHQ에 의해 일본인의 의지와는 상관없이 제정되었으며, 그 결과 일본의 국가정신과 일본인의 정체성이 상실되었다. 또한 경무장·경제중심주의로 집약되는 요시다노선에 의해 경제성장은 가능했으나 국가로서의 기본권리인 자주국방이 불가능해졌다. 따라서 일본이 '강력한 일본'으로 거듭나기 위해서는 일본국헌법과 교육기본법, 그리고 요시다노선을 폐지·수정해 일본의 국가정신과 일본인의 정체성을 부활시켜야 한다는 것이었다. 총리 취임과 동시에 나카소네는 '새로운 시각'에 입각해 본격적으로 정책을 입안·추진하기 시작했다.

한편, 나카소네가 수상에 취임한 1982년 11월 국제정세는 소련의 아프가니스탄 침공을 계기로 미소 간 신냉전이 심화되고 있었다. 미국의 레이건 정권은 미국의 소련에 대한 군사력 우위를 전제로 하는 '힘에 의한 평화'를 안전보장정책의 기축으로 삼고 유럽과 동아시아에서 냉전연합을 재구축하고자 했다. 미국이 동아시아 국가 가운데 특히 중시한 국가는 일본이었다. 왜냐하면 일본은 세계 제2위의 경제대국으로 아시아에서 유일하게 안정된 민주주의국가이며, 미국과 안보조약을 체결하고 있었기 때문이다. 냉전이 격화될수록 일본은 전략적 차원에서 더욱 중요해졌다. 레이건 정권은 수상 스즈키에게 소련 견제를 위한 방위력 증강 및 군사적 역할분담을 요구했다. 이에 응해 스즈키는 1981년 5월 미국을 방문했을 때 레이건과 함께 발표한 미일공동성명에서 "일본의 방위 및 극동의 평화와 안정을 확보하기 위해 미일 양국 간에 적절한 역할분담이 바람직하며 (……) 이를 위해 (일본은) 일본의 영역 및 주변해, 공역에서 방위력을 개선한다"고 표명했다. 그러나 군사면에서의 미일 역할분담 발언이 대내외로부터 비판을 받게 되자 스즈키는 발언을 번복했다. 즉, 미일안보조약에 군사적 협력은 포함되어 있지 않으며, 일본의 미국에 대한 무기기술 공여는 1967년 4월 사토 내각에 의해 발표된 '무기수출 3원칙'[2]에 의거해 불가능하다는 태도를 취했다. 원래 비무장중립을 주장하는 사회당 출신으로 외교면에서 비둘기파였던 스즈키가 미국의 군사적 요구를

---

2 1967년 4월 21일 사토 에이사쿠 수상이 중의원 결산위원회에서 밝힌 입장이다. 그 내용은 공산권국가, 국제연합 결의에 의해 무기 등의 수출이 금지되어 있는 국가, 국제분쟁의 당사자국 또는 그와 같은 우려가 있는 국가 등에는 무기수출을 하지 않는다는 것이다.

받아들이기는 어려웠을 것이다. 사정이 어떠하던 간에 이를 계기로 미국은 일본의 방위정책에 강한 불신을 가지게 되었다. 그리고 여기에 기존의 경제마찰이 더해짐으로써 미일관계는 전후 최악의 상태에 빠져들게 되었다.

국내에서도 곤란한 문제가 나카소네를 기다리고 있었다. 국채 상환이 본격적으로 시작되는 해인 1985년 국민총생산(GNP)에 대한 국채 잔고의 비율이 역대 최고인 40%에 달할 것으로 추정되었기 때문이다. 증세 없는 재정 재건을 목표로 내걸었던 스즈키 내각은 1981년부터 매년 2조 엔씩 국채를 감액하고 1984년에는 적자 국채의 발행을 중단하고자 했다. 그러나 1981년에 들어와서도 세입 결함이 증가했기 때문에, 이를 메꾸기 위해 적자 국채를 계속 발행할 수밖에 없었다. 이에 스즈키 내각은 임시행정조사회를 조직해 적자 국채 문제의 해결방안을 강구했다. 임시행정조사회는 적자 국채의 발행을 억제하기 위한 방법으로 국영철도의 분할과 민영화 등으로 대표되는 일련의 행정 개혁을 제안했다. 그러나 임시행정조사회의 제안서에 기초한 행정 개혁의 실시를 위해 필요한 법안이 정비되기도 전에 스즈키 수상은 사퇴했다.

이렇듯 나카소네는 대내외적으로 어려운 상황 속에서 수상에 취임했다. 그러나 어려운 상황은 정치가로서의 능력을 발휘할 수 있는 절호의 기회이기도 했다. 방위청 장관으로서의 경험을 가지고 있는 나카소네는 안전보장 문제를 중심으로 한 미일관계에 대해서는 나름대로 정통하다는 자부심이 있었다. 또 재정 재건을 포함한 행정 개혁 문제에 관해서는 스즈키 내각의 행정관리청 장관으로서 실무를 행한 경험이 있었다. 그리고 여론은 행정 개혁을 지지하고 있었다. 나카소네는 일할 가치가 있는 시기에 수상이 되었던 것이다.

서방의 일원, 국제국가 일본으로 가기 위해

　수상에 취임한 나카소네가 최초의 과제로 생각한 것은 스즈키 수상 재임 당시 악화된 미국 및 한국과의 관계개선이었다. 물론 주안점을 둔 것은 미국과의 관계였다. 일본의 경우, 안보는 물론 경제도 미국에 크게 의존하고 있었기 때문에 우호적인 미일관계의 유지는 일본의 지속적인 발전에 있어 불가결했다. 한편, 한국은 공산주의 국가 북한과 휴전선을 사이에 두고 대결하면서 동북아시아에서 공산주의세력의 방파제 역할을 수행하고 있었다. 그리고 미국이 대공산권봉쇄라는 관점에서 일본과 한국과의 우호관계 유지를 원하고 있었다. 그러나 일본과 한국의 관계는 1965년 국교정상화 이래 최악의 상태에 놓여 있었다.

　한일관계가 악화된 표면적 원인은 1982년 여름에 분출된 역사교과서 문제였다. 교과서 집필자들에게 과거의 침략전쟁에 대한 일본의 책임을 가능한 한 애매하게 기술할 것을 권장한 일본 정부의 의도가 반영된 고등학교 역사교과서가 문부성의 검정교과서로 등장했다. 이에 대해 한국 정부는 공식적으로 "침략을 진출로 표현한 역사교과서는 한일선린우호 관계에서 우려할 만한 문제"라는 견해를 발표하고, 일본 정부에 수정을 요구했다. 그러나 한국 정부의 요구를 일본 정부는 내정간섭이라고 맞받아치면서, 검정역사교과서의 내용 수정을 거부했다. 그 결과, 1965년 한국과 일본이 국교를 정상화한 이래 처음으로 역사문제를 둘러싼 갈등이 발생하게 된 것이다.

　그러나 한일관계 갈등의 실질적인 원인은 역사 문제라기보다는 경제협력 문제에 있었다. 1981년 8월 한일 외상회담에서 한국의 노신영 외무장관은 "한국이 공산주의 국가 북한과 대결하면서 반공의 방파제로서 역할을 수행하고 있는 덕분에 일본은 번영을 구가하고 있다. 따라서 일본은 한국에 안보경제협력을 행해야 한다"고 주장하면서, '안보경제협력'으로 100억 달러의 공공차관(정부차관 60억 달러, 민간차관 40억 달러)을 요청했다. 그러나 일본 정부는 경제협력 문제와 안전보장 문제를 분리시킬 것, 차관금액을 총 40억 달러(엔차관 15억 달러, 수출입은행 융자 25억 달러)로 축소할 것을 주장했다. 이에 한국 정부는 차관금액은 양보해 일본이 제시한 총 40억 달러를 받아들였으나, 40억 달러 중 23억 달러는 엔차관으로, 나머지 17억 달러는 상품차관으로 지불할 것을 재차 요구했다. 이처럼 양국이 차관의 성격 및 구성비율을 둘러싸고 대립하는 가운데 발생한 것이 역사교과서 문제였다.

나카소네는 먼저 가까운 곳(한국)과의 관계를 튼튼히 한 후 먼 곳(미국)을 공략하는 전략을 택했다. 나카소네는 내각 조각 직후 대기업 이토추 상사의 상담역인 세지마 류조에게 한일관계 타개를 위한 중재를 부탁했다. 두 사람은 나카소네가 스즈키 내각의 행정관리청 장관 그리고 세지마가 제2차 임시행정조사회 위원이었을 때부터 잘 알고 있었다. 나카소네가 세지마에게 중재를 부탁한 이유는 당시 한국 전두환 정권의 핵심인물인 권익현과 세지마가 친분관계에 있었기 때문이다. 나카소네의 의도대로 세지마는 권익현과 비밀회담을 갖고 대립을 거듭하고 있던 경제협력 문제를 타결했을 뿐만 아니라, 나카소네의 공식 한국 방문까지 이루어냈다. 나카소네의 용병술이 적중한 것이다.

1983년 1월 11~12일 이틀간에 걸쳐 나카소네는 한국을 공식 방문했다. 1965년 한일국교정상화 이후 처음으로 이루어지는 일본 수상의 공식 방한이었다. 나카소네는 안전보장 문제와 관련해 한반도의 평화와 안정 유지가 일본을 포함한 동아시아의 평화와 안정을 위해 긴요하며, 긴박한 정세하에 있는 한반도에서 한국이 국방능력을 갖출 필요가 있다고 발언하면서 대북강경정책을 실시하고 있는 전두환 군사정권에 대한 지지를 표명했다. 더 나아가 양국 간 현안이 되어온 경제협력과 관련해 "연차 베이스의 장기저리 정부차관을 포함해……일본의 경제협력 기본방침 하에 협력을 행할 의사"를 표명하고 차관 액수를 한국이 요구했던 40억 달러로 종결지었다. 나카소네는 역대 내각의 불문율이었던 한반도 안전보장에 대한 일본의 관여 금지를 깨고 한국의 전두환 정권이 추진하고 있는 대북강경정책을 지원하면서 한국과의 관계를 회복시켰던 것이다.

다음으로, 나카소네는 미국과 일본 사이의 현안인 방위비 증액과 무기기술의 대미공여 문제를 해결하고자 했다. 나카소네는 직접 대장성에 1983년 정부예산안 중 방위비예산을 6.5%로 증액(전년 대비 5.1% 증액)시킬 것을 지시했다. 다음으로 '미일무기기술공동위원회'를 설치해 스즈키 내각 때 미국이 요구했으나 부서 간의 이견으로 1년 이상 답보상태에 머물러 있던 미국에 대한 무기기술 제공을 가능하게 했다.

한국에 대한 안보경제협력, 그리고 미국이 요구하고 있던 방위비 증액과 대미 무기기술 제공이라는 선물을 들고 1983년 1월 17일 나카소네는 취임 후 처음으로 미국을 방문했다. 레이건 미국 대통령은 일본이 평화와 안정을 위한 책임분담을 적극적으로 수행할 의사가 있음이 한국에 대한 경제원조에 의해 입증되었다고 평가하면서, 방위비 증액와 대미 무기기술제공 결정을 환영했다. 미국의 대일 안보불신감을 해소하고자 한 나카소네의 전략이 성공한 것이다. 사실 미국이 요구하는 일본의 안보역할 확대는 나카소네 자신이 추구해 온 미일 역할분담 및 일본의 서구국가와의 동등한 대우 실현을 위해서는 불가결했다. 왜냐하면 나카소네가 추구하고자 하는 대외정책의 골자는 "첫째, 일본은 국제적 역할을 적극적으로 받아들이는 정치자세를 보이고 일본의 경제력과 기술력으로 그것을 뒷받침한다. 둘째, 미일협력을 강화한다. 셋째, 일본의 방위력을 강화하고 이를 통해 일본을 서방측의 중심에 세운다"는 것이었기 때문이다. 나카소네는 미국이라는 외압을 자신의 정책 실현을 위해 오히려 이용했던 것이다.

나카소네는《워싱턴 포스트》지 회장과 조찬모임에서 일본의 방위력 정비의 목표가 "일본 열도를 불침공모(不沈空母)처럼 소련 폭격기의 침공에 대비해 거대한 방벽으로 만들 것이다. 일본의 3개 해협(지시마, 쓰가루, 쓰시마)을 완전히 지배해 소련 잠수함이 통과하지 못하게 하며, 다른 함선의 활동도 저지할 것이다. 해상교통로(sea-line)를 확보·유지하는 것을 목표로 한다"고 발언했다. 여기에 더해 레이건 대통령과의 정상회담에서 "미일 양국은 태평양을 사이에 둔 운명공동체"라고까지 발언했다. 야당 사회당을 비롯한 진보세력은 나카소네가 안보관계에 편중된 대미 추종외교를 추진하고 있다고 거세게 비판했다. 그러나 나카소네의 발언과 행동이 미국의 대일불신을 해소시키는 데 기여했다는 사실까지 부인할 수는 없었다. 또 나카소네가 정성들여 만들어낸 '론-야스'라고 이름을 부르는 두 정상 간의 개인적 친분관계는 미국과 일본의 경제마찰 해소에 일정 부분 긍정적으로 기여했다. 나카소네는 정상 간의 인간적 관계가 외교에 미치는 영향력을 파악하고 있었던 것이다. 이후 일본 수상들 사이에서는 나카소네를 본떠 미국 대통령과 서로의 이름을 부를 수 있을 정도로 친밀한 인간관계를 만드는 것이 유행하기도 했다.

미국과의 동맹관계를 돈독히 한 나카소네는 1983년 5월 미국 윌리엄스버그에서 개최된 G7(서방 선진국) 정상회담에 참여했다. 당시 레이건 미 대통령은 미소 중거리핵전력(INF) 삭감협상과 관련해 회담 참가국이 단결해 미국의 입장을 지지하는 성명을 발표하기를 바라고 있었다. 그러나 프랑스의 미테랑 대통령과 독일의 콜 수상은 북대서양조약기구 안전보장에 부정적인 영향을 미친다는 이유로 미국의 입장에 반대하고 있었다. 이때, 구원투수로 나선 것이 나카소네였다. 그는 "중요한 것은 우리의 강력한 단결을 소련에게 보이는 것이다. 소련이 SS-20을 철수하지 않으면 우리는 예정대로 12월까지 퍼싱 II 미사일을 배치한다. 내가 일본에 돌아가면 일본이 나토 회원국이냐, 또는 평화헌법에서 언제 집단적 자위권을 인정했느냐며 심하게 공격을 받을 것이다. 그러나 나는 물러나지 않는다"고 발언하는 것을 통해, 레이건의 입장을 적극 지지했다. 나카소네는 방위청 장관의 경험을 통해 소련이 SS-20을 극동아시아에 배치한다면 나토 회원국인 독일이나 프랑스보다 일본에게 더 부정적인 영향을 미치게 된다는 사실을 알고 있었다. 나카소네의 강력한 태도 앞에서 프랑스와 독일이 태도를 바꾸었다. 결국 회담은 미국의 의도대로 소련에 대한 서방국가들의 단결을 강조한 성명을 발표하고 성공리에 끝났다. 그리고 소련은 서방 측의 단결된 강경자세에 굴복, SS-20의 극동아시아 배치를 단념했다. 나카소네는 G7 정상회담에서 서구의 단결을 강조하는 것을 통해 미국의 대소전략에 따라 좌우되어온 아시아의 안보문제에 대해 일본이 영향력을 일정 정도 확보하는 데 성공한 것이다.

안전보장 문제와 직접적인 관련은 없으나, 나카소네의 적극적인 태도는 G7 정상들의 사진촬영에서도 나타났다. 종래 일본 수상은 기념사진 촬영 시 구석 자리에 서는 경우가 많았으나, 나카소네는 호스트인 레이건 미 대통령 옆에 서서 사진을 찍었다. 나카소네는 "일본은 국제연합 분담금을 미국에 이어 세계에서 두 번째로 많이 부담하고 있다. 그렇기 때문에 구석에 서서 사진을 찍는 것은 납세자인 국민에게 죄송스러운 일이다. 나는 한가운데 서서 사진을 찍는 것으로 국민들에게 감사를 표해야 겠다"는 생각으로 사진촬영에 임했다고 한다. 이와 같은 나카소네의 태도는 지나치게 퍼포먼스를 중시한다는 비판을 받기도 했으나, 일본은 경제문제밖에 관심이 없다는 서구의 일본에 대한 부정적 이미지를 개선하는 데 일정 부분 기여하기도 했다.

이렇듯 나카소네는 G7 정상회담에서 SS-20의 극동 배치에 대해 서방측이 단결해 반대해야 한다고 주장했던 것이다. 결국 서방측의 단결된 강경자세 앞에 소련은 SS-20의 극동아시아 배치를 단념했다.

동시에 나카소네는 일본의 방위력 향상에 한층 더 힘을 기울였다. 1987년 나카소네는 방위예산과 관련해 국내에서 불문시되어왔던 '방위비 1% 틀'을 정식으로 폐지했다. 방위비 1% 틀이란, 1976년 미키 내각의 결정으로 "방위력 정비에 즈음해 당분간 각 연도의 방위 관련 경비의 총액이 당해 연도의 GNP의 백분의 일에 상당하는 액수를 넘지 않는 것을 목표로 한다"는 규칙이다. 실제로 방위비 1% 틀은 방위비 증대를 억제하는 데 긍정적으로 작용하고 있었다. 그러나 미키 내각의 의도는 방위비 1% 틀을 계속 유지하는 것이 아니라 4~5년 정도만 유지하는 것이었으며, GNP를 분모로 한 1%라는 액수는 경기 여하에 따라 GNP가 변화하기 때문에 고정적인 것도 아니었다. 그럼에도 불구하고 일본 내에서는 1%를 1엔이라도 초과하면 군사대국이 되는 것 같은 분위기가 형성되어 있었다. 반대여론과 군국주의자라는 비난을 무릅쓰면서도 나카소네는 국력에 걸맞은 방위력을 구비한다는 자신의 지론을 실현하기 위해 1987년부터 3년 연속으로 방위비 1% 틀을 파기했다.

1983년 9월 소련에 의한 한국의 '대한항공기 격추사건'이 발생하자 나카소네는 서방 국가의 일원으로서 일본의 책임 있는 자세를 보여주었다.

대한항공기 격추사건이란 9월 1일 뉴욕발 서울행 대한항공기 보잉 747이 사할린 상공에서 미그 23으로 보이는 소련기 미사일 공격에 의해 추락해 승객 240명, 승무원 29명이 희생된 사건이다. 나카소네는 당일 이른 아침에 왓카나이의 자위대 레이더가 감청한 소련기의 교신기록에 의해 소련이 대한항공기를 격추했다는 정보를 확보하고 있었다. 그리고 이를 즉시 미국에 통보했다. 그러나 소련은 침묵으로 일관했다. 미국은 일본에게 소련으로 하여금 격추 사실을 인정하게 하려면 자위대의 감청기록을 국제연합에 제시하는 것이 필요하다고 요청했다. 그러나 방위청과 경찰청은 자위대의 탐지·정보수집 능력의 공개가 가져올 외교·안보적 파장을 우려해 자위대의 감청기록을 국제연합에서 공개하는 것에 반대했다. 그러나 나카소네는 자위대가 감청한 소련기와 기지의 교신기록의 공표를 지시했다. 결국 소련의 거부권에 의해 실현되지는 않았으나, 9월 8일 일본을 비롯한 미국, 영국, 프랑스 등 10개국이 소련 비난 결의문을 국제연합 총회에 제출했다. 나카소네의 판단력이 서방 국가의 단결을 촉진시킨 것이다.

대한항공기 격추사건의 처리과정에서 나타난 정보관리와 전달경로의 문제점을 해소하기 위해 나카소네는 국방회의를 안전보장회의로 바꾸고 총리대신을 직접 보좌하고 지원하는 내각관방 밑에 안전보장실을 신설했다. 이처럼 나카소네는 미일안보관계의 강화와 일본의 국제적 역할에 소극적이었던 역대 수상들과는 달리, 미일안보관계를 강화하고 일본의 방위력을 증대시켰을 뿐만 아니라, '서방의 일원'으로 글로벌한 안전보장 문제에 적극적으로 관여하면서 '국제국가 일본'을 실현하고자 했다.

일본 경제구조의 개혁을 추진하다

나카소네의 리더십에 의해 안전보장 면에서 미일관계는 굳건해졌다. 그러나 미국의 대일 적자가 급증함에 따라 양국 간 경제마찰은 한층 심각해지고 있었다. 나카소네 정권 5년간 가장 골치를 썩인 부문이 바로 미일간 경제 마찰이었다. 일본의 수출 증가에 경계심을 나타내기 시작한 산업계의 입장을 반영해, 1981년 미국 정부는 일본에게 통상법의 수입구제조항 등을 제시하면서 자동차에 대한 '수출자주규제'를 요청했다. 그것은 일종의 산업보호책으로 자유무역체제를 주장하는 미국의 입장과는 모순되고 있었다. 그러나 나카소네는 미국 경제의 안정이 장기적으로 볼 때 일본 경제에 도움이 된다는 판단하에 산업계의 반대를 무릅쓰고 미국의 요구에 응했다. 미국은 자동차에 이어 1982년에는 섬유, 1983년에는 특수강, 1984년에는 철강, 1987년에는 공작기계에 대한 수출자주규제조치를 계속해서 일본에 요구했다.

수출자주규제 요구와 함께 미국은 시장개방과 농산물을 중심으로 수입제한품목의 철폐, 관세 인하, 비관세장벽의 개선 등을 요구했다. 한마디로 일본에게 미국 제품의 수입확대를 요구해왔다. 이에 나카소네 내각은 비관세장벽 개선조치 67항목을 정하고 옴부즈맨 제도를 설치하는 등의 조치를 강구해 미국의 요구를 일정 부문 받아들였다. 그럼에도 불구하고 양국 간 무역수지 불균형은 개선되지 않았다. 미 의회를 중심으로 보호주의 움직임이 재차 강화되기 시작했다. 미국은 분야를 특정화해 일본의 시장개방정책을 추진하고자 하는 신전략 MOSS 방식을 제시했다. 미국과의 관계를 최우선시하고 일본이 국제경제에 적극적으로 공헌해야 한다는 지론을 갖고 있는 나카소네는 시장개방정책을 추진해나가기 시작했다. 1985년 1월에 열린 미일 정상회담의 합의에 따라 1월 말부터 전기통신, 목재, 의료기구·의약품, 전자제품 등 네 분야에서 MOSS가 시작되었다. 그러나 성과는 미비했다. 이에 미 상원 본회의는 일본의 불공정한 무역관행에 대항하기 위한 적당하고 가능한 모든 조치를 대통령에게 요구하는 결의안을 전원일치로 가결하는 등 일본에 노골적으로 압력을 가했다.

미일 간 무역마찰이 심각해지자 나카소네는 통신기기의 기술수준 완화, 목재의 관세 인하 등을 주요 내용으로 하는 정책을 마련하는 한편 엔화의 절상 방안을 검토했다. 1985년 9월 뉴욕의 플라자호텔에서 선진 5개국 재무부장관·중앙은행총재 회의가 개최되어 달러 이외의 주요 통화를 달러에 대해 절상하는 것을 골자로 하는 플라자합의가 협의되었다. 이후 각국이 외환시장에 개입하자 플라자합의 당시 1달러=240엔 전후였던 환율이 6개월 뒤인 1986년 1월에는 1달러=200엔으로 격상되었다.

이와 함께 나카소네는 미국이 요구하는 일본 경제의 구조개혁을 추진하기 시작했다. 즉, 일본의 산업구조를 수출의존형에서 내수지향형으로 전환시켜 미일 무역마찰을 해소하겠다는 것이었다. 1985년 10월 이를 위해 수상 사적 자문기관으로 마에카와 하루오 전 일본은행 총재를 좌장으로 하는 「국제협조를 위한 경제구조조정연구회」를 설치했다. 약 5개월의 논의 결과를 모아 연구회가 제출한 '마에카와 리포트'는 일본이 수출의존형 경제로부터 내수주도형 경제로 전환하기 위해서는 세제를 비롯한 재정·금융정책, 규제완화에 의한 내수 확대, 산업구조의 변환, 시장개방과 수입촉진이 필요하다고 제안하고 있었다.

4월 중순 개최된 미일 정상회담에서 나카소네는 "마에카와 리포트를 정책으로 수립·추진해 (……) 일본 경제를 수출이 아닌 내수에 의존하도록 전환해 수입이 증대하는 경제구조로 변환시키겠다"고 표명해 레이건 미대통령의 환대를 받았다. 그러나 여당 자민당은 국내 산업과 곧 다가올 중의원 선거에 미칠 부정적 영향을 고려해 마에카와 리포트와 미일 정상회담에서의 나카소네 발언에 대해 극히 비판적인 태도를 취했다. 자민당의 반대에 부딪친 나카소네는 정상회담에서의 발언은 "마에카와 리포트의 실행을 약속한 것이 아니라 가능한 한 실행하고자 한다는 정치적 결의를 표명한 것에 지나지 않는다"고 입장을 후퇴시킬 수밖에 없었다. 결국 '마에카와 리포트'가 제기한 내수 확대가 이루어지지 못하는 가운데 금융정책의 완화와 재정정책의 확대에 기초한 내수 증대가 시도되었다.

국제국가 일본을 만들기 위한 행정개혁

내정면에서 나카소네 정권의 가장 큰 과제는 행정개혁이었다. 행정개혁이란 행정을 더 나은 상태로 개선하기 위해 새로운 방법을 고안해 적용하려는 의식적·인위적 노력으로, 단순한 조직 개편이나 관리기술의 개선은 물론 행정인의 가치관, 신념 및 태도를 변화시키는 것을 의미한다. 따라서 행정개혁은 정도의 차이는 있지만 대부분 정치적 압력과 관료의 저항을 수반한다. 따라서 이의 극복 정도가 행정개혁의 성공을 결정짓는 관건이다.

행정개혁의 필요성은 이미 역대 내각부터 공유되어 왔으며, 이를 추진하기 위한 기구로 1962년 「제1차 임시행정조사회」(제1차 임조)가, 1981년 「제2차 임시행정조사회」(제2차 임조)가 설치되기도 했다. 특히 제2차 임조는 나카소네가 스즈키 내각의 행정관리청 장관 때 발족된 기구였다. 제2차 임조는 이미 스즈키 수상에게 행정개혁을 위해 종합관리청의 신설, 일본국유철도공사·일본전신전화공사·전매공사로 이루어진 3개 공사의 민영화, 증세 없는 재정 재건 등이 필요하다는 의견서를 제출했었다. 그러나 스즈키 내각은 정치적 압력과 관료의 저항으로 이를 실행에 옮기지 못한 채 붕괴하고 말았다.

수상 취임 후 나카소네는 행정 개혁의 근본이념으로 국제국가로서의 일본 및 활력 있는 복지사회 건설을 내걸고, 제2차 임조 의견서에 기초해 행정개혁에 본격적으로 뛰어들었다. 먼저 1962년의 제1차 임조가 실패한 이유를 고도성장에 의해 재정이 풍족한 상황에서 개혁에 대한 국민의 지지를 확보하는 것이 어려웠으며, 임조가 개혁에 저항적인 관료 중심으로 구성되었기 때문이라고 분석했다. 따라서 제2차 임조가 성공하기 위해서는 무엇보다 국민의 지지가 필요하다고 생각했다. 그래서 나카소네는 청빈하다고 평가받는 도코 도시오 경제단체연합회 명예회장을 제1차에 이어 제2차 임조 회장에 임명하고, 그가 소박한 반찬으로 식사하는 장면을 TV에 방영하는 등 퍼포먼스를 통해 국민에게 개혁의 필요성을 알리고 지지를 확보하고자 했다.

아울러 도코 회장이 요구한 '증세 없는 재정재건'이라는 원칙을 받아들여 두 번에 걸친 석유파동으로 국민이 겪은 어려움에 정부가 적극적으로 동참하고 있음을 국민에게 알리고자 했다. 또한 관료 주도라는 제1차 임조의 실패를 답습하지 않기 위해 수상 관저에 개혁의 주도권을 부여하고 공정관리표를 중시했다. 그리고 관료의 저항을 봉쇄하기 위해 대장성, 통산성, 문부성, 후생성, 운수성, 법무성 등에서 나카소네 자신처럼 제2차 세계대전 당시 해군경리학교에서 근무한 '단현인맥' 9명을 선출해 제2차 임조를 구성했다.

　나카소네 내각은 1983년 9월 개회된 임시국회에 총무청 개설 법안과 국가행정조직법 개정법안 등을 제출해, 모두 통과시켰다. 또 일본전신전화공사와 일본전매공사의 민영화를 위한 관련 법안을 12월 특별국회에 제출했다. 일본전매공사 민영화 관련 법안은 이듬해 8월에, 일본전신전화공사 민영화 관련 법안은 12월에 성립했다. 그 결과 1985년 4월 일본담배산업주식회사와 일본전신전화주식회사가 탄생하게 되었다. 그러나 일본국유철도공사(국철)의 민영화는 일본전신전화공사와 일본전매공사에 비해 난항을 거듭했다. 일본국유철도공사의 분할·민영화를 요구하는 임조의 의견을 구체화하기 위해, 1983년 6월 「국철재건감리위원회」가 설치되었다. 나카소네는 일본국유철도공사를 분할·민영화한다는 국철재건감리위원회의 방침을 강력히 지지했다. 여기에는 일본국유철도공사의 효율성 확보라는 행정개혁의 기본적인 목표 외에도 일본국유철도공사의 민영화를 통해 일본국유철도공사 노동자를 주요 지지기반으로 하고 있는 야당 사회당 세력을 약화시키려는 정치적 의도도 포함되어 있었다. 일본국유철도공사는 국철재건감리위원회의 방침에 거세게 저항했다. 결국 1985년 6월 일본국유철도공사 총재 니스기 이와오가 경질되는 등 우여곡절 끝에 1986년 11월 일본국유철도공사 개혁 관련 8법이 성립해 법적으로 분할·민영화를 위한 준비가 완료되었다. 그리고 1987년 4월 일본국유철도공사가 해체되고, 7개의 새로운 회사(JR)가 탄생했다.

　'증세 없는 재정개혁' 방침은, 제2차 임조는 물론 제2차 임조를 계승해 1983년에 설치된 제1차 임시행정 개혁추진심의회가 1986년 6월 나카소네에게 제출한 최종답신에서도 제기된 주요 사항이었다. 나카소네는 1990년까지 적자 국채 의존에서 벗어난다는 목표하에 재정재건을 강력히 추진하고자 했다. 이를 위해 1983년 예산부터 1987년 예산까지 전년도 대비 5%를 삭감하는 마이너스 실링제를 도입하기로 했다. 그러나 경상수지 흑자의 축소를 요구하는 국제사회의 압력과 엔고 대책을 요구하는 국내의 압력은 강력했다.

결국 나카소네는 재정재건 방침을 포기할 수밖에 없었다. 결국 1987년의 재정지출은 확대되었다. 재정의 확대에도 불구하고 경기 회복으로 인해 세수가 확대되었기 때문에 나카소네의 임기 중에는 재정적자가 줄어드는 것처럼 보였다. 그러나 실제로 재정적자는 확대되고 있었다. 일본경제는 1990년대 이후 장기불황을 초래하는 거품경제로 진입하고 있었던 것이다.

애국심을 고취하는 교육개혁이 필요하다

나카소네는 대담하게 "나의 몸에는 국가가 있다"고 발언할 정도로 애국심을 중시해 왔다. 그에 따르면, 애국심이란 국가에 대한 충성심으로 "결코 이데올로기적인 것이 아니며 자신이 살고 있는 지역, 나라, 그것을 둘러싸고 있는 대자연, 나아가 역사와 전통으로부터 육성된 고유 문화에 대한 애착과 그것을 수호하고자 하는 순수하고 자연적인 감정"이다. 그럼에도 불구하고 애국심에 대한 논의가 일본에서 금기시되어 온 이유는 전후 일본을 점령한 GHQ가 일본의 역사를 단절시키고 이에 더해 전후 일본 사회에 만연되었던 마르크시즘 때문이라고 진단하고 있었다.

이와 같은 인식을 가진 나카소네가 1946년 11월에 공포된 일본국헌법과 1947년 3월에 제정된 교육기본법을 GHQ 점령정책의 상징으로 평가하는 것은 당연했다. 따라서 GHQ에 의해 왜곡된 전후 일본의 역사를 바로잡기 위해서는 일본국헌법과 교육기본법은 개혁되어야만 했다. 그러나 대다수의 일본 국민은 나카소네가 애국심을 어떻게 정의하든, 또 일본 사회의 애국심 결핍의 원인을 어디에서 구하든 그를 '우익' 또는 '국가주의자'로 평가하고 있었으며, 그가 추진하려는 헌법개정과 교육개혁이 일본 사회를 군국주의시대로 복귀시킬 것이라고 우려했다. 국민의 부정적인 시선 앞에서 나카소네는 헌법개정을 포기할 수밖에 없었다. 그러나 교육개혁은 끝까지 포기하지 않았다.

당시의 일본의 교육은 1947년 3월 일본국헌법의 정신에 의거해 제정된 '교육기본법'에 의해 운영되고 있었다. 패전 이후 일본을 점령한 GHQ는 메이지 국왕에 의해 작성된 '교육칙어'의 목적이 일본 국민을 국왕의 신민으로 만드는 것이며, 교육칙어에 의거해 교육을 받은 일본 국민은 국왕의 명령대로 제2차 세계대전을 적극적으로 수행했다고 인식했다. 그렇기 때문에 일본의 군국주의적 잔재를 일소해 민주주의국가로 재탄생시키기 위해서는 일본 국민을 새로운 교육방침에 의거해 교육시키는 것이 필요하다고 생각했다. 따라서 GHQ가 제정한 교육기본법의 목표는 "개인의 존엄을 중시하며 진리와 정의를 희구하며 공공의 정신을 존중하는 풍부한 인간성과 창조성을 구비한 인간의 육성"이었다. 그러나 나카소네는 교육기본법이 점령군인 GHQ에 의해 작성되었기 때문에 일본 민족, 역사, 문화, 전통, 가족 등을 무시한 채 개인의 권리만 중시하고 있다고 부정적으로 평가했다. 그 결과 전통에 기초한 일본의 미덕이 소멸되고 애국심을 소유하지 않은 무국적 일본인이 대량생산되었다고 판단했다. 따라서 일본다운 일본을 만들기 위해서 교육개혁은 추진되어야만 했다.

수상에 취임한 직후 나카소네는 「문화와 교육에 관한 간담회」를 설치해 교육개혁의 논점을 정리하고 교육개혁의 목표를 다음과 같이 밝혔다. "금후 지향해야 할 교육개혁의 방침은 교육제도, 교육내용의 다양화와 탄력화, 가정과 사회교육의 중시, 개성의 존중과 교실 밖에서의 실천과 체험의 장려 등에 의한 학생의 전인적 육성, 교육을 받는 측의 선택의 자유 확대 등 종합적·인간적 교육의 탐구이며, 국제국가 일본의 국민에게 어울리는 교육의 국제화 탐구에 있습니다. 이와 같은 개혁의 근저에는 지식에만 편중되지 않고 도덕성과 사회성, 순수한 이상과 강건한 체력, 풍부한 개성과 창조력을 육성하고자 하는 인간주의, 인격주의 이념이 불가결합니다." 이와 같은 목표를 달성하기 위해 나카소네는 1984년 수상 직속으로 「임시교육심의회」를 설치하고 교육개혁을 시작했다.

나카소네는 임시교육심의회를 중심으로 정부 전체가 장기적인 관점에서 폭넓게 교육 문제를 논의하고자 했다. 임시교육심의회에는 21세기를 전망하는 교육의 존재방식(제1부회), 사회의 교육기능 활성화(제2부회), 초등·중등교육의 개혁(제3부회), 고등교육의 개혁(제4부회)을 논의하기 위해 4개의 부회가 설치되었다. 임시교육심의회는 4개 부회의 논의를 총괄한 의견서를 나카소네에게 4차례에 걸쳐 제출했다.

그러나 임시교육심의회의 활동은 나카소네의 의도대로 이루어지지 않았다. 우선 임시교육심의회가 나카소네의 의향과는 다르게 조직되었기 때문이다. 나카소네는 문부성 차원에서 실시되는 교육을 전 국민이 참가하는 내각 심의회 차원으로 끌어올리고자 했다. 그러나 문부성과 문교족 의원 및 사무차관과 초중고 교육국장 등이 이에 저항했다. 결국 임시교육심의회 사무국 직원에 문부성 직원을 참여시키는 타협안에 의거해 임시교육심의회가 구성되었고, 이에 따라 교육개혁에 부정적인 문부성 직원이 임시교육심의회 내에서 영향력을 행사하게 되었다. 교육자유화 문제를 둘러싸고 임시교육심의회 부회 간에 대립이 발생한 것도 또 다른 이유였다. 사설학원의 사립학교 인가를 내용으로 하는 교육자유화를 제1부회는 지지했으나, 제3부회는 반대했다. 제1부회와 제3부회의 대립에 교육자유화에 반대하는 문부성과 자민당 족의원이 가세함으로써 제1부회와 제3부회의 대립은 규제 완화를 추진하는 나카소네 수상과 현상유지를 주장하는 문부성·문교족의 대리전으로 확대되었다. 그 결과 임시교육심의회의 의견서는 개성의 중시·육성이라는 교육의 개성화를 제안하며 절충안에 머무르게 되었다. 마지막 이유는 나카소네의 교육개혁안에 교직원조합인 일교조(日敎組)와 혁신세력 등이 적극적으로 반대활동을 전개했기 때문이다. 결국 나카소네는 교육의 전반적인 틀을 개혁하지 못한채 대학 입학자격의 탄력화, 학습지도요령의 대강화(大綱化), 가을 입학제, 문부성 기구 개혁 등 세부 사항을 변경시키는 데 만족해야 했다.

나카소네 스스로 교육개혁은 실패했다고 평가했다. 그러나 당시 제기된 '교육자유화'는 그후의 신자유주의적·시장주의적 교육개혁의 단초가되었다. 그리고 문부성(교육행정) 대 교직원조합이라는 이항 대립적 틀에서 논의되어 온 교육개혁을 둘러싼 기존의 구조가 수상관저 및 정치 주도의 교육정책 입안이라는 새로운 흐름으로 변화되는 계기가 마련되었다. 나카소네가 추진하고자 하던 교육개혁이 이루어진 것은 그로부터 10년 후인 2006년 보수우익적 성향을 강하게 띤 아베 신조 내각에서였다.

하향적 리더십의 한계

정치적 리더십이란 무엇인가? 위기의 시대는 물론 평상시에도 리더십은 필요하다. 나카소네가 수상으로 재임했던 1980년대 초·중반 국제사회는 자유민주주의 대 사회주의라는 정치체제의 대립, 자본주의 대 사회주의라는 경제체제의 대립, 작은 정부 대 큰 정부라는 정부기능에 대한 대립이 존재하고 있었다. 그리고 일본은 자유민주주의와 자본주의의 틀 안에서 작은 정부를 지향하면서 지속적인 경제성장을 구가했다. 그러나 1990년 초반 소련을 중심으로 한 사회주의국가의 붕괴로 동서냉전이 해소된 후부터는 민족적·종교적 대립, 지구환경·에너지문제가 국제사회의 주요 현안으로 대두했고, 일본에서는 거품경제의 붕괴 속에서 저출산·고령화가 주요 문제로 대두되었다.

이와 같은 관점에서 보면 1980년대 초·중반은 현재와 비교할 때 위기라기보다는 평상시라고 할 수도 있다. 그러나 오늘날의 일본 사회를 관통하고 있는 여러 문제가 1980년대부터 시작되었다는 사실을 환기한다면, 1980년대는 위기의 시작기였다고 할 수 있다. 그러한 시기에 최고지도자로서 일본의 국가 진로를 결정한 사람이 바로 나카소네 야스히로였다.

나카소네의 수상 재임 시절을 돌이켜보면 다양하게 시도된 여러 가지 정책은 물론 다양한 퍼포먼스 등 강력한 개성을 떠올리게 된다. 이것은 일본의 역대 수상에게서는 볼 수 없었던 새로운 모습이었다. 적극적으로 자신의 존재를 과시하는 모습에 냉정, 침착, 철저한 합리주의라는 또 다른 개성이 더해진 나카소네는 설득력 있는 리더십을 구비한 정치가였다. 한마디로 말해 나카소네는, 찬반여부를 떠나 정치가로서 필수적인 역사관과 전략관을 구비하고 있었다. 국가의 진로를 주시하면서 정책을 입안하고 논리를 제시하는 것을 통해 국민에게 무엇이 지금 꼭 필요한 것인가를 이해시키고자 노력했다. 그뿐만 아니라 폭넓게 민의를 수렴하고 때로는 완강하게 정책을 실행하고자 했다. 이와 같은 하향식 의사결정방식을 구사한 나카소네는 스스로를 대통령적 수상이라고 불렀다. 그것은 관료에 의해 작성된 정책 중 일부를 선택해 여당의 동의를 확보하기 위해 정지작업을 하고 그렇게 형성된 합의에 기초해 정책을 추진해 온 역대 일본 수상들의 상향식 의사결정방식과는 달랐다. 나카소네에게는 전체적인 동향 파악력과 아이디어, 그리고 명확한 지시가 있었다.

나카소네는 새로운 정책을 실시하기에 앞서 각 성청과 업계의 이익을 대변하는 족의원의 저항을 타파하기 위해 수상 직속의 심의회 및 사적 자문기관을 설치하고 이를 적극적으로 활용하면서 국민의 지지를 확보하고자 했다. 대표적인 예가 행정개혁을 위해 설치한 임시행정조사회와 교육개혁을 위해 설치한 임시교육심의회다. 그러나 이와 같은 방식은 입법부인 국회의 역할을 무시한다는 비판을 받기도 했다. 그러나 나카소네는 명목론보다는 기득권에 의해 좌우되는 현상을 타파하는 데 관심이 있었다. 나카소네는 현실주의자였던 것이다.

나카소네는 심의회나 자문기관의 위원에 자신과 생각이 비슷한 사람들을 배치해 전체 논의의 흐름을 유도하고 국민에게 문제의 소지를 알리려고 했다. 그리고 심의회나 자문기관의 주요 위원은 대부분 정치계와 경제계의 기성 인물보다는 청년간담회 등을 통해 나카소네와 오랫동안 의견을 공유해 온 사람들로 구성되었다. 그들은 민주당 출신의 자민당 내 아류로서 관료기구의 전적인 지지를 확보할 수 없었던 나카소네에게 커다란 힘이 되었다. 레이건 미 대통령과의 개인적인 친분이나 관방장관 고토다 마사하루의 기용에서도 알 수 있듯이, 나카소네는 유능한 인물과 친분을 강화하고 그들을 관료 및 당 간부 인사로 발탁해 자신의 정책을 추진하는 데 충분히 활용했다. 이렇듯 인적 교류와 인재 등용에서도 나카소네는 현실주의자였다.

나카소네를 가장 가까이에서 가장 오래 보필한 관방장관 고토다는 그의 정치방식을 다음과 같이 평가했다. "우선 당장 하지 않으면 안될 국민적 과제를 정확히 파악한다. 그리고 여론의 이해와 지지를 확보하기 위해 당당하게 정면 돌파한다. 그러나 이상하게도 적지 않은 부분에서 준비가 되어 있지 않다. 그렇기 때문에 구체화 단계에 이르면 여기저기에서 반대와 적이 나타나 실패로 끝나곤 했다." 합의형 리더십에 의해 운영되어져 온 일본 사회에서 하향식의 대통령적 리더십을 새롭게 추구한 나카소네가 가질 수밖에 없는 한계였다.

나카소네는 대통령적 리더십으로 전후 일본 정치의 총결산을 시도했다. 패전 이후 GHQ에 의해 제시되고 요시다노선에 의해 움직여 온 일본의 국가 진로를 수정해 '21세기형 일본'을 만들고자 했다. 그를 위해 신보수주의에 기반한 안전보장정책과 교육정책을 실시해 평화국가 일본을 자유주의진영의 중심이 되는 '국제국가' 일본으로, 신자유주의에 입각한 경제정책과 행정정책을 실시해 큰 정부를 '작은 정부'로 바꾸고자 했다. 나카소네는 미일안보관계의 강화, 일본의 국제적 지위 향상, 일본국유철도공사의 민영화가 상징하는 행정개혁에는 성공했으나 경제구조 개혁에는 실패했다. 그러나 성공과 실패에 상관없이 나카소네가 시도한 다양한 개혁은 10년 후인 1990년대 거품경제의 붕괴로부터 시작되는 일본 경제의 장기침체, 그리고 미일안보체제와 방위력의 강화를 추구하는 일본 사회의 보수화로 현실화되었다.

신정화 일본 게이오대학교에서 정치학 박사 과정을 밟았고 현재 동서대학교 국제학부 교수로 재직 중이다. 저서로는 『일본의 대북정책(1945~1992년)』(2004), 『55년 체제의 붕괴와 정치변화』(2005) 등이 있고, 주요 논문으로는 「김정일 정권의 대일정책: 로동신문과 조선신보 분석을 중심으로」 등이 있다.

참고문헌

高浜贊. 김송준 옮김. 『나까소네 외정론』. 명지출판사. 1986.

後藤田正晴. 『政治とは何か』. 講談社. 1888.

_____. 『内閣官房長官』. 講談社. 1989.

中曽根康弘. 『政治と人生』. 講談社. 1992.

_____. 『天地有情』. 文藝春秋. 1996.

_____. 『21世紀　日本の国家戦略』. PHP研究所. 2000.

_____. 『自省録: 歴史法廷の被告として』. 新潮社. 2004.

_____. 『日本の総理学』. PHP研究所. 2004.

牧太郎. 『中曽根とは何だったのか』. 草思社. 1988.

村田晃嗣. 『プレイバック1980年代』. 文春新書. 2006.

御厨貴 編. 『歴代首相物語』. 新書館. 2003.

赤根谷達雄·落合浩太郎 編. 『日本の安全保障』. 2004.

大嶽秀夫. 『自由主義的改革の時代』. 中央公論社. 1994.

辛貞和. 「日本·韓国·北朝鮮関係の基本構造と主要変数」. 鈴木昌之·平岩俊司·倉
　　田秀也 編. 『朝鮮半島と国際政治: 冷戦の展開と変容』. 慶応義塾大学出版会.
　　2005.

中島琢磨. 「中曽根康弘防衛長官の安全保障構想: 自主国防と日米安全保障体制の
　　関係を中心に」. 《九州大学法学》, 84. 2002.

瀬川高央. 「中曽根政権の核軍縮外交: 極東の中距離核戦略(SS-
　　20)問題をめぐる秘密交渉」. 《北海道大学　経済学研究》, 58-3. 2008.

山田奈生子. 「行財政の構造改革とリーダーシップのあり方: 中曽根内閣の行財政の
　　構造改革の仕組みと成果」. 《跡見学院女子大学マネジメント学部紀要》, 6号.

2008.

第104回 国会における所信表明(1986年 1月 27日)
対外経済対策に関する中曽根内閣総理大臣談話(1985年 4月 9日)
中曽根内閣総理大臣のプレス・リマークス(1986年 4月 14日)
国際協調のための経済構造調整研究会報告書(1986年 4月 7日)

Joint Communique of Japanese Prime Minister Zenko Suzuki and U.S. President
    Reagan. May 8, 1981.

4인방 四人幇

왕훙원(王洪文, 1935~1992), 장춘차오(張春橋, 1917~2005), 장칭(江青, 1914~1991), 야오원위안(姚文元, 1931~2005) 등 4인을 가리킨다. 상하이 시 선전부 책임자였던 장춘차오와 이론가 야오원위안은 마오쩌둥의 부인인 장칭과 함께 문화대혁명과 비판운동의 돌파구가 되었던 「신편역사극 '해서파관'을 평함(評新編曆史劇'海瑞罷官')」이라는 글을 작성했고, 문화대혁명이 시작된 이후에는 정치국원 및 문혁소조 책임자 등의 고위직을 차지하고 문화대혁명을 주도했다. 왕훙원은 문화대혁명이 시작된 이후 1967년 1월 상하이에서 노동자 시위를 주도하고 상하이 시 인민정부를 붕괴시켜 상하이 시 혁명위원회를 조직하는 데 공을 세웠다. 1973년 이후 중국공산당 부주석에 선출되는 등 한때 마오쩌둥의 후계자 수업을 받기도 했으나 곧 마오쩌둥의 신뢰를 상실했다. 4인방이라는 호칭은 1970년대 중반 마오쩌둥이 자신의 부인인 장칭에게 분파활동을 하지 말고 당내의 다른 세력과도 좋은 관계를 맺으라고 권고하면서 사용한 이후 널리 알려졌다.

가오강 高崗, 1905?~1954

1926년 중국공산당에 가입했고, 1927년 이후 중국 서북 지역인 산시성과 간쑤성 접경지역에서 유격전을 전개하며 근거지를 창건했다. 그 지역은 대장정 중 중국 홍군의 목적지가 되었고, 1935년 중국 홍군 지도부가 도착한 이후에는 옌안을 포함해 해방 이전까지 중국공산당의 심장과 같은 역할을 했다. 1945년 항일전쟁에 승리한 이후 동북 지역에서 군사지휘관과 당 지도부를 역임했고, 1949년 신중국 건립 이후에는 동북인민정부의 주석으로 선출되었다. 이 시기는 가오강은 마오쩌둥의 전폭적인 신뢰를 받기 시작했고, 1952년 중앙인민정부 계획위원회 주석으로 임명된 이후 그 영향력이 공식적인 2인자인 류사오치를 넘어서기도 했다. 그러나 1953년 성급하게 류사오치를 실각시키려고 움직인 것이 적발된 이후 종파활동을 전개했다는 이유로 비판받았다. 당내 비판이 진행되던 1954년 자살했고 1955년 당적에서 제명되었다.

군나르 뮈르달 Gunnar Myrdal, 1898~1987

스웨덴의 경제학자이자 사민당 정치인이다. 1933~1947년 스톡홀름 상과대학교에서, 그리고 1960~1967년 스톡홀름대학교에서 경제학 교수로 재직했다. 1945~1947년 사민당 정부에서 통상부 장관직을 맡았고, 1945~1957년 국제연합 유럽위원회 집행관직을 맡았으며, 1974년 노벨 경제학상을 수상했다. 천재형 경제학자였던 그는 이미 청년시절부터 스웨덴의 대표적 경제학자로 자리 잡았다. 그는 베르틸 올린과 더불어 '스톡홀름 학파'를 대표하는 경제학자로 케인스와 유사한 경제이론을 다듬어냈다. 1932년 사민당에 합류한 후 당시 재무부장관이었던 비그포르스를 도와 케인스주의적 수요부양정책을 이론적으로 뒷받침했다. 또 정부의 각종 위원회에 전문가로 참여해 사민당의 경제정책과 사회정책을 입안하는 데 기여했다. 1934년 부인 알바 뮈르달(Alva Myrdal)과 공동으로 『인구문제의 위기』를 집필해 스웨덴 가족정책의 이론적 토대를 제공했고, 1944년 사민당과 LO가 공동으로 작성한 전후 경제운영 프로그램인 「노동운동의 전후 강령」 작성에 주도적으로 참여했다. 말년에는 주로 제3세계의 빈곤문제를 연구했다. 대중적으로 잘 알려진 저술로는 『미국의 딜레마』(1944), 『부국과 빈국』(1957), 『아시아의 드라마』(1968) 등이 있다. 부인 알바 뮈르달은 군축 문제에 기여한 공로로 1982년 노벨 평화상을 수상했고, 아들인 얀 뮈르달(Jan Myrdal)은 공산주의 성향의 작가로서 '국민작가' 반열에 올랐다.

귀도 크놉 Guido Knopp, 1948~

독일의 언론인이자 방송인으로 현대사에 많은 관심을 갖고 있다. 1999년 『총리: 공화국의 강자들』(Kanzler: Die Mächtigen der Republik)을 발간하며 '총리민주주의'라는 관점에서 서독의 제1대 총리 콘라드 아데나워로부터 제6대 총리 헬무트 콜에 이르는 서독의 현대사를 분석했다. 그의 책은 『통일을 이룬 독일 총리들』(2000)

이라는 제목으로 번역·출간되었다.

니시다 기타로 西田幾多郎, 1870~1945
근대 일본을 대표하는 철학자로, 교토대학교 교수이자 교토학파의 창시자다. 1911년 출간된 『선(善)의 연구』는 당시 자아 확립에 고민하던 일본 청년에게 충격적인 영향을 주었다. 그는 동양 형이상학의 근본원리인 절대무(絶對無)를 바탕으로 그리스 이후의 서양철학을 비판적으로 포용해 독자적인 일본 철학의 체계를 세웠다.

다니엘 오코넬 Daniel O'Connell, 1775~1847
영국으로부터 아일랜드의 독립을 이끈 정치가. 영국 의회에서 오코넬이 가지는 상징적 의의는 크다. 영국의 서쪽에 위치한 아일랜드는 오랜 기간 영국의 식민지였다. 아일랜드는 12세기 헨리 2세에 의해 정복된 후 1922년 자치권을 획득할 때까지 영국의 지배를 받으며 많은 차별과 억압을 받아왔다.

더비 경 Edward Smith-Stanley, 14th Earl of Derby, 1799~1869
1820년 휘그당원으로 의회에 들어간 후 아일랜드 장관, 식민상 등을 역임했으며, 1846~1868년까지 보수당을 이끌었다. 1852년, 1858~1859년, 1866~1868년 세 차례 총리를 지냈다. '아일랜드 교회' 개혁 문제로 물러난 후 휘그당에서 토리당으로 당적을 옮겼다. 곡물법 폐지 반대를 주장했으며, 유대인의 의원 자격을 제한한 인종차별정책을 폐지하고 1867년 디즈레일리와 함께 2차 선거법 개정안을 통과시켰다. 보수당 의원들을 설득해 디즈레일리에게 보수당의 수장 자리를 넘겨준 인물이다.

딘 애치슨 Dean Gooderham Acheson, 1893~1971
제2차 세계대전이 끝난 뒤 냉전시대의 미국 외교정책을 입안한 주요 인물로, 소련을 비롯한 공산국가들에 대항해 서방세계를 동맹관계로 묶는 데 기여했다. 예일대학교와 하버드대학교 법학부를 졸업했으며, 1933년 처음으로 공직을 맡아 루스벨트 행정부의 재무부 차관이 되었다. 1945년 애치슨이 맡은 첫 번째 임무 가운데 하나는 상원에서 미국의 국제연합 가입 승인을 받아내는 일이었다. 1947년 그는 소련이 중동지역에서 세력 확장을 꾀하고 있다고 믿어 그리스와 터키 정부에 군사 및 경제 원조를 즉각 제공하겠다고 약속한 트루먼 독트린을 입안했으며, 같은 해 마셜 플랜의 골자를 만들었다. 1949년 1월 트루먼 대통령은 애치슨을 국무장관에 임명했다. 북대서양조약기구 결성을 추진했으며, 국무부 시절을 회고한 『현대사가 만들어지는 현장에서(Present at the Creation)』(1969)로 1970년 역사 부문 퓰리처상을 받았다. 그밖에 『한국전쟁(The Korean War)』(1971) 등의 저서가 있다.

라이너 바르첼 Reiner Barzel, 1924~2006

1962~1963년 전(全)독일문제 장관을 지냈고 1964년부터 기민당·기사당 원내총무를 지냈다. 1969년 이후 브란트 총리에 대항해 연방의회 내에서 야당을 이끌었다. 1971년 기민당 당수가 되었다. 1982년 기민당·기사당 연합 정권에서 두 독일의 관계를 다루는 내독관계 장관으로 임명되었고, 1983~1984년 제8대 연방의회 의장으로 재직했다.

로버트 맥나마라 Robert Strange McNamara, 1916~2009

버클리 캘리포니아대학교를 졸업하고 하버드대학교 경영대학원에서 석사학위를 취득한 뒤 하버드대학교 교수가 되었다. 시력이 나빠 제2차 세계대전 중 일선복무에서 제외되어 폭격기의 공습을 위한 병참체계 및 군대와 물자를 측정·기록하는 통계체제를 개발했다. 전쟁이 끝난 뒤 맥나마라는 기울어가는 포드 자동차회사에서 엄격한 가격산정제도, 소형 및 고급자동차 모형 개발과 관련된 계획을 성공시켜 1960년 포드 가문을 제치고 사장직을 맡았다. 1961년 케네디 정부의 국방부 장관으로 발탁되어 국방부의 운영체계를 개편하고 베트남에 대한 군사개입을 담당했다. 또한 아이젠하워 시대의 '대대적인 보복' 전략에서 대(對)게릴라전 전술과 핵미사일에 의한 '제2격(second-strike)'을 강조하는 '유연한 대응' 전략으로 미국의 군사전략을 바꾸는 데 중심적인 역할을 했다. 1968년 2월 국방부를 떠난 맥나마라는 세계은행의 총재가 되었다.

로버트 필 Robert Peel, 1788~1850

8년간 영국의 내무장관으로 재직하며 사형을 감형하고 근대적 경찰제도의 기초를 확립했다. 그 후 두 차례에 걸쳐 총리로 재임하면서 재정을 개혁하고 곡물법을 폐지했으며 자유무역을 촉진했다. 그는 정치적·사회적 개혁에 대해 찬성하는 유연성을 보이며 토리당을 보수당이라는 근대 정당으로 탈바꿈시키는 데 공헌했다. 디즈레일리에게 정치 입문의 길을 열어주었으나 곡물법 폐지 문제로 갈라섰다.

루드비히 에르하르트 Ludwig Erhard, 1897~1977
1949년 콘라드 아데나워 내각의 초대 경제장관으로 취임한 후 1963년 아데나워의 뒤를 이어 기민당과 자민당 연립정부하에서 제2대 서독 총리가 되었다. 서독이 수립된 이후 오랫동안 경제장관으로 일하면서 '라인 강의 기적'을 일으킨 주역으로 주목받았으나 총리로서는 그다지 성공적이지 못했다. 1966년에 서독 경제가 불황에 직면하자 자유주의적 경제정책을 수정하게 되고 신임도가 떨어져 그해 11월 총리직을 사임했다.

류사오치 劉少奇, 1898~1969
1921년 중국공산당에 가입한 이후 노동운동의 지도자로 활동했다. 그는 주로 유격근거지에서 유격전을 전개한 경험을 가진 다른 주요 지도자와는 달리, 국민당이 통치하던 도시지역 사업에서 주요 경력을 쌓았다. 1940년대 초반 옌안 정풍 시기에 그는 마오쩌둥 사상에 대한 전면적 지지를 선언했고 '마오쩌둥 사상 만세'라는 구호를 처음 외쳤다고 한다. 그 공으로 1945년 중국공산당 제7차 전국대표대회에서 2인자의 지위를 확보했고, 신중국 건립 이후에는 국가 부주석을 거쳐 1959년 국가 주석으로 선출되었다. 그러나 대약진운동에 대한 이견 등으로 마오쩌둥과의 노선 갈등이 커지면서 결국 문화대혁명 시기 비판운동의 주요 표적이되었다. 이후 미국의 간첩이라는 누명을 쓰고 당적에서 제명되었으며 1969년 사망했다. 개혁개방이 시작된 이후 1980년에 복권되었다.

리처드 비셀 Richard Bissell, 1910~1994
예일대학교에서 역사학을 공부했으며, 런던정경대학교에서 경제학 박사학위를 받고 예일대학교로 돌아왔다. 제2차 세계대전 중에는 CIA의 전신이었던 전략정보국(Office of Strategic Services: OSS)에서 게릴라전과 첩보활동에 관한 업무를 담당했고, 1948년에는 서유럽에 대한 미국의 원조계획인 마셜 플랜을 이끄는 수장이되기도 했다. CIA 부국장으로 활동하던 중 비밀조직의 책임자로 쿠바의 피그스만을 공격했으나 참담한 실패로 끝나자 자리에서 물러났다.

리카르드 산들레르 Rickard Sandler, 1884~1964

스웨덴 사민당의 정치인으로 사민당 정부에서 1920년 재무부 장관, 1924~1925년 통상부 장관, 1925~1926년 수상(얄마르 브란팅 수상의 사망에 따른 승계), 1932~1939년 외무부 장관을 역임했다. 그는 제2차 세계대전 이전의 사민당 지도자들 중에서 학식이 매우 풍부한 편이어서 다양한 영역에서 활동했다. 1912년 노동자 교육기관인 노동자교육협회(Arbetarnas bildningsför bund: ABF)를 창설했으며, 마르크스의 『자본론』을 스웨덴어로 번역하기도 했다.

린든 존슨 Lyndon Baines Johnson, 1908~1973

젊은 시절 여러 가지 직업에 종사했으며, 텍사스에서 교편을 잡기도 했다. 리처드 M. 클리버그 하원의원 선거운동을 성공으로 이끈 후 정치에 입문했다. 루스벨트 대통령의 뉴딜 정책이 보수파로부터 심한 공격을 받던 시기, 하원의원에 입후보해 당선되었다. 1948년 상원의원으로 선출된 존슨은 12년 동안 상원의원을 지냈으며, 1951년 민주당 원내총무가 되었다. 1960년 민주당 대통령 후보 지명전에서 케네디와 치열하게 경쟁했지만 패배했다. 이후 케네디가 존슨에게 부통령직을 제의했다. 케네디 사후 대통령직을 승계한 존슨은 뉴딜 진보주의자로서 케네디가 구상하고 있던 민권 문제를 위해 노력하는 등 케네디의 정신을 이어갔다. 1964년 미국의 제36대 대통령으로 당선되었으며, 취임 초 민권, 감세, 빈곤 추방 프로그램, 자연보호에 관한 중요한 법안을 통과시켰다. 그러나 전쟁을 확대하지 않겠다는 분명한 선거공약에도 불구하고 미국의 인도차이나 개입은 계속 확대되었으며, 이로 말미암아 존슨에 대한 국민의 지지는 현저히 떨어졌다.

린뱌오 林彪, 1907~1971

1925년 중국공산당에 입당한 이후 중국공산당의 대표적인 군사지도자가 되었다. 1928년 마오쩌둥이 장시성 징강산에 조직한 유격대에 합류한 이후 마오쩌둥의 지휘를 받기 시작했고 마오쩌둥이 가장 아끼는 군사지휘관이 되었다. 1937년 중일전쟁이 발발한 이후 핑싱관 전투 등 항일전쟁에서 공을 세웠다. 그의 군사적 재능은 1947년 중국국민당과 중국공산당의 내전이 전면화된 이후 중공의 결정적 승리를 이끈 전쟁들을 일선에서 지휘하며 가장 빛을 발했다. 1949년 신중국이 건립된 이후 건강상 이유로 일선에서 물러났으나, 1959년 국방부장 펑더화이(彭德懷)가 숙청당한 이후 국방부장으로 임명되며 일선에 복귀했다. 1966년 문화대혁명 발동에 적극 협력했으며 1969년에는 중국공산당 부주석으로 선출되고 후계자 지위를 보장받았다. 그러나 4인방과의 갈등이 심화되고 결국 마오쩌둥의 비판까지 받아 지위가 위태로워진 상황에서 소련을 향해 도피하던 중 몽골 상공에서 의문의 추락사를 당했다. 그의 죽음과 관련된 많은 의문이 여전히 해소되지 않고 있다.

마시모 달레마 Massimo D'Alema, 1949~

1970년 이탈리아 공산당 청년동맹으로 활동했다가 이탈리아 공산당이 해체되자 새로 창당된 '좌파민주당'의 당수로 1996년 로마노 프로디와 함께 연합을 조직해 선거를 승리로 이끌었다. 이후 프로디의 후임이 되어 좌파내각을 재조직하며 좌파정부 2기를 이끌며 2008년까지 내각을 유지했다. 2008년 좌파민주당의 당수로 다시 선거에 나섰으나 베를루스코니의 우파연합과의 선거에서 패했다. 좌파민주당의 공식신문인 《우니타(L'Unità)》의 사장을 지내기도 했다.

맥스웰 테일러 Maxwell Davenport Taylor, 1901~1987

미국육군사관학교를 졸업한 테일러는 제2차 세계대전 초, 미 육군 최초의 공수부대인 82공수사단의 편성을 도왔다. 그는 1943년 연합군의 이탈리아 침공이 시작되기 전 적진을 뚫고 로마에 가서 이탈리아 지도자들과 회담을 벌였다. 그 후 노르망디 상륙작전과 네덜란드 침공 당시 101공수사단을 지휘해 낙하산 공격을 펼쳤다. 테일러는 1953년 한국전쟁의 막바지 단계에 미8군 사령관으로 투입되어 한국에서 연합군을 지휘했다. 1955년부터 1959년까지 육군참모장으로 재직하는 동안 핵무기의 전면적인 사용에 대한 신중한 전시(戰時) 대안으로 재래식 보병부대의 유지를 강조한 '신축적인 대응' 전략을 주창했다. 1964년 그는 당시 미국이 군사원조를 계속 확대하고 있던 베트남공화국 주재 미국 대사가 되었다.

맥조지 번디 McGeorge Bundy, 1919~1996

1940년 예일대학교를 졸업한 후 제2차 세계대전에 참전해 노르망디 상륙작전에 종군했다. 1949년부터 하버드대학교에서 정치학을 강의했으며, 1961년 케네디 행정부의 대통령 특별보좌관으로 국가안보 문제를 담당했다. 특히 1962년 쿠바 미사일 위기와 베트남 전쟁 확대 시기 등 중대사의 고비마다 대통령의 측근으로서 활약했다. 1966년부터 1979년까지 포드재단 이사장으로 일했으며, 1979년부터

1989년까지 뉴욕대학교에서 역사학을 강의했다.

미셸 로카르 Michel Rocard, 1930~

일찍부터 프랑스 사회주의 정치계에서 활약한 로카르는 1967년 소정당인 통일사회당의 당수가 되었고 1969년 대통령 선거에 출마했으나 낙선했다. 1974년 당원들과 함께 프랑수아 미테랑이 이끄는 사회당에 합류했다. 1981년 미테랑이 프랑스 대통령에 당선된 후 로카르는 계획·지역개발부 장관(1981~1983)과 농업부 장관(1983~1985)으로 임명되었으며, 특히 농업부에서 일하면서 능력을 인정받았다. 1988년 5월 대통령에 재선된 미테랑은 경제전문가로서 실리적인 사고방식을 가진 로카르에게 총리직을 제안했다. 사회당이 1988년 6월에 실시된 총선에서 원내 과반수 의석 확보에 실패하자 로카르는 소수당 내각을 구성했다.

미하일 고르바초프 Mikhail Sergeyevich Gorbachev, 1931~

모스크바대학교 법과대학교 2학년 때인 1952년 공산당에 입당해 교내의 콤소몰(공산주의 청년동맹) 조직원으로 활약했다. 1968년 지구당 제1서기를 거쳐 1971년 소련공산당 중앙위원이 되었다. 1980년 정치국원으로 선출되어 권력의 핵심권에 접근했고 유리 안드로포프(Yurii Andropov)가 집권하자 그의 후계자로 지목되었다. 1985년 3월 콘스탄틴 체르넨코(Konstantin Cherneko)가 사망하자 당서기장에 선출된 뒤 페레스트로이카(개혁)를 추진해 소련 국내에서의 개혁과 개방뿐만 아니라 동유럽의 민주화개혁 등 세계 질서에 큰 변혁을 가져왔다. 1990년 3월 소련 최초의 대통령에 선출되었으며, 같은 해 세계평화에 기여한 공으로 노벨 평화상을 받았다. 1991년 7월 마르크스레닌주의 및 계급투쟁을 포기한 소련공산당 새 강령을 마련했다. 이 같은 개혁은 1991년 8월 보수강경파에 의한 쿠데타를 유발시켜 한때 실각했으나 쿠데타의 실패로 3일 만에 복권했고, 공산당을 해체해 소련의 70년 공산 통치사를 종결지었다. 보리스 옐친(Boris Yeltsin) 등의 주도로 소비에트연방이 해체되고 독립국가연합이 탄생하자 1991년 12월 25일 대통령직을 사임했다.

발레리 지스카르 데스탱 Valery Marie René Giscard d'Estaing, 1926~

1956년 하원의원에 당선되며 프랑스 정계에 입문했다. 36세의 젊은 나이에 드골에 의해 재무장관으로 발탁되었으나 1966년 경질되며 드골과 결별했다. 1969년 조르주 퐁피두 대통령 밑에서 다시 재무장관에 취임해 프랑화의 평가절하를 실시했다. 1974년 퐁피두가 갑작스레 사망하자 '점진적 개혁'을 선거공약으로 내걸고 출마해 미테랑을 꺾고 제20대 대통령에 취임했으나 1981년 선거에서는 미테랑에게 패해 재선에 실패했다. 1988년 프랑스 민주연합의 당수가 되었다.

배리 골드워터 Barry Morris Goldwater, 1909~1998
아버지가 운영하던 백화점을 상속받고 사장으로 일했던 그는 제2차 세계대전이 발발하자 1941년부터 1945년까지 공군에서 조종사로 복무했다. 1949년 피닉스 시의원으로 당선되어 정치활동을 시작했으며, 1953년 애리조나 주에서 상원의원 선거에 공화당 후보로 출마해 당선됐다. 원내에서는 국방위원회 위원장직을 맡았으며 1950년대와 1960년대 연설과 저작을 통해 보수정당인 공화당 내에서도 특히 극우보수파의 지도자로 알려지게 되었다. 1964년 대통령 출마를 선언하며 당내의 진보파인 펜실베이니아 주지사 스크랜턴을 누르고 공화당 대통령 후보로 지명되었으나 민주당 후보인 린든 존슨에게 큰 표 차로 패했다.

베니아미노 안드레아타 Beniamino Andreatta, 1928~2007
이탈리아 기민당 좌파의 수장이었던 알도 모로(Aldo Moro)의 경제자문이었고, 천재적인 경제학자로 평가받았던 당대의 저명한 학자다. 이탈리아 인민당 창시자 중 한 명이며, 1976년부터 1992년, 1994년부터 2001년까지 의원으로 활동했고, 1984년부터 1989년까지 유럽의회의 위원으로 활동했다. 1979년부터 1980년까지 재무부 장관을 지냈으며, 1993년부터 1994년까지 외무부 장관을 지냈다. 후에 프로디의 올리보 연합을 계획하기도 했다.

베르틸 올린 Bertil Ohlin, 1899~1979
스웨덴의 경제학자이자 자유당 정치인이다. 코펜하겐대학교와 스톡홀름 상과대학교에서 경제학 교수를 역임했고, 1938~1967년 국회의원, 1944~1967년 자유당 총재를 맡았다. 1977년 국제경제학 분야에 기여한 공로로 노벨 경제학상을 수상했다. 그는 야당의 지도자로서 집권당인 사민당의 시장통제노선을 강력히 비판했으나 그의 이념적 입장은 케인스와 유사하게 '사회자유주의(social liberalism)'노선이었다. 즉, 시장경제 원리를 존중하되 국가가 완전고용 달성과 국민복지 증진을 위해 적극적인 역할을 맡아야 한다는 입장이었다. 또 그는 노동자계급 중심의 복지

제도를 구성하려는 사민당과 달리 사회경제적 최약자층에 대한 지원에 집중하는 복지제도 설계가 중요함을 역설했다. 사회경제적 최약자층을 지칭하기 위해 그가 고안한 용어인 '스웨덴의 잊힌 사람들'은 자유당의 사회정책노선을 대표하는 정치적 표현으로 널리 알려졌다.

베티노 크락시 Bettino Craxi, 1934~2000

10대 후반 사회주의 청년운동에 가담해 1957년 이탈리아 사회당의 중앙위원회 위원이 되었다. 1960년 밀라노 시의회 의원이 되었고, 1968년 이탈리아의 하원의원에 당선되었다. 1976년 총선에서 사회당이 참패했을 때 당의 총서기가 되어 당을 통일하고 온건한 사회·경제 정책들을 추진했다. 이후 크락시가 이끄는 사회당은 1980년부터 1983년까지 6번 수립된 연립내각에 5번 참여했다. 1983년부터 1987년 총리로 재임하는 동안 인플레이션 억제를 위한 재정정책과 친미 외교노선을 추진했다.

실비오 베를루스코니 Silvio Berlusconi, 1936~

이탈리아의 제75대, 제78대 총리를 역임했으며 2008년 5월 세 번째로 총리직에 취임했으나 2011년 사임했다. 여당 역할을 해왔던 기민당이 붕괴되자 1994년 포르차 이탈리아(Forza Italia)를 급히 출범시켰으며, 민족연맹과 북부연맹 등의 연합을 구축해 우파정권을 수립했다. 1996년 다시 총리직에 도전했지만 프로디에게 패했다. 1998년 전직 총리 신분으로는 최초로 '마피아 지원 의혹'으로 불구속 기소되기도 했다. 2000년《포브스》가 집계한 개인 자산 순위에서 120억 달러의 재산을 보유해 이탈리아 1위, 세계 14위의 부자로 기록되기도 했으나 재산축적 과정에서 돈세탁과 탈세 등의 혐의로 여러 차례 법원에 출두했다. 이탈리아 최대 방송사를 소유했으며, 프로축구클럽 AC밀란의 구단주이기도 하다.

쎄스 회그룬드 Zeth Höglund, 1884~1956

스웨덴의 대표적인 좌파 사민주의 정치인이자 저널리스트다. 청년 시절 그는 '사민주의 청년동맹'에서 급진파 그룹을 대표하며 당 지도부의 온건 개혁노선을 강력히 비판했다. 1917년 사민당이 분열되어 급진파 주도로 '사민주의 좌익당'이 창당되는 과정에서 주도적 역할을 담당했다. 그러나 좌익당이 1921년 '스웨덴 공산당'으로 개명하고 코민테른의 노선을 추종하자 공산당에서 나와 1924년 다시 사민당에 입당했다. 재입당 이후에도 급진주의적 노선을 견지하며 한손 등 당 지도부와 대립했다. 특히 철저한 반(反)군사주의노선에 입각해 급진적 군축을 주장했으며 당 지도부의 자유당과의 협력노선을 비판했다. 말년에는 스톡홀름 시의 지방정부 정치인으로 활동했다. 문필가적 재능이 출중했던 그는 얄마르 브란팅에 대한 전기를 집필하기도 했다.

아들라이 스티븐슨 Adlai Ewing Stevenson, 1900~1965

미국의 외교가. 시카고 법조협회의 민권위원회 위원장직으로 있다가 1941년 미국 해군부 장관의 특별보좌관직을 맡았다. 1943년 미국의 구호 프로그램 개발을 위해 해외경제관리사절단 단장으로 이탈리아에 갔고, 2년 후 국무부 장관의 보좌관이 되었다. 1948년 일리노이 주 역사상 최다 득표로 주지사에 당선되기도 했다. 주지사로서 경찰의 능률제도 확립, 정신병원에 수용된 환자에 대한 치료와 대우 개선, 학교에 대한 지원 확대 등 광범위한 개혁을 실시했다. 1952년의 민주당 전당대회에서 대통령 후보로 뽑혔으나 전쟁영웅 아이젠하워의 대중적 인기에는 미칠 수 없었다. 1960년 존 F. 케네디가 대통령에 당선되자 미국의 국제연합 수석대표로 임명되어 각료의 지위와 대사의 자격을 얻은 후 사망할 때까지 국제연합 대사로 재직했다.

애버딘 경 George Hamilton-Gordon, 4th Earl of Aberdeen, 1784~1860

스코틀랜드 대표의원으로 정계에 입문한 그는 오스트리아 대사, 외상, 국방상, 식민상 등 요직을 두루 거치면서 로버트 필에게 열렬한 지지를 보냈다. 1852~1855년 수상을 역임했다.

얄마르 브란팅 Hjalmar Branting, 1860~1925

스웨덴 사민주의 운동의 1세대 지도자다. 부르주아 가정에서 태어나 웁살라 대학교에서 자연과학을 공부했다. 20대 초반부터 사회주의 운동에 투신해 1887~1902년 사민당 기관지 《사회민주주의자(Social-Demokraten)》의 편집장을 맡았다. 1908년 사민당 최초로 국회의원으로 선출되었으며, 사민당 당수로도 선출되었다. 1917~1918년 자유당 중심의 자유당-사민당 연립정부에서 재무부 장관직을 맡았다. 1920년대에 사민당은 세 차례 단기집권 했는데 이때 브란팅이 모두 수상을 맡았다. 그는 제1차 세계대전 이후 설립된 국제연맹에도 깊숙이 관여해 그 공로로 1921년 노벨 평화상을 받았다.

에곤 바르 Egon Bahr, 1922~

서베를린 미군점령지구방송 논설주간으로 일하다 1960년 브란트의 언론 및 정보 담당 책임자로 정계에 입문했다. 1966~1969년 대연정하에서 외교안보특사 및 외교정책입안팀 책임자로 일했다. 1969년 브란트 총리의 비서실장으로 임명되었고 1972년 특무장관으로 임명되었다. 1984~1994년 평화연구와 안보정책연구소 소장으로 재직했고, 1984년 이후부터 함부르크대학교 명예교수로 재직 중이다. 1956년 사민당 가입 후 1976~1981년 사민당 사무총장을 지냈으며 현재는 사민당 고문직을 맡고 있다.

에두아르 발라뒤르 Édouard Balladur, 1929~

프랑스의 우익 정치인으로 1993년부터 1995년까지 제2차 동거정부의 총리를 지냈다. 발라뒤르는 1964년부터 당시 총리였던 조르주 퐁피두의 자문으로 일을 시작했다. 1969년 퐁피두가 프랑스의 대통령에 당선되자 그의 부비서실장으로 발탁되었으며, 1973년부터 퐁피두가 1974년 서거할 때까지 비서실장의 직무를 수행했다. 이후 시라크와 함께 정계로 돌아와 신드골주의 정당인 공화국연합에 가입했다. 재정경제산업 장관이 된 이후 다수의 공기업을 민영화하고 부유세를 없애 시라크가 이끄는 내각의 비공식적 부총리란 말을 듣기도 했다. 1993년의 의회선거에서 사회당의 패배로 다시 동거정부를 구성했으나, 시라크의 거절로 발라뒤르가 총리직에 올랐다. 1995년 대선을 계기로 시라크와 발라뒤르의 관계에는 균열이 생겼고 시라크는 미테랑의 뒤를 이어 대통령으로 당선되었다.

에른스트 비그포르스 Ernst Wigforss, 1881~1977

스웨덴 사민주의 정치사에서 최고의 이론가로 평가되는 인물이다. 1920~1952년 사민당 서기국 위원, 1928~1952년 사민당 집행위원을 역임했고, 1919~1953년 국회의원, 1925~1926년 및 1932~1949년 재무부장관을 역임했다. 그는 1930년대 재무부장관으로서 세계 최초로 케인스주의적 수요부양정책을 입안하고 집행했다. 사민당 지도부 내에서 비그포르스는 좌파적 입장을 가진 대표적 인물이었다. 그는 청년시절부터 '길드 사회주의(guild socialism)'노선을 견지했는데 길드 사회주의란 국가사회주의와 생디칼리즘의 중간노선으로서 국가사회주의와 비교할 때

노동자 자치주의적 지향이 뚜렷한 이념이었다. '산업민주주의(industrial democracy)' 문제에 관심이 많았던 그는 1920년대 발족된 '산업민주주의위원회'의 위원장으로서 노동자 경영참가를 촉진하려 노력했다. 정치일선에서 은퇴한 후에는 1959년 '소유주 없는 사회적 기업' 구상을 발표해 국유화가 아닌 형태로 기업 소유를 사회화하는 방안을 제시했다.

요시다 시게루 吉田茂, 1878~1967

제2차 세계대전 후 히가시쿠니 나루히코(東久邇穗彦)와 시데하라 기주로(幣原喜重郎) 내각에서 외무장관을 지내고, 1946년 자유당 총재에 취임한 뒤 제1차 요시다 내각을 조직하고 총리와 외무장관을 겸했다. 1947년 총선거에서 사회당이 제1당이 되자 물러났다가 아시다 히토시(芦田均) 내각 총사퇴 후 제2차 요시다 내각을 구성해 1954년까지 총리를 역임했다.

윌리엄 해리먼 William Averell Harriman, 1891~1986

루스벨트 행정부에서 국가부흥회 관리로 일했으며, 1940~1941년 국방자문위원회와 그 후신인 생산관리부에서 일했다. 1941년 루스벨트 대통령에 의해 영국과 소련에 파견됐고, 그 후 소련 주재 미국 대사, 영국 주재 미국 대사, 상무장관 등을 역임했다. 1952년과 1956년 두 차례에 걸쳐 민주당 대통령 후보 지명전에 나섰으나 모두 패했다. 1954~1958년 뉴욕 주지사를 역임했다. 1961~1963년 케네디 행정부에서 극동문제담당 국무부차관으로 일했다.

자크 르네 시라크 Jacques René Chirac, 1932~

1954년 파리정치대학을 졸업하고 알제리에서 장교로 복무했다. 국립행정학교를 졸업하고 공무원으로 들어가 국장과 국무차관을 거쳐 1967년부터 연속 국회의원에 당선되었다. 1974년에 새로 선출된 지스카르 데스탱 대통령에 의해 총리로 임명되었지만 뜻이 맞지 않아 1976년 총리직을 사임하고 공화민주주의자연합인 드골파의 집단을 신드골파 집단인 공화국연합(RPR)으로 재결속시키고 장악했다. 미테랑에 의해 총리로 임명되면서 프랑스 사상 처음으로 '동거정부'의 수상이 되었다. 당시 시라크 총리는 국내 문제를 담당하고, 미테랑은 외교정책을 책임지게 되었다. 시라크는 두 번째로 총리직에 있을 동안 미테랑 통치하에서 국유화되었던 많은 주요 산업체와 보험회사와 은행을 다시 민영화했다. 시라크는 중도우파인 공화국연합의 후보로 미테랑에 맞서 대통령에 출마했다가 1988년 5월에 실시된 결선투표에서 완패하고 총리직을 사임했다. 1995년 사회당의 조르팽을 물리치고 대통령에 당선되었다.

자크 샤방델마스 Jacques Chaban-Delmas, 1915~2000

1940년 12월 레지스탕스에 가담해 드골과 함께 저항운동을 했다. 1946년 급진사회당 후보로 의회에 진출했고, 1947년 드골 당(프랑스 공화국연합)이 창설되면서 당내 좌파의 핵심 인물이 되었다. 드골의 후계자로 유명하며 조르주 퐁피두 대통령 시절 총리를 역임했다. 퐁피두 대통령이 혈액암으로 급서한 후 드골파의 유력한 대선후보가 되었으나 실패했다.

저우언라이 周恩來, 1898~1976

유럽에서 유학하던 1922년 중국공산당에 가입하고 1924년 중국으로 귀국한 이후 중국국민당과 중국공산당의 합작시기(1924~1927)에 황포군관학교의 정치부주임(교장은 장제스)을 맡았다. 1927년 국공합작이 결렬된 이후 지하로 잠입해 상하이에서 중국공산당 중앙의 주요 책임자로 활동했다. 소련공산당의 승인을 받아 조직된 새 지도부와 협력 관계를 유지했다. 그러나 1934년 시작된 대장정 중에 개최된 1935년 1월 쭌이회의(遵義會議)에서 소련파 지도부에 의해 한직에 물러나 있던 마오쩌둥의 복귀를 지지하면서 그와 협력관계를 맺기 시작했다. 1940년대 초반 옌안 정풍 시기 마오쩌둥 노선에 대한 전면적 지지를 선언했고, 1949년 신중국 건립 이후 사망할 때까지 총리직을 역임하며 마오쩌둥의 국정 운영을 보좌했다. 마오쩌둥과 적지 않은 차이가 있었으나 마오쩌둥에 대항하기보다는 마오쩌둥 노선이 초래한 부작용을 해결하는 것으로 자신의 역할을 제한했다. 마오쩌둥과 저우언라이의 이러한 특수한 관계는 최근까지 많은 관심을 끌고 있다.

제임스 풀브라이트 James William Fulbright, 1905~1995

조지워싱턴대학교에서 법학을 전공한 후 아칸소대학교의 총장으로 재임하면서 법학을 강의했다. 1942년 하원의원에 선출되었고 아칸소 주 출신의 민주당 상원의원과 상원 외교문제위원회 위원장으로 활약했다. 1946년 의회에서 국제교육교류법안을 통과시키는 데 중추적인 역할을 해 1995년까지 약 25만 명에게 풀브라이트 장학금이 지급되기도 했다. 상원 외교문제위원회 위원장으로 재직할 때 미국의 베트남 정책을 날카롭게 비판했으며, 1961년 케네디의 쿠바 침공을 만류했다. 1965년 존슨 대통령의 도미니카공화국 내정간섭 정책에도 반대했다. 하지만 1964년 베트남 통킹 만 결의안을 지지했고, 그 결과 의회의 승인을 얻은 린든 존슨 대통령은 베트남 전쟁에 개입할 수 있었다. 풀브라이트는 훗날 이 결의안을 지지한 자신의 행동을 후회하면서 자신이 존슨 대통령에게 속았다고 주장했으며, 1967년에 펴낸 『권력의 오만(The Arrogance of Power)』에서 반전(反戰) 견해를 피력하기도 했다.

조르조 나폴리타노 Giorgio Napolitano, 1925~

1942년 이탈리아 공산당에 입당했다. 1953년 하원에 당선된 뒤 1996년부터 1998년까지 내무부 장관으로 일했다. 이후 정치인으로서 명망을 얻어 1999년부터 2004년까지 유럽의회 의원, 2005년부터는 종신상원의원으로 활동하다가 2006년 5월 선거에서 프로디 정부가 승리함으로써 이탈리아 제11대 대통령에 취임했다. 정치적으로 온건한 성향을 보인 덕분에 폭넓은 지지기반을 확보하고 있다. 하지만 상원에서 프로디 총리의 불신임안이 통과되자 대통령으로서 그의 사임을 받아들여야만 했다.

조지 벤팅크 경 Lord George Bentinck, 1802~1848

1846년 로버트 필 총리가 자유무역을 옹호하며 곡물법 폐지를 주장하고 나서자 이를 제지하기 위해 모든 노력을 기울이며 보호무역주의자들을 이끌었다. 처음에는 온건 휘그당원으로서 가톨릭교도에게 선거권을 준 1829년의 가톨릭교도 해방령과 1832년의 선거법 개혁안에 찬성했으나 그 뒤로 점차 보수 성향을 띠기 시작했다.

조지 케넌 George Frost Kennan, 1904~2005

제2차 세계대전이 끝나고 시작된 소련의 팽창주의에 맞서서 '봉쇄정책'을 옹호했다. 1925년 프린스턴대학교를 졸업한 후 외무부에 들어갔다. 이후 제네바, 베를린, 탈린, 리가 등 당시 미국과 외교관계가 없는 소련 주변의 비밀정보 수집지역에서 여러 해를 보냈다. 소련과의 국교 수립에 대비해 1929년 베를린대학교에 파견되어 러시아의 사상·언어·문화 연구에 전념하기도 했다. 그는 《포린 어페어스》 1947년 7월호에 'X'라는 필명으로 소련 외교의 구조와 성격을 자세히 분석하는 논문을 게재해, 소련을 회유하려는 미국의 정책에 의문을 던져 큰 반향을 일으키기도 했다. 이 논문에서 그는 소련의 팽창이 우려될 때마다 미국이 역공세를 펼쳐야 한다고 주장했다. 이러한 맞대응 속에서 소련은 미국과 협력하려 하거나, 내적으로 붕괴할 것이라고 예측했다. 이 견해는 뒤에 미국의 대소련 정책의 바탕이 되었다. 저술가이기도 한 케넌은 『러시아, 전쟁을 떠나다(Russia Leaves the War)』(1956), 『회고록, 1925~1950(Memoirs, 1925~1950)』(1967)으로 퓰리처상과 전미도서상을 받기도 했다.

존 덜레스 John Foster Dulles, 1888~1959

1953~1959년 아이젠하워 대통령 밑에서 국무장관을 지냈다. 윌슨 대통령에 의해 베르사유 평화회의에 파견되는 미국 대표단의 법률고문으로 임명되었고, 후에 전쟁배상위원회 위원으로 활동했다. 오스트리아의 국경선을 회복하고 독일과 오스트리아 사이의 병합을 금지하는 오스트리아 국가조약(1955) 체결을 도왔고, 이탈리아와 유고슬라비아를 중재해 트리에스테 지역을 자유지역으로 확정한 트리에스테 협정을 체결했다(1954). 또한 1954년 동남아시아조약기구(SEATO)를 결성했다. 국제법률가로서 조약의 가치에 강한 신념을 가지고 있었고 종교적 신념에서오는 공산주의에 대한 뿌리 깊은 혐오를 가지고 있었다. 국내외 비판자들은 그를'융통성 없는 책략가'로 보았지만 아이젠하워는 '우리 시대의 위대한 인물 중 한사람'이라고 평하기도 했다. 존 덜레스의 동생 알렌 덜레스(Allen Welsh Dulles)는 1953년부터 1961년 피그스 만 침공 때까지 CIA 국장을 지냈다.

존 러셀 경 Lord John Russell, 1792~1878

휘그당의 당수로 두 차례 수상을 연임했다. 개혁의 중요성을 깨닫고 1832년 선거법 개혁안 통과를 통해 명성을 얻었으며, 멜버른 2차 내각에서 아일랜드의 정치·종교적 개혁을 위해 노력했고 지방자치법을 통과시켰다.

줄리아노 아마토 Giuliano Amato, 1938~

1960년 피사대학교 법학과를 졸업한 후 미국으로 건너가 컬럼비아대학교 법과대학에서 석사학위를 받았다. 그 후 모데나대학교, 페루자대학교, 플로렌스대학교등의 교수를 거쳐 1975년부터 1997년까지 로마대학교 교수를 지냈다. 1983~1994년 국회의원으로 있으면서 총리부 차관, 부총리 겸 재무부 장관 등 정부 요직을 두루 거쳤다. 1992년 총선에서 기민당이 패배하고 사회당 중심의 새 내각이 성립되면서 총리가 되었다. 그러나 1993년 공직자 부패, 정치가와 마피아의 유착관계 등이 잇따라 폭로되면서 심각한 정치위기가 발생해 내각이 총사퇴하자 총리직에서 물러났다.

줄리오 안드레오티 Giulio Andreotti, 1919~

이탈리아의 기민당 총재로 1972년과 1976~1979년 두 차례 이탈리아 총리를 지냈다. 1946년 6월에 헌법 제정의회 의원으로 선출된 그는 알치데 데가스페리 총리의 내각에 차관으로 임명되었고, 1954년 아민토레 판파니의 제1차 내각에서 내무부 장관을 맡은 이래 재정부 장관, 국방부 장관, 상공부 장관 등을 역임했다. 1972년 기민당만으로 그의 첫 내각을 구성했지만, 4개월밖에 가지 못했다. 그는 다시 자유당과 사민당과 제휴해 제2차 연립내각을 구성했다가 1976년 제3차 내각, 1978 4차 내각을 출범시키면서 프로디를 산업부 장관으로 영입했다. 그러나 1995년 9월 재임 기간을 전후해 마피아를 비호·지원한 혐의로 기소되었다.

천윈 陳雲, 1905~1995

1925년 중국공산당에 가입한 이후 상하이 시 등에서 노동운동을 전개했고, 1927년 국공합작이 결렬된 이후 상하이 시의 지하당 사업에 참여했다. 옌안 정풍시기 당 조직부장을 역임했고 1944년부터 본격적으로 경제사업에 참여했다. 이후 중국공산당 내의 대표적인 경제통이 되어 계획경제체제의 건설과 관리를 담당했다. 그러나 1950년대 후반부터는 급진적인 발전을 추구하던 마오쩌둥의 비판을 받고 일선 사업에는 참여하지 않았다. 마오쩌둥 사망 이후 덩샤오핑의 복권을 적극적으로 요구하고 개혁개방으로의 노선 전환을 지지했다. 덩샤오핑이 사망하기 2년 전인 1995년 병사했다.

체스터 볼스 Chester Bowles, 1901~1986

1924년 예일대학교를 졸업한 뒤 1년간 기자로 일한 후 1925년부터 카피라이터로 일했다. 1941년 코네티컷 주지사 밑에서 전시배급 행정직을 맡다가, 코네티컷 주 물가관리국장이 되었고, 1943년 루스벨트 대통령에 의해 연방물가관리국장에 임명되었다. 1951년 트루먼 대통령에 의해 인도·네팔 주재 대사로 임명되어 코네티컷 주 하원의원으로 선출된 1953년까지 재직했다. 하원의원에 3차례 선출되었으며 1961년 존 F. 케네디 대통령에 의해 국무부 차관에 임명되었다.

카를 카우츠키 Karl Kautsky, 1854~1938

독일의 마르크스주의 이론가이자 정치가로, 19세기 말부터 20세기 초 독일 사민당과 국제 사회주의 조직인 제2인터내셔널의 핵심 이론가로 활동했다. 그는 에두아르트 베른슈타인(Eduard Bernstein)이 촉발한 '수정주의 논쟁'에서 마르크스주의 원칙을 고수하는 입장을 취했으나, 러시아 혁명에 대해서는 비민주성을 지적하며 비판하는 입장을 취해 러시아 혁명의 지도자인 레닌으로부터 '배신자'라 비난받았다.

커티스 르메이 Curtis Emerson Le May, 1906~1990

오하이오 주립대학교에서 토목공학을 전공한 후 1929년 공군 예비대 소위로 임관해 1930년 미 육군항공대의 정식 장교가 되었다. 제2차 세계대전 중 태평양 전선에서 체계적인 전략폭격 개념을 창안했으며 1944년 인도·중국에서 B-29 폭격기를 지휘했다. 폭격기 수백 대를 동원한 소이탄 저고도 폭격으로 일본의 도시들을 불바다로 만든 것으로 유명하다. 일본 본토의 원폭 투하를 지휘했고 미국 전략공군 사령관으로 베를린 봉쇄에 대항하는 대공수 작전을 전개했다. 1957년 공군참모차장을 거쳐 1961년 참모총장에 임명되었으며, 1962년 쿠바 미사일 위기 당시 쿠바 내 소련의 미사일 기지 침공을 케네디에게 강력하게 건의하기도 했다. 1968년 미국 독립당의 월레스 대통령 후보와 함께 부통령 후보로 출마했으나 패배했다.

콘라드 아데나워 Konrad Adenauer, 1876~1967

1917년에서 1933년까지 쾰른 시장으로 일하다 1949년 총리로 선출되었다. 1949년부터 1963년까지 서독의 초대 총리로 재직했다. 총리로 선출된 후 국내적으로는 전쟁으로 폐허가 된 독일의 경제를 일으켜 세우는 일과 완전한 주권을 회복하는 일에 초점을 맞추었다. 대외적으로는 친서방정책을 전개하며 서독을 빠른 시일 내에 서유럽에 통합시키고자 했다.

콜린 파월 Colin Luther Powell, 1937~

뉴욕 시립대학교에서 학도군사훈련단 장교로 임관한 후 베트남 전쟁에 참전했다.

중령이었던 1970년대 후반 한국 동두천에서 잠시 복무했으며, 레이건 행정부에서 국가안보담당 대통령 보좌관을 지냈다. 1989년 4성 장군이 되었고, 그해 8월부터 1993년까지 흑인 최초 미국 합동참모본부의장으로서 부시와 클린턴 대통령을 보좌했다. 합동참모본부의장으로 재직할 당시 1989년 파나마 전쟁, 1991년 걸프 전쟁을 승리로 이끌면서 국민적 관심의 대상이 되었다. 1996년 대통령 선거 때 출마 여부가 관심을 끌었지만 출마하지 않았으며, 2001년 국무부 장관이 되었다. 온건파이며 어느 당에도 치우치지 않는 인물로 아이젠하워 이후로 가장 존경받는 군인으로 평가되고 있다. 장군 출신이지만 군사력 사용은 외교적으로 최대한 노력을 기울인 다음, 최후에 선택해야 한다는 전쟁신중론을 펼쳤다. 만약 어쩔 수 없이 전쟁에 개입하는 상황이 발생한다면 압도적인 군사력으로 가장 빠른 시일 안에 승리해야 한다는 그의 철학을 가리켜 '파월 독트린'이라 부르기도 한다.

쿠르트 게오르그 키징어 Kurt Georg Kiesinger, 1904~1988
1958~1966년 바덴−뷔르템베르크 주 주지사, 1966~1969년 대연정하에서 서독의 제3대 총리를 지냈다. 1967~1971년 기민당 당수를 지내기도 했다. 키징어가 1933년 나치당에 가입해 제2차 세계대전 중 외무부 라디오정책국 부국장으로 선전활동을 했다는 사실은 그의 재임기간 동안 끊임없는 논란거리로 작용했다.

크랜본 경 Viscount Cranborne, Robert Gascoyne-Cecil, 3rd Marquess of Salisbury, 1830~1903
1853년 정계에 발을 들여놓았으며, 네 번에 걸쳐 외상을 역임했다. 토리당의 계간지인 《쿼털리 리뷰》에 보수당이 나아가야 할 길을 제시하기도 했다. 특히 디즈레일리의 정책적인 움직임에 대해 긍정적인 시각을 계속 만들어줌으로써 보수당의 정책 입안자 역할을 하기도 했다. 그러나 더비 경과 디즈레일리가 시도한 2차 선거법 개정안 중 보호규약이 없는 호주의 선거참정권을 허락할 수 없다는 내용에 반발하고 1867년 정치 일선을 떠났다.

파우스토 베르티노티 Fausto Bertinotti, 1940~
1964년 이탈리아 노동총연맹에서 활동했으며, 이후 사회당에 가입했다가 이탈리아 공산당에 가입하기 전 이탈리아 프롤레타리아 통일사회당에서 활동했다. 공산당의 후신인 좌파민주당에서 나와 재건공산당 소속으로 2006년 좌파연합에 참여해 하원의장에 취임했다.

펑더화이 彭德懷, 1898~1974

1928년 중국공산당에 가입했다. 마오쩌둥과 함께 중국공산당 군대인 홍군 건설을 주도했고 대장정의 주요 지휘자로 참가했다. 중일전쟁이 발발한 이후 '팔로군(2차 국공합작으로 장제스의 국민당 부대에 편입된 홍군)'의 부사령관을 맡아 항일전쟁에 많은 공을 세웠다. 1950년 10월 '조선인민지원군'을 이끌고 한국전쟁에 참전했고, 1953년 휴전협정 중국측 대표로 서명했다. 1954년 국방부장에 임명되었으나, 1959년 마오쩌둥에게 대약진운동에 대해 비판적 의견을 전달한 것이 반당행위로 몰려 대대적인 비판을 받고 국방부장 중 주요 직책을 박탈당했다. 문화대혁명이 시작된 이후에도 계속 비판운동과 조사에 시달리던 중 사망했다.

폴 니츠 Paul Henry Nitze, 1907~2004

1928년 하버드대학교를 졸업했다. 제2차 세계대전 이후 독일과 일본의 폭격 효과를 평가하는 조사단 책임을 맡았다. 니츠는 애치슨이 국무부 장관이 된 후 정책기획실장을 맡으며 '3인 위원회'를 조직해 트루먼 대통령에게 수소폭탄 개발의 명분을 제공했고, 결국 트루먼 대통령은 수소폭탄 제조를 지시했다. 이에 대해 아인슈타인은 '총체적 절멸의 신호'라는 논평을 내기도 했다. 이후 니츠는 루스벨트부터 레이건에 이르기까지 9명의 대통령 밑에서 일하며, 군사력과 특히 핵무기에 대한 미국인의 태도를 결정하는 데 많은 영향력을 끼쳤다.

프레드릭 그린우드 Frederick Greenwood, 1830~1909

영국의 저널리스트. 일찍부터 정기간행물에 글을 쓰기 시작한 그는 정치적 견해를 신문과 잡지를 통해 지속적으로 발표했으며, 자유당 초기 그의 제안들이 적용되기도 했다. 1905년 《폴몰 가제트(Pall Mall Gazette)》의 편집장이 되었으며 「뉴 저널리즘」을 연재했다.

필립 본살 Philip Wilson Bonsal, 1903~1995

미국의 마지막 쿠바 대사를 지낸 외교관으로, 1967년 『쿠바, 카스트로, 그리고 미국(Cuba, Castro and the United States)』을 펴냈다.

하인리히 뵐 Heinrich Böll, 1917~1985

제2차 세계대전 이후 가장 유명한 독일 작가 중 한 사람으로, 1967년에 게오르크

뷔히너 문학상을, 1972년에 노벨 문학상을 수상했다. 『기차는 정확했다』, 『아담이여, 너는 어디 있었느냐』, 『그리고 아무 말도 하지 않았다』, 『9시 반의 당구』 등의 작품을 썼다.

한스 디트리히 겐셔 Hans-Dietrich Genscher, 1927~

독일 자민당 소속 정치가로 1969~1974년 브란트 내각에서 내무부 장관을 지냈다. 1974~1992년 슈미트 내각과 헬무트 콜 내각에서 18년간 외무부 장관과 부총리로 재직하며 독일 최장수 외무장관으로 기록됐다. 특히 콜과 더불어 독일통일을 직접 이끌었다.

한스 요헨 포겔 Hans-Jochen Vogel, 1926~

독일 사민당 소속 정치가로 1960~1972년 뮌헨 시장, 1972~1974년 브란트 내각에서 건설부 장관으로 일했다. 이후 1981년까지 슈미트 내각에서 법무부 장관을 맡았다. 1981년 베를린 시장으로 당선되었고, 1987~1991년 사민당 당수를, 1983~1991년 사민당 원내총무를 지냈다.

헤르베르트 베너 Herbert Wehner, 1906~1990

1946년부터 사민당 당원으로 활동했으며, 사민당 내에서 브란트의 가장 오래된 경쟁자이자 반대자였다. 1966~1969년 전(全)독일문제 장관을 지냈고, 1966년부터 1983년까지 사민당 원내총무를 지냈다.

헨리 파머스턴 Henry John Temple, 3rd Viscount Palmerston, 1784~1865

두 차례 영국 수상에 오른 자유당 설립의 실질적인 주역으로서 오늘날 민주주의 기본인 의회자유주의와 자유방임주의 경제를 하나로 합쳐 자유주의의 근본을 만든 장본인이다. 그는 토리당 행정부에서 일을 하면서도 실질적인 유대관계는 휘그당 쪽에 가까웠다. 그의 외교정책은 이상적인 자유주의보다 자국의 이익을 위한 실용적인 자유주의에 대한 추구였으며, 이는 대영제국이라는 모습으로 결실을 맺기도 했다.

헬무트 슈미트 Helmut Schmidt, 1918~

빌리 브란트의 뒤를 이어 1974~1982년 제5대 서독 총리를 지냈다. 1967년에서

1969년까지 사민당 원내총무를 지냈고, 1969년에서 1972년까지 브란트 내각에서 국방부 장관으로, 1972년에는 경제재정부 장관으로 재직했다.

후야오방 胡耀邦, 1915~1989

1933년 중국공산당에 가입했고 대장정에 참여했다. 신중국 건립 이후 1952년 공산주의청년단 중앙서기와 제1서기에 선출되어 중국공산당의 청년사업을 지도했다. 1962년 이후에는 후난성, 산시성 등의 지방 당위원회 서기를 역임했고 문화대혁명 시기에는 하방되어 노동학습에 참여했다. 마오쩌둥이 사망한 이후 1977년 중앙당교 부교장에 임명되었다. 이 시기 진리표준 논쟁을 일으켜 개혁개방을 위한 사상적 기초를 닦았고, 개혁개방이 시작된 이후에는 중국공산당 조직부 부장에 임명되어 정치운동으로 숙청당한 사람들의 복권을 주도했다. 1982년 중국공산당 제12차 전국대표대회에서 총서기에 선출되어 공식적인 1인자가 되었으나, 그의 개혁적인 사업작풍이 여전히 실권을 갖고 있던 보수파 원로들과 충돌해 1987년 1월 총서기직에서 축출되었다. 1989년 4월 중앙정치국 회의 중 심장마비로 돌연 사망했고 그에 대한 사후 평가를 둘러싼 갈등이 학생들의 시위를 촉발시켜 결국 톈안먼 사태로 이어지게 되었다.

위기를 극복한 세계의 리더들

© 강원택 김종법 배병인 신정완 신정화 안병진 안숙영 이남주

초판인쇄　2012년 8월　7일
초판발행　2012년 8월 14일

지은이　　강원택 김종법 배병인 신정완 신정화 안병진 안숙영 이남주
펴낸이　　김정순
기획　　　구갑우 주일우(문지문화원 사이)
구성　　　심경주
책임편집　한아름
기획편집　이선희 이은정 배경란 오세은 김수진
디자인　　김진영 모희정
마케팅　　김보미 임정진 전선경

펴낸곳　　(주)북하우스 퍼블리셔스
출판등록　1997년 9월 23일 (제406-2003-055호)
주소　　　서울특별시 마포구 서교동 395-4 선진빌딩 6층
전자우편　editor@bookhouse.co.kr
홈페이지　www.bookhouse.co.kr
전화　　　02-3144-3123
팩스　　　02-3144-3121

ISBN　978-89-5605-601-2　03340

이 도서의 국립중앙도서관 출판시도서목록(CIP)은 e-CIP 홈페이지(http://www.nl.go.kr/ecip)에서
이용하실 수 있습니다. (CIP 제어번호 : CIP 2012003434)